KB259773

휠체어 북코치의
삶을 바꾼 독서 이야기

휠체어 북코치의
삶을 바꾼 독서 이야기

초판 1쇄   2018년 04월 16일

지은이   박홍서
발행인   김재홍
기획   1인1책(www.1person1book.com)
디자인   지식공감
교정·교열   김진섭
마케팅   이연실

발행처   도서출판 지식공감
등록번호   제396-2012-000018호
주소   경기도 고양시 일산동구 견달산로225번길 112
전화   02-3141-2700
팩스   02-322-3089
홈페이지   www.bookdaum.com

가격   15,000원
ISBN   979-11-5622-364-1   03190

CIP제어번호   CIP2018010036
이 도서의 국립중앙도서관 출판예정도서목록(CIP)은 서지정보유통지원시스템 홈페이지(http://seoji.nl.go.kr)와 국가자료공동목록시스템(http://www.nl.go.kr/kolisnet)에서 이용하실 수 있습니다.

휠체어 북코치의
삶을 바꾼
독서 이야기

박홍서 지음

벌 레 에 서 나 비 로 변 신 을 꿈 꾸 다

벌레에서 나비로 변신을 꿈꾸다

“우물쭈물하다가 내 이럴 줄 알았지.”

미국 극작가 버나드 쇼의 묘비명에 쓰인 글귀다. 자신의 묘비를 통해 후세 사람들이 ‘우물쭈물하게 사는 인생’을 경계하길 바랐다. 오십을 넘긴 지금, 내가 제대로 살아왔는지 뒤돌아봤더니 어느 것 하나 이룬 게 없다. ‘그때 그것을 알았더라면’, ‘그때 그것을 했더라면’ 하는 후회와 아쉬움이 남는다. 게다가 인생을 낭비한 죄로 돌아온 대가는 혼자 감당하기에 너무나 벅찼다.

돌아보면 내게도 10대와 20대, 30대, 40대 시절이 있었지만, 남 앞에 내세울 게 없어 참 부끄럽다. 꿈 많았던 10대 시절은 친구들과 놀기 바빴고, 열정 넘치던 20대엔 대학졸업 뒤, 군 복무를 마치고 결혼하는 바람에 애들 키우고 먹고살기도 빠듯했다. 그러다 30대에 가혹한 운명 앞에 무릎 꿇어 옴짝달싹 못 했고, 40대는 주식투자로 가진 돈을 몽땅 날려 한동안 멍하게 허송세월했다.

단 한 번뿐인 인생을 살면서 세 번이나 다른 삶을 경험했다. 한 번은 2000년 12월 9일, 교통사고로 목뼈가 부러지고 중추신경이 잘려나가 사지마비장애인이 됐다. ‘이젠 어떻게 살아야 하나’, ‘이 몸으로 내가 할 수 있는 게 뭐가 있을까' 고민만 했다. 살아있는 목숨이라 차마 어쩌지 못해 그냥저냥 지냈다.

그러다 불혹의 나이에 유혹에 걸려 두 번째 고난이 왔다. 2008년 글로벌 금융위기 때 주식투자로 또 한 번 주저앉았다. 주택담보에 카드론 대출까지 내는 바람에 빚더미에 앉았다. 가난이 장애보다 더 무섭고 고통스럽다는 걸 그때 실감했다. 화목했던 가정은 순식간에 전쟁터로 변했다. 눈만 뜨면 상대방 가슴에 생채기 내는 일로 하루를 시작했으니.

내가 이렇게 살 거라곤 상상도 못했다. 아니 어쩌면 나만 모르고 있었을 뿐, 이미 예정된 수순이었는지 모른다. 한세대가 바뀔 때마다 다가올 10년을 준비하지 않고 아무 생각 없이 살았으니 삶은 고통의 연속이었다. 시간을 낭비한 대가는 너무 냉혹했다. 하루아침에 아무것도 할 수 없는 벌레로 변신한 것도 모자라서 궁핍으로 혹독한 가난을 경험했으니 말이다.

나는 어릴 적부터 분명한 목표와 비전이 없었다. 꿈 없이 살았으니 열정이 없었고, 용기 내어 도전하고 싶은 것도 없었다. 생각하고 사는 게 아니라 그저 남들 하는 대로 하고 살았다. 학교 가면 따라 가고, 취직하면 그리하고, 결혼해서 애 낳고 살다가 어느 날 몸뚱이가 마비되었을 때 나는 아무것도 아니었다. 비로소 쓸모없는 존재로 살아왔다는 걸 깨달았다.

그러다 40대 후반 인생전환기에 책 한 권이 찾아와 세 번째 삶을 준비하고 있다. 사람이 살면서 누구를 만나느냐에 따라 삶이 달라진다더니, 나도 억세게 나쁜 운은 아닌 것 같다. 주변에 아무도 없었을 때, 다행히 훌륭한 스승을 만나 많은 위로가 됐으니까. 어떨 땐 나도 모르게 감정이입 되어 내가 그가 된 건지, 그가 내가 된 건지 헷갈렸다.

그렇게 책에 빠져들었다. 어쩌면 그럴 수밖에 없는 상황이라 미친 듯이 읽었는지도 모른다. 책 말고는 나와 말상대 해줄 사람이 없었으니까. 그랬더니 삼 년이 지나 천 권을 읽었다. 나는 책에서 만난 그들이 경험했던 삶의 방식을 하나씩 배우면서 생활태도가 조금씩 변하기 시작됐다.

어느덧 50대 초반, 이때쯤이면 어느 정도 삶이 안정된다. 물론 그렇지 않은 경우도 있지만, 내 경우는 후자다. 중증장애로 늘 앞날이 불안하고, 거기다 내가 살고 있는 집도 절반은 은행이 주인이다. 몇 년 전만 하더라도 '세상에 나만큼 힘든 사람 또 있을까' 하고 날마다 컴컴한 동굴 속에 살았다. 그러다 나를 일으켜 세운 책읽기를 하면서 지금은 하루하루가 즐겁다.

이제 그 즐거움을 여러 사람들과 나누고 싶다. 그래서 읽고 깨달아 기록했던 자료를 하나씩 끄집어내 책 쓰기에 몰두하고 있다. 이 책은 내가 겪은 이야기와 책에서 배운 지식의 파편들이다. 모두 5장으로 되어 있으며, 제1장 벼랑 끝 삶을 바꾼 책읽기는 17년 전 교통사고 때부터 책 쓰기 하는 현재까지를 총론으로 썼다. 2장은 책읽기 습관론, 3장은 내게 맞는 맞춤형 독서법, 4장은 목적 있는 책읽기로 성공하는 삶을 위한 1만 시간 독서법, 5장은 글쓰기와 책 쓰기를 다뤘다.

그러다 보니 정작 독서법에 대해서는 제대로 소개하지 못했다. 왜냐하면 나는 닥치는 대로 책을 읽은 사람이다. 그래서 책 천 권 읽고 독서법을 운운하는 건 어불성설이다. 괴테가 말하지 않았던가. '80평생을 살면서 독서법을 다 배우지 못했다'고. 내겐 독서법이 중요하지 않았다. 다만 내 삶을 바꾼 책읽기와 글쓰기로 나아갈 방향을 찾을 수 있어 즐겁고 행복하다.

이 책은 일상에서 경험한 이야기와 책에서 얻은 지식을 참고해서 썼기 때문에 독자들한테 독특한 개성으로 다가갈 수 있다. 이건 내 이야기이기도 하지만 여러분의 이야기이기도 하니까. 읽다 보면 어리석은 행동이 자주 눈에 띄어 안타깝게 느껴질 때도 있을 것이다. 어쩌면 그런 모습에서 자기 모습을 볼 수도 있다. 내가 바라는 건 당신만은 시행착오를 겪지 않길 바라는 것뿐이다.

그래서 이런 사람들이 책을 읽었으면 좋겠다. 독서법에 대해 잘 모르거나 책은 읽고 싶은데 여건이 허락되지 않는 사람, 은퇴하고 새로운 삶을 준비하는 사람, 자기 삶을 변화시키고 싶은 사람, 어려운 환경에서 인생역전을 꿈꾸는 사람들한테 꼭 권하고 싶다. 다 읽고 동기부여되어 삶에 변화가 생기면 더 바랄 게 없다. 보잘것없는 나도 해냈으니 당신은 얼마든지 가능하다.

이 책이 나오기까지 애쓰신 분들이 참 많다. 못난 자식이 빚더미에 있을 때 '저 마음 오죽할까' 하며 말없이 노후자금 털어 보태신 부모님과 내가 짊어질 굴레를 대신 떠안고 사는 아내 점성, 보고만 있어도 든든한 아들 찬수와 사랑하는 공주 정은에게 감사를 전한다. 또 책 쓰기 코칭을 해주신 김준호 대표와 부족한 글을 세상에 나오게 도와준 지식공감 출판사 김재홍 대표와 김진섭 편집장에게도 이 자리를 빌려 감사를 전한다.

끝으로 사는 게 힘들어 고통받는 사람들, 새로운 변화를 원하는 사람들. 나처럼 무모한 도전으로 실패를 맛보고 절망하고 있을 철없는 어른들한테 이 책을 바친다. 내게 12월은 가혹했던 계절이 아니라 새로 태어난 희망이다.

CONTENTS

Part 1

신호등 불빛에 운명이 바뀌다

하루아침에 벌레로 변신

··· 신호등 불빛에 내 운명도 바뀌다

"어느 날 아침 그레고르 잠자가 불안한 꿈에서 깨어났을 때 그는 침대 속에서 한 마리의 흉측한 갑충으로 변해 있는 자신의 모습을 발견했다. 그는 철갑처럼 단단한 등껍질을 대고 누워 있었다. 머리를 약간 쳐들어보니 불룩하게 솟은 갈색의 배가 보였고 그 배는 다시 활 모양으로 휜 각질의 칸들로 나뉘어 있었다."

이 글은 프란츠 카프카 《변신》에 나오는 문장이다. 생산능력을 잃은 한 인간과 소통 단절이 가져온 가족관계를 잘 묘사하고 있는데, 이 소설만큼 현대인의 실존적 위기를 적나라하게 보여주는 건 없는 듯싶다. 아침에 눈을 뜬 그레고르는 자신이 한 마리 벌레로 '변신'한 걸 발견한다. 밖에선 출근을 재촉하는 식구들 목소리가 들리는데, 그는 딱딱한 등을 대고 벌렁 누워 꼼짝할 수 없다.

나는 이런 일이 일어나지 않길 바랐다. 그런데 살다 보니 내 의지와 상관없이 불쑥 찾아오는 삶 때문에 도무지 이해할 수 없을 때가 있었다. 2000년 12월 9일 토요일 오후. 다니던 직장에서 당직근무를 섰다.

늦은 오후 전화벨이 울려서 받았더니, 통영 사는 사람이 알코올 중독으로 입원치료를 원했다. 나는 앰뷸런스 기사와 통영으로 갔다.

그리고 돌아오던 중 나는 아무짝에도 쓸모없는 벌레로 변신했다. 운동신경과 감각신경이 끊어져서 느낄 수 없고 걸을 수 없는 사람이 됐다. 그 까닭은 경광등을 켜고 사이렌을 울리며 달리던 앰뷸런스를 미처 확인하지 못하고 신호등만 보고 출발한 승용차와 측면 충돌했기 때문이다. 신호등 불빛이 빨강에서 파랑으로 바뀌는 찰나에 내 운명은 파란색에서 빨간색으로 뒤바뀌었다.

목뼈가 부러져 신경이 절단되는 바람에 곧바로 마비가 왔다. 팔다리는 마치 잘려나간 듯 아무런 느낌이 없었다. 눈동자를 이리저리 굴리며 살폈더니 제대로 있는데 움직이질 않았다. 잠시 뒤 119구급차가 도착해 인근 병원으로 갔다. 그곳에서 CT 촬영을 했더니 경추골절로 판명돼 다시 경상대학교병원으로 향했다. MRI 촬영을 하고 응급실에 누워 있는데 사고소식을 들은 가족들이 왔다.

몇 분 뒤 결과가 나왔는데 나는 확인할 새도 없이 이동식침대에 누운 채 수술실로 갔다. 수술동의서에 사인하는 아내는 이미 넋이 나간 상태였다. 충격이 너무 커 말도 못하고 눈물만 연신 흘렸다. 생사를 넘나드는 8시간이 지나 눈을 떠보니 신경외과병동 중환자실. 내 목엔 피줄이 달려 있었고, 입에는 산소호흡기가, 양팔엔 링거 줄이 주렁주렁 연결돼 있었다.

집도의가 수술은 잘 됐다고 하는데 느낌이 없고 도무지 팔다리가 움직이지 않았다. 손가락 하나도 움직일 수 없었다. 내 의지대로 할 수 있는 게 아무것도 없었다. 아내가 침대 옆에서 다리를 주물러도 아무런 느낌이 없었다. 내가 원한 적이 없고 선택한 적도 없었는데, 어느 날 갑

  휠체어 북코치의 삶을 바꾼 독서 이야기

자기 그렇게 되고 말았다. 그래도 다행이라면 머리와 눈, 코, 입, 귀는 제 기능을 했다.

현실은 비참하고 암담했다. 병원 침대에 누웠는데 똥 냄새가 났다. 절단된 신경이 온몸을 마비시켜 똥 싼 줄도 몰랐던 것이다. 정신만 멀쩡했지 신체기능은 갓난아이와 똑같았다. 혼자서는 밥을 먹을 수 없고, 얼굴을 씻지 못하고, 옷도 입을 수 없고, 똥오줌도 못 가리고 기지도 못하는 어른아이가 됐다. 한 가정을 책임지던 가장이 하루아침에 생산가치가 사라져 쓸모없는 존재가 됐다.

교통사고는 나뿐만 아니라 식구들까지 고통스럽게 했다. 더구나 아내는 내가 감당할 고통까지 짊어지느라 엄청 힘들었다. 빛이라곤 보이지 않던 캄캄한 밤을 날마다 눈물로 지새웠고 낮엔 자식들까지 보살폈다. 나 혼자 지고 갈 무거운 짐인 줄 알았는데 온 식구가 나눠서 지고 가야 할 굴레, 그게 바로 장애였다.

서른다섯 살, 운명 앞에 무릎 꿇어 은퇴를 당하고 나니 앞날이 걱정됐다. 사회로부터 차별받고 무시당할까 봐, 훗날 식구들한테 짐이 될까 봐. 카프카의 《변신》을 읽어보니 100년이 지난 지금과 비교해도 크게 달라진 게 없었다. 생산가치가 없는 사람은 여전히 지역사회에서 소외와 멸시를 받고 있으니 말이다.

지금은 다르다. 책을 통해서 인간 가치는 실존 그 자체라는 것을 알았으니까. 인간은 본래 목적을 두고 세상에 온 게 아니라, 살면서 하나씩 이루어 가는 존재란 걸 깨닫고 생각을 바꿨으니까. 지금은 비록 벌레처럼 살아도, 어떻게 사느냐에 따라 얼마든지 나비로 변신할 수 있다고 믿었다. 그렇게 생각을 바꾸니 앞날에 대한 두려움이 서서히 사라졌다. 책이 가진 힘은 정말 위대했다.

··· 애벌레가 되어 꿈틀꿈틀 기다

매트 위에 엎드린 채 어깨와 팔꿈치만으로 통나무 같은 몸뚱이를 끌어당겼다. 방바닥을 기는 방법을 배우는 과정이다. 똑바로 누워 양팔을 들어 좌우로 흔들면서 몸통을 옆으로 돌린다. 이건 상체를 일으켜 앉히는 과정이다. 그 외에도 앉은 채로 양팔을 옆으로 뻗어 허리힘을 키우고, 노래방교실에서 폐활량을 강화하느라 노래를 불렀다. 이런 행동은 일상으로 돌아가기 위한 몸짓이었다.

척수장애인으로 살기 위해서 갓 태어났을 때 경험했던 몸 사용법을 다시 배워야 했다. 그 가운데 제일 열심히 했던 훈련은 돌아눕는 동작이다. 이건 엉덩이 욕창을 방지하기 위해 반드시 필요했다. 마비환자는 오랫동안 침대에 누워있는 경우가 많은데, 이때 중력을 이기지 못한 엉덩이는 벌겋게 된다. 그대로 방치하면 물집이 생기고, 심해지면 살이 썩어가는 무서운 질환이기 때문이다.

그리고 애벌레처럼 기었다. 온몸을 팔꿈치로 땅기면 피부는 벗겨지고 피가 났다. 그나마 팔과 어깨신경이 조금이라도 살아있어서 가능했다. 팔굽혀펴기도 해봤지만 삼두근이 말라버려 할 수가 없었다. 힘을 쓰면 마비로 인한 통증이 견딜 수 없을 만큼 심했지만 응전하지 않으면 내 삶을 살 수 없기에 어쩔 수 없었다.

"인간은 누구든 현실에 안주하려는 속성을 지니고 있다. 어느 정도의 단계에 오르면 거기에 만족하고 그만 멈추려고 한다. 그런데 인간이 처한 운명은 자꾸만 변하기 때문에 그럴 수가 없다. 운명은 인간에게 다음 단계로 올라가라고 도전장을 던진다. 그 단계에 이르면 다른 도전이 와서 또 다른 다음 단계로 올라가게 된다. 그렇게 죽는 순간까지 인간은 도전을 받고 살아간다. 운명의 도전에 효과적으로 응전한 사람은 성공하고, 그렇지 못한 사람은 낙오자가 된다.”

영국 역사가 아놀드 토인비가 쓴 《역사의 연구》에 나오는 문장이다. 현실에 안주하며 살다가 하루아침에 운명이 달라졌다. 나는 운명이 도전장을 던진 줄 모르고 그냥 살기 위해 발버둥을 쳤다. 만약 그때 운명에 저항하지 못했다면, 나는 아직도 침대에 누운 채 살아갔을지 모른다.

치료실은 늘 삶과 전투를 벌이며 운명에 응전하는 열기로 가득했다. 그들은 죽음 앞에서 간신히 살아났기 때문에 생명이 소중하다는 걸 누구보다 잘 안다. 그래서 불편한 몸을 곧추세워 지지대를 붙잡아 걷고, 걷지 못하는 사람들은 휠체어와 한몸이 되어 사는 방법을 터득한다. 사랑하는 사람이 있는 곳으로 돌아가고 싶어서. 내게도 하루빨리 집으로 돌아오길 기다리는 여섯 살 딸과 열 살 아들이 있었다.

그날도 아침밥을 먹고 휠체어를 굴리며 물리치료실로 갔다. 평소 하던 대로 아내가 나를 부둥켜안아 매트로 옮겼다. 바닥을 기느라 배에 힘이 들어갔는지 나도 모르게 항문이 열려 바지에 똥을 싸고 말았다. 치료실은 똥냄새로 가득했다. 부끄러워 도저히 얼굴을 들지 못하고 황급히 치료실을 나왔다.

재활병동 목욕실에서 몸을 씻고, 다시 갈 용기가 없어 입원실로 갔다. 침대에 돌아누운 채 똥오줌도 못 가리는 내 신세가 하도 불쌍해서 소리 없이 한참 울었다. 가만히 지켜보던 아내도 그 모습이 안쓰러웠던지 그만 눈물을 보였다. 저녁에 아내가 휠체어를 밀고 사람 없는 곳으로 가더니 나를 껴안고 말했다.

“당신은 의지가 강한 사람이라는 걸 잘 알아. 하지만 지금 할 수 있는 게 아무것도 없어. 그냥 내 애기로 다시 태어났다고 생각하면 안 돼? 내가 끝까지 당신을 보살필 테니 아무 걱정 말고. 이보다 더한 상황이 생겨도 당신을 버리지 않아. 아무것도 못해도 좋아. 그냥 우리 곁에 있으면 돼. 우리 곁에 살아만 있으면 돼.”

나는 아무 말도 못했다. 할 수 있는 게 없어도 곁에만 있어 달란 말이 한없이 고마워서 눈물이 났다. 그래서 다음날부터 백일 지난 아기처럼 뒤집기를 하고, 8개월 된 아기처럼 팔꿈치 까지고 피가 터져도 부지런히 기었다. 죽지 않을 만큼 내 몸을 움직여서 운명 앞에 도전했다. 누가 말하지 않던가. ‘내가 걸은 만큼만 내 인생이다.’고.

02

집 나간 지
일 년 만에 돌아오다

··· 재활난민 척수장애인

교통사고로 장애를 입은 나는 '1급 장애인'이다. 요즘은 질병과 사고 때문에 중도장애인이 되는 경우가 허다하다. 그 까닭은 급속히 발전하는 문명과 고령화 사회로 접어든 사회현상 때문이다. 이런데도 세상은 '나만 아니면 돼' 하는 생각뿐이다. 10명 가운데 1명이 장애인인 사회에서 '나도 장애인이 될 수 있다'는 사실을 까맣게 잊고 산다. 당장 내 앞에 놓인 상황이 아니라서 외면하고 만다.

2017년 9월, 무릎 꿇은 어머니들이 있었다. 서울 강서지역 특수학교 설립 2차 주민토론회에 참석한 장애아동 부모들이 주민들한테 특수학교 설립에 반대하지 말라고 한 행동이다. 주민들은 특수학교가 세워지면 집값이 떨어질까 염려해 설립에 반대했다. 그렇다면 국립한방병원이 들어오면 집값이 천정부지로 솟을까.

갈수록 후천 장애인이 늘고 있는 요즘, 특수학교나 장애인복지시설을 짓는다는 소문이 나면 근처 사는 주민들은 데모부터 한다. 장애인과 비장애인이 더불어 사는 공동체를 만들기는커녕 격리생활을 강요하고 있다. 나는 위 뉴스를 접하고서 지난 런던 패럴림픽 개막식 때 영국 물리학자 스티븐 호킹이 했던 '생각의 장애를 넘어 세상을 바라보라'는 말이 문득 생각났다.

2014년 장애인실태조사를 보면 척수장애인 숫자가 가산비율을 추가해서 85,149명이라고 했다. 이는 15개 장애유형별로 보면 7번째로 많은 수치다(2015년 7월 6일 에이블뉴스). 연령별로 보면 20~40대가 대부분이다. 최근엔 여성들도 사회진출이 늘면서 여성척수장애인이 증가하는 추세다. 이건 노력한다고 해서 안 될 일이 되는 것도 아니고 피하려 해도 생길 일이 생기지 않는 것도 아니다.

이런 까닭에 당사자들은 불안과 우울 증세를 보이고 자신의 장애를 받아들이지 못한다. 잃어버린 것에 대한 집착을 버리지 못해 전국에 이름난 재활병원을 찾아 2~3개월씩 재활투어를 하고 있다. 걸을 수 있다는 막연한 기대감만 가지고 인생을 낭비하면서 언제가 될지 모를 그날만 기다리며 재활난민으로 살아간다.

이 때문에 몇십 년을 병원에서 지내는 사람도 있다. 통계를 보면 입원기간이 평균 80~130일이고, 대부분 18~24개월 정도다. 하지만 나는 달랐다. 그 까닭은 다니던 직장이 병원이라서 척수가 한번 손상되면 완치될 수 없다는 걸 이미 짐작했다. 오죽하면 곁에서 간호하던 아내가 "당신은 온몸이 마비됐는데 너무 담담해 보여!" 하고 말할 정도였다.

문득 헤밍웨이가 《노인과 바다》에서 썼던 문장이 생각난다. "나는 줄을 정확하게 드리우지. 노인은 생각했다. 다만 더 이상 운이 없을 뿐이지. 하지만 누가 알아? 오늘이라도 운이 트일지? 매일매일 새로운 날인걸. 운이 있다면 더 좋겠지. 하지만 난 우선 정확하게 하겠어. 그래야 운이 찾아왔을 때 그걸 놓치지 않으니까."

　　　　　　　휠체어 북코치의 삶을 바꾼 독서 이야기

나도 마찬가지다. 언젠가 운이 찾아올 수도 있지만, 마냥 기다리고 살 순 없었다. 하루하루 내가 할 일에 최선을 다하고 사는 게 곧 새로운 삶을 사는 길이라 여겼다. 그래야만 나중에 걸을 수 있는 날이 와도 당당하게 살아갈 수 있으니까.

올봄에 박경희 작가가 사인해서 보내준 《난민소녀 리도희》를 읽었다. 주인공은 북한을 탈출해 캐나다에서 난민신청을 하려 했으나 브로커한테 사기를 당해 혼자가 된다. 그러다 한국음식점을 하는 아저씨의 도움으로 식당 일을 하면서 머무는데, 어느 날 남자한테서 엄마가 위험에 처했다는 사기전화를 받는다.

아저씨의 도움으로 엄마 소식을 알기 위해 한국행을 택했지만, 서울에서도 소식을 들을 수 없었다. 오히려 캐나다보다 더 냉혹한 남한살이에 지쳐갔다. 그러다 지인의 도움을 받아 엄마가 있다는 중국 연길로 간다. 그곳에서 남한을 동경하며 살고 있는 꽃제비 구희를 만나는데 걸핏하면 남한에 대해 묻는다. 그때 도희가 생각했다. "저렇게 가고 싶어 하는 대한민국에 난 이미 살고 있는데…… 난 왜 그걸 누리며 살지 못했지?"

책 마지막 부분에 도희는 혼잣말로 "여기까지 와서도 엄마를 못 만났지만 얻은 것도 많아요. 이제 더는 난민처럼 떠돌지 않을게요. 엄마 아빠를 만나는 그날까지 뿌리내리며 살게요. 우리 꼭 만나요." 하고 중얼거린다. 엄마 찾을 생각만 하느라 중요한 걸 잊고 산 까닭이다. 만약 당신도 나아갈 방향을 잊고 이리저리 방황하고 있다면 이로운 삶은 어떻게 사는 것인지 이 책에서 깨달았으면 좋겠다.

도희가 애지중지하던 붉은 배낭을 내버린 것처럼 오늘을 살아야 한다. 이미 지나간 과거는 다 잊고 지금 이 순간에 충실해야 한다. 내가 할 수 있는 것을 찾아 삶에 뿌리를 내려야 한다. 그래야 남은 인생을 행복하게 살 수 있다. 내 운명은 다른 사람이 아니라 내 의지로 얼마든지 바꿀 수 있다는 걸 알아야 한다.

··· 삶의 의미를 찾은 특별한 외식

2001년 11월, "회사 갔다 올게." 하고 집 나간 지 일 년 만에 돌아왔다. 도스토옙스키는 "남편이 아내에게 소중하게 여겨질 때는 오직 남편이 출타했을 때뿐이다."고 말했다. 아내는 어땠을까. 아무튼 아내와 함께 현관문을 들어서니 부모님과 자식들이 반갑게 맞았다. 다시 식구들 얼굴을 볼 수 있어 꿈꾸는 것 같았다. 아파트도 예전에 살던 곳보다 훨씬 넓고 접근성이 좋았다.

다음 날 저녁, 아내는 집으로 돌아온 걸 환영하는 의미로 외식하자고 했다. 대개 외식하면 맛집을 찾는 게 일반적인데, 우리는 그럴 수 없다. 접근성 때문이다. 먼저 출입구는 계단이 없어야 하고, 식당구조가 탁자인지 좌식인지 살펴야 하고, 2층 건물 이상은 엘리베이터가 있는지 확인해야 한다. 그뿐 아니다. 현관문을 나서니 아파트 주차장에 첫 번째 난관이 떡하니 기다리고 있었다.

휠체어에서 승용차로 옮겨 타는 일이다. 아내는 나를 끌어안아 조수석에 앉히고 안전벨트를 채운 뒤 휠체어 바퀴를 분리해 트렁크에 실었다. 나중에 음식점에 도착해서는 역순으로 트렁크에서 휠체어를 내리고 바퀴를 끼운 뒤 조수석 문을 열어 안전벨트를 풀고 나를 끌어안아 휠체어에 태웠다.

차동엽 신부가 쓴 《무지개 원리》에 보면, 제임스 메트리가 《성령의 열매가 당신을 리더로 만든다.》에서 쓴 '아주 특별한 외식'을 인용한 글이 나온다. 내 아내도 그랬다. 자식들한테 아버지란 존재는 없어서는 안 될 소중한 사람이란 걸 인식시키기 위해 똑같이 행동했다. 그 내용은 다음과 같다.

"외식을 하기 위해서 너의 엄마는 아빠에게 옷을 입혀 주어야 하고, 아빠의 수염을 깎아 주어야 하고, 이를 닦아 주어야 하고, 머리를 빗겨 주어야 하고, 아빠를 휠체어에 태워 집 밖으로 나가 계단을 내려가야 하고, 차고 문을 열고 아빠를 차에 태워야 하고, 휠체어의 페달들을 집어넣어야 하고, 아빠를 일으켜 세워야 하고, 차 의자에 아빠를 앉혀야 하고, 아빠가 편안하도록 몸을 돌려주어야 하고, 휠체어를 접어 차에 넣어야 하고, 차의 반대편으로 돌아가 식당으로 차를 몰고 가야 하지. 엄마는 차에서 내려 휠체어를 펴야 하고, 문을 열고 아빠를 돌려서 세워야 하고, 아빠를 휠체어에 앉혀야 하고 페달들을 꺼내야 하고, 차 문을 닫고 잠가야 하고, 휠체어에 태운 아빠를 식당 안으로 밀고 가야 하고, 아빠가 불편하지 않도록 페달들을 다시 집어넣어야 한단다. 그리고 엄마는 식사하는 동안 내내 아빠를 먹여 주어야 하지. 식사가 끝나면 엄마는 음식 값을 지불하고서 차로 휠체어를 밀고 가야 하며, 다시 똑같은 일을 반복해야 한단다. 그리고 이 모든 일이 끝나면 엄마는 아빠에게 '여보, 저녁 외식을 시켜 주셔서 정말 고마웠어요.'라고 진정으로 따뜻하게 말한단다."

'아주 특별한 외식'은 사지마비로 사는 당사자나 식구들한텐 외출 때 늘 겪는 일상이었다. 인용한 글과 다른 게 하나도 없다. 나는 이런 상황이 올 때마다 두 가지 감정이 든다. 하나는 몸이 약한 아내가 애쓰는 모습이 안쓰럽고, 다른 하나는 그 상황을 만든 내 자신이 원망스러웠다. 아직도 진행형인데 조금 달라진 게 있다면, 아내가 해오던 일을 가끔은 장성한 아들이 대신하는 것뿐이다.

아무튼 일 년 만에 세상에 나왔더니, 사람들은 나를 '장애인'이라 불렀다. 그동안 나를 둘러싸고 있던 사회적 울타리가 없어지자 내 이름도 어느새 바뀌고 말았다. 그래도 부모님한테는 소중한 아들로, 자식한테 존경받는 아버지로, 아내한테 존중받는 남편으로 남아 있어 다행이었다. 빅토르 위고가 그랬던가. "인생에 있어서 최고의 행복은 우리가 사랑받고 있다는 확신이다."고. 그래서 지금까지 자존감을 잃지 않고 살았는지 모른다.

나는 《데일 카네기의 행복론》을 읽고 더 자유로워질 수 있었다. 절망은 누구에게나 있는 것이며, 나쁜 상황을 좋게 바꾸는 것도 자신이 노력하기에 달렸다는 걸 깨달았다. 주어진 환경도 얼마든지 바꿀 수 있다는 희망으로 다가왔다.

그랬다. 내겐 자식이 성장하는 걸 지켜보는 것도 희망이었다. 더구나 사랑하는 사람이 곁에 있어 행복했고, 지난날 아내가 떠먹여주던 밥을 먹다가 내 손으로 떠먹는 밥맛에 행복했고, 날마다 참을 수 없는 통증이 찾아와도 살아있어서 행복했다. 그저 모든 게 감사했다.

03

주식투자로
빚더미에 앉다

··· 살아있어야 뭐든 할 수 있다

"내게 이런 짓을 했나이까? 왜 날 이리 데려왔나이까? 무엇 때문에, 도대체 무엇 때문에 내게 견딜 수 없는 이런 시련을 주시나이까?"

톨스토이가 쓴 《이반 일리치의 죽음》에서 주인공 이반이 고통에 분노하면서 내지르는 절규다. 그는 원인을 알 수 없는 병으로 자신에게 닥친 운명이 불공평하다고 말하면서 죽어갔다.

이 책을 읽고 17년 전 고통을 삭히며 병상 생활하던 때가 생각났다. 사지마비로 아무것도 할 수 없어 아내한테 모든 걸 의존하고 살았던 지난날. 중환자실에 한 달간 있으면서 바늘과 송곳으로 후비는 듯한 통증을 견디지 못하고 밤마다 울부짖던 그 시간도 지나고 나니 기억 저편에 추억으로 남아있다.

이런 걸 보면 나는 생명에 대한 애착이 참 강한 것 같다. 어쨌든 살고 싶었으니까. 상황과 처지가 어떻게 바뀌더라도 끝까지 살아남고 싶었다. 고통을 피하기 위해 죽음을 선택하고 싶진 않았다. 조조 모예스가 쓴 소설 《미 비포 유》에 나오는 윌 트레이너처럼 '행복을 위해 죽음을 선택한다'는 건 도무지 이해할 수 없었고, 또 그렇게 하고 싶지도 않았다. 더구나 나에겐 책임질 식구가 있었으니까.

그래도 날마다 무력하게 하루를 보내는 건 참을 수 없을 만큼 힘들었다. 할 일 없이 온종일 집에 틀어박혀 산다는 게 고통이었다. 변화된 신체에 적응하지 못해 온종일 침대에 누워 텔레비전만 봤다. 이러니 아내도 늘 내 주변만 맴돌았다. 어제와 똑같은 오늘을 살고 내일도 오늘과 다름없는 날들이었다. 내 장애로 아내는 자기인생을 송두리째 도둑맞고 빼앗겼다. 내 존재는 아내를 옭아맨 족쇄였다.

그러다 어느 날 하루, 인터넷 서핑을 하다가 장애인들이 운영하는 '하늘빛 사랑'이라는 카페를 찾았다. 회원 대부분은 척수장애인이고, 열에 아홉이 중도장애였다. 그들은 온라인에서 장애정보를 공유하고, 가끔은 여행지를 선택해 오프라인에서 만나 자신이 경험했던 일상을 이야기하며 즐거운 시간을 보내고 있었다.

그 모임은 내가 살아갈 방식을 터득하는 데 큰 도움이 됐다. 그 가운데 눈길을 사로잡은 것은 자동차운전이다. 나와 비슷한 장애를 가진 동료가 직접 운전해서 모임에 참석한 사실이 놀라웠다. 그래서 평소 궁금하게 생각하고 있던 먹고, 자고, 싸는 문제부터 운전하는 것까지 여러 정보를 얻었다. 집에 돌아와서는 '그가 해냈다면 나도 문제없어' 스스로 다짐하고 도전하기로 맘먹었다.

그날 이후 내 머릿속은 온통 운전 생각뿐이었다. 면허증만 있으면 먼 길을 여행하더라도 몸 약한 아내를 대신해 운전할 수 있고, 나중에 사회활동을 하더라도 기동력이 있으면 좋을 거라 판단했다. 그래서 '어떻게 할까' 몇 날 며칠을 궁리했다. 실기는 과거 운전했던 경험을 몸이 기억하니 문제 될 게 없는데, 운동능력측정이 난관이었다. 운전면허시험장에 설치된 모의핸들은 파워기능이 없어 돌리기에 힘이 들기 때문이다.

하는 수 없어 날이면 날마다 휠체어를 타고 동네를 서너 바퀴 돌았다. 장애인복지관에 가는 날이면 경사로도 여러 차례 오르내렸다. 집에 있을 땐 2kg 아령을 엄지와 검지 사이에 끼우고 10개씩 5세트를 했다. 그렇게 일 년을 하고 시험장에 갔다. 1, 2차에 실패했지만 3차에서 간신히 통과했다. 사지마비로 살다가 6년 만에 이룬 작은 성취다. 뭔가 해냈다는 뿌듯함에 한없이 기뻤고 감사했다.

필기시험은 단번에 합격했다. 이젠 몸이 기억하는 대로 움직이면 된다. 코스시험 출발선에서 아내가 나를 들어 운전석에 태운 뒤 안전벨트를 맸다. 곧이어 출발신호에 따라 진입했는데 시간이 초과되어 탈락했다. 마음은 훤한데 몸이 따라주지 않았다. 그래도 포기할 수가 없어 도전해 다섯 번 만에 통과했다. 기능시험과 도로주행은 단번에 합격하고 그날 바로 운전면허증을 손에 쥐었다.

할 수 없을 거라 여겼는데 부딪쳐서 해냈다. 단 한 번의 성취로 이젠 뭐든 할 수 있을 것 같은 자신감이 생겼다. 그랬다. 장애는 '할 수 없다'고 생각하는 딱 그만큼이란 걸 새삼 깨달았다. 잃어버린 것에 집착하고 사느라 내가 가진 것에 감사할 줄 모르고 살았는데, 단 한 번 성취로 열정이 마구마구 솟았다.

그래서 사회활동도 활발히 했다. '탁구를 통해 하나 되자'는 구호를 걸고 장애인탁구협회를 설립했고, 이듬해 진주시장배전국장애인 탁구대회를 개최했다. 장애인단체를 설립해 척수장애인의 권익향상에도 열심히 노력했다. 그러다 보니 아내를 편하게 해주려다 오히려 더 큰 짐만 안기는 꼴이 됐다. 그래도 아내는 불평 한마디 없었다. 그렇게 살았으면 참 좋았을 텐데, 무모하고 무책임한 행동으로 나는 또 한 번 좌절하고 말았다.

··· 이 모든 게 꿈이라면 좋으련만

9년 전으로 시간을 돌릴 수만 있다면 달마다 나오는 연금에 감사하고 소박하게 살 텐데. '인생지사 새옹지마'라고 하는데, 나는 왜 안 좋은 일만 생기는지 모르겠다. 정말 산다는 게 고통의 연속이다. 큰 고비를 넘겼다고 생각했는데 더 높은 태산이 버티고 서 있었다. 이제 더는 시련이 없겠지 했는데, 이번엔 탐욕 때문에 길을 잘못 들어 벼랑 끝에 내몰리고 말았다.

《군주론》을 쓴 니콜로 마키아벨리가 "인간은 흔히 작은 새처럼 행동한다. 눈앞의 먹이에만 정신이 팔려 머리 위에서 매나 독수리가 내리덮치려 하고 있는 것을 깨닫지 못하는 참새와 같다."고 했고, 《장자》〈외편〉'산목'에는 매미를 노리는 사마귀 뒤에 사마귀를 노리는 까치, 그리고 까치를 노리는 장주를 등장시킨 우화가 있고, 《도덕경》 9장에는

휠체어 북코치의 삶을 바꾼 독서 이야기

'지이영지 불여기이' 즉 갖고 있으면서 더 채우려 함은 그침만 못하다는 뜻이 나온다. 이는 채우려고 들면 끝내 사단이 생긴다는 걸 깨닫게 한 문장이다.

나도 그랬다. 2008년 주식시장 경기가 최고로 좋을 때, 누구나 주식 투자 하면 아무나 대박 나는 줄 알고 무작정 뛰어들었다. 그런데 얼마 지나지 않아 글로벌 금융위기가 오는 바람에 내 목숨과 맞바꾼 생명 같은 돈이 차츰 휴지조각으로 변했다. 아무런 지식과 경험도 없이 시작했으니 결과는 뻔했다.

종잣돈 2억은 일 년을 버티지 못했다. 하는 수 없어 아내 몰래 아파트 담보로 1억을 대출했다. 아내와 결혼해 한 이불 덮고 산 지 18년째인데, 의논 한마디 없이 일을 저질렀다. 아내한테 들키기 전에 잃어버린 종잣돈을 찾아야 한다는 생각뿐이었다. 그래서 투자가 아닌 '묻지마' 투기를 시작했다. 우량주보다 낙폭이 큰 잡주를 사고팔았다. 마치 불빛보고 달려드는 불나방처럼.

한곳에 정신이 팔려서 다른 건 눈에 들어오지 않았다. 그러다 보니 온종일 집에 틀어박혀 주식시세만 살폈다. 낮에 매수한 주식이 다음 날 어찌 될지 몰라 저녁엔 잠을 잘 수 없었다. 아침이 되면 밤이 오는 게 무섭고, 밤이 오면 다음 날 아침을 맞는 게 두려웠다. 내 머릿속은 온통 주식 생각뿐이었다. 그랬으면 그만둘 법도 한데, 더 큰 사고를 쳤다. 지갑에 있던 신용카드 다섯 장으로 5천만 원을 대출했다. 결국 이것도 밑 빠진 독에 물 붓기처럼 얼마 가지 못하고 바닥이 났다. 달마다 돌아오는 아파트 담보대출 이자에 카드론 분할상환, 그리고 이자까지 갚느라 주식을 사고팔아야 했으니까.

끝내 사단이 났다. 원금상환 할 돈이 없어 아내한테 이실직고했다.

마른하늘에 날벼락 맞은 아내는 대성통곡했다. 겨우 정신을 차린 아내는 당장 발등에 떨어진 불을 끄기 위해 결혼할 때 몸에 지녔던 금붙이와 아이들 돌 반지를 팔아서 현금을 만들었다. 거기다 짬짬이 모은 쌈짓돈을 보태니 삼천만 원이 됐다. 나머진 부모님 노후자금을 끌어와 간신히 메우고 길거리에 나 앉는 위기를 면했다.

사십대 중반에 벌어진 일이다. 이때쯤이면 가장은 식구를 위해 한 푼이라도 더 버느라 땀 흘리는데, 나는 가진 것도 지키지 못했다. 이제 남은 건 갚아야 할 빚과 쓸모없는 몸뚱이뿐이다. 옛말에 '사람은 위를 보고 살지 말고 아래를 보고 살라.'고 했는데, 나는 그러질 못했다. '장애를 받아들인 것'처럼 가면을 쓰고 살았고, 마음 한편엔 '아무리 애써도 걸을 수 없다'는 불안으로 초조했다.

영국 역사가 토마스 칼라일이 "경험은 최고의 교사이다. 다만 수업료가 지나치게 비싸다."고 했던가. 나는 그의 말처럼 엄청난 수업료를 지불하고 세 가지를 깨달았다. 먼저 똑같은 실수는 한 번으로 족해야 한다는 것, 그리고 '자신을 있는 그대로' 받아들이지 못하면 결국 헛된 욕망에 떠밀린다는 것, 마지막으로 가진 걸 잃으면 둘레에 소중한 사람이 누구인지 알게 된다는 것을 배웠다.

일본에서 '경영의 신'으로 칭송받은 마쓰시타 고노스께는 "한 번 넘어졌을 때 원인을 깨닫지 못하면 일곱 번 넘어져도 마찬가지다. 가능하면 한 번만으로 원인을 깨달을 수 있는 사람이 되어야 한다."고 했다. 진작 책을 통해 이런 깨달음을 얻었다면 그 짓을 네 번이나 되풀이해 식구들을 구렁텅이로 내몰진 않았을 텐데. 그래도 이제 알았으니 얼마나 다행인가. 아직 살아갈 날이 많으니까.

   휠체어 북코치의 삶을 바꾼 독서 이야기

04

벼랑 끝에서 만난 책

••• 내 나이 오후 3시다

나는 대학을 졸업한 뒤 마흔이 넘도록 손에 책을 쥐어본 적이 없다. 벌어먹고 사느라 그랬지만 솔직히 놀기 바빴다. 《청소부 밥》에 나오는 로저처럼 아이들이 잠든 새벽에 집에 들어가고 깨기 전 집을 나왔다. 로저는 CEO라서 그랬다지만, 나는 이룬 것도 없으면서 남편 노릇, 아빠 노릇을 제대로 못했다.

장애인이 되어서도 마찬가지다. 한동안 자기연민에 빠져 허우적대느라 1~2년이 후딱 지났다. 겨우 정신을 차리고는 동료들과 '장애인식개선', '장애인스포츠 저변확대' 한다고 돌아다녔지 뭐하나 이룬 것이 없다. 확실한 정보와 사전지식 없이 무작정 들이대기만 해서 시행착오도 많이 겪었다.

그러다 무언가에 홀린 듯 주식투자를 했다. 하고 많은 일 가운데 하필이면 큰 위험이 따르는 곳에 눈이 팔려 해서는 안 될 선택을 하고 말았다. 그래서 가진 것을 모두 잃고 일 년 넘도록 산송장처럼 살았다.

장애가 심한 데다 빈털터리 된 것도 모자라 넋 놓고 지내느라 식구한테 무거운 짐이었다.

그러던 어느 날 오후, 아내가 무심한 듯 책 한 권을 건넸다. 서울대학교 김난도 교수가 쓴 《아프니까 청춘이다》였다. 내용을 보니 대학을 졸업하고 취직을 못해 불안하고 힘들게 살아가는 이 시대 청춘을 위로하는 에세이였다. 내 처지와 어떤 공감대가 형성됐는지 모르겠는데, 저절로 책에 빠져들었다. 그때까지만 해도 책 한 권이 내 인생을 변화시킬 거라곤 상상도 못 했다.

한 꼭지 한 꼭지 모두 위로였다. 그 가운데 가장 큰 깨달음을 준 글은 시간에 대한 설명이다. 한국인 평균수명 80세를 기준으로 계산할 때, 내 나이가 몇 시에 해당하는지 알아보는 방법인데 다음과 같다. "인생시계의 계산법은 쉽다. 24시간은 1,440분에 해당되는데, 이것을 80년으로 나누면 18분이다. 1년에 18분씩, 10년에 3시간씩 가는 것으로 계산하면 금방 자기 나이가 몇 시인지 나온다."

다시 시작하기엔 조금 늦은 듯하고, 그렇다고 끝내기엔 너무 이른 내 나이는 오후 3시. 그래도 저녁노을이 지기까진 한참 남은 시간인데, 나는 세상이 끝난 것처럼 '장애와 가난'에서 헤어나질 못했다. '이젠 모든 게 끝이다. 내가 할 수 있는 건 아무것도 없다. 자식들한테 짐이 되기 전에 죽자.'는 생각만 하고 있었으니. 그때는 삼시세끼 밥 먹는 것밖에 할 수 있는 게 없었으니 그럴 수밖에.

OECD 국가 가운데 자살 사망률 1위, 보건복지부 통계에 따르면 하루 37명이 자살로 생을 마감하는 대한민국. 《마지막 강의》를 쓴 랜디 포시 교수가 말기 췌장암으로 죽어가면서 '하나뿐인 삶을 포기하지 말라'고 했는데, 하마터면 한 명 더 보탤 뻔했다. 어쩌면 지금 인생이 밑바닥이면 이젠 발전할 일만 남았다고 하는 말에 다시 용기 내 살아보기로 한 것인지도 모른다.

벼랑 끝에 섰을 때 슬며시 다가와 다리가 되어준 책. 책은 죽어가던 내 영혼을 되살린 불씨였다. 책을 통해 나보다 더 고통 받았던 사람들을 만나면 저절로 감정이입 되어 카타르시스를 느꼈다. 더구나 김정현 작가가 쓴 《아버지》를 읽고 왜 그렇게 눈물을 흘렸는지 모르겠다. 아버지란 역할에 동질감을 느꼈고, 그에게 닥친 가혹한 운명과 식구들의 무심함에 엄청 화가 났었다.

줄거리를 보면, 가족을 부양하는 책임과 의무로 살던 가장이 췌장암에 걸린다. 그럼에도 남게 될 자식과 아내생각뿐이다. 거기다 가족한테 짐이 되기 싫어 혼자 죽음을 준비한다. 어쩌다 딸자식이 모진 소리를 해도 항상 사랑으로 대한다. 그에 반해 가족은 그를 무기력하고 무능한 아버지로 남편으로 대한다.

책장을 덮고 나는 부끄러운 마음에 한동안 식구들 얼굴을 볼 수 없었다. 이것이 진정 세상 아버지 모습인데, 나는 정반대로 살아왔으니까. 소설 속에 등장하는 아버지를 보고 내가 얼마나 잘못 살았는지 절실히 깨달았다. 책읽기가 자기반성을 통해 삶을 가꾸는 마법의 힘이 있다는 걸 그때서야 알았다.

공자는 사람을 네 부류로 나누었다. "태어나면서부터 아는 이가 최상이고, 후천적으로 배워서 아는 이가 그 다음이며, 살다가 어려움을 겪고서야 배우려는 이는 또 그 다음이다. 살다가 어려움을 겪고서도 배우려고 하지 않으니 앞뒤 꽉 막힌 사람이 가장 아래니라."고. 당신은 어디에 속하는가. 나는 세 번째에 속한다. 최악의 상황을 생생하게 겪고서야 새로운 변화를 시작했으니까.

몽테뉴가 이렇게 말했다.

"내가 슬픈 생각에 사로잡혔을 때, 책보다 더 훌륭한 친구는 없다. 책을 읽으면 감정이 승화되어 마음속의 구름이 빨리 걷히게 된다."

몽테스키외도 한마디 거들었다.

"나는 한 시간의 독서로 누그러들지 않는 어떤 슬픔도 알지 못한다."고.

내가 경험한 책읽기가 그랬다. 주식실패로 1년 넘게 전쟁을 치르는 동안 하루도 편할 날 없었다. 걸핏하면 분노를 드러내고 싸우기 일쑤였다. 어떨 땐 '내 몸뚱이 팔아 생긴 돈으로 그랬는데, 니들이 무슨 자격으로 날 탓하냐'며 말도 안 되는 억지를 부렸다. 한바탕 소란을 떨면 집안 분위기는 엉망이 됐다.

그런 상황에서도 책을 읽었다. 큰 싸움을 피하려면 그 방법이 최선이었다. 책 읽는 동안은 식구들도 건드리지 않았으니까. 물론 그때 읽은 내용은 하나도 기억나지 않는다. 그래도 내 앞에 놓인 괴로움을 잊으려고 무작정 읽었다. 무책임한 소리로 들리겠지만 책을 읽으면 답답한 현실에서 해방되는 기분이 들었다. 마치 다른 세상에 와 있는 것처럼 느껴져 책 속으로 숨었다. "나는 궁핍 속에서 살았지만 그와 동시에 일종의 환희 속에서도 살았다."는 알베르 카뮈의 말처럼 나도 그랬다.

한마디로 도피성 책읽기였다. 뚜렷한 목적이 있어서 읽은 게 아니라 현실을 똑바로 보기 두려웠고, 문제해결 방법도 떠오르지 않아서 피했다. 마치 타조가 위협 상황에 처했을 때 머리만 땅 속에 처박고 두려운 상황을 피하는 것처럼. 그냥 눈으로만 읽었다, 콩나물시루에 물을 주듯이. 물은 다 흘러내려도 하루가 지나고 한 달이 가고 일 년이 되자 콩나물시루에 있는 콩나물이 자라는 것처럼 나 자신도 조금씩 변하기 시작했다.

책읽기는 내가 할 수 있는 유일한 것이었다. 더구나 다른 사람 도움 없이 혼자 할 수 있어 다행이었다. 온종일 엉덩이 붙이고 앉아있는 것도 평소 단련돼 있어 아무렇지 안았다. 손가락 하나 움직일 수 없어도 책장 넘기는 건 문제없었다. 그뿐인가. 늘 그림자처럼 붙어 다니던 아내도 의심하는 눈초리를 거두고, 불안한 마음으로 학교 가던 애들도 안심하는 눈치였다. 앞날에 대한 두려움도 줄었다. 오히려 마음이 편해지고 여유로워졌다. 독서가 내게 베푼 최고의 선물이다.

김중근 작가가 쓴《궁하면 변하고 변하면 통한다》에 "성공한 삶의 전환점은 대부분 위기의 순간에 찾아온다. 그리고 성공한 사람은 그 위기의 순간을 통해 새로운 사람으로 변화된 사람이다. 성공한 사람들도 처음에는 비참한 상황에서, 혹은 절박한 상황에서 출발했다. (중략) 그들 대부분은 절망적인 상황과 어려움을 극복하고 자신의 꿈을 실현했다. 자신이 처한 최악의 상황을 인생의 터닝포인트로 만든 것이다."고 했다.

나 또한 인생 최대의 위기가 왔을 때 터닝포인트가 왔다. 독서로 인생 3막을 승부 내보고 싶었다. 투자 없이 새로운 일에 도전하는 게 불가능하지만 책읽기만큼은 가능했다. 당장 할 수 있는 것도 책읽기밖에 없었고, 실패하더라도 잃을 게 없었다. 그래서 애들 공부방에서 잠자던 책을 하나씩 깨웠다. 책장에는 에세이부터 시집, 소설, 종교, 철학, 과학서들이 다양하게 있었다.

나는 헤르만 헤세가 쓴《데미안》을 읽고 하나의 세계를 깨뜨려야 갈등과 고통에서 벗어날 수 있다는 걸 배웠고, 성철 스님 일대기를 적은 《자기를 바로 봅시다》에서 인간이 가진 잠재력이 무한한 걸 새삼 깨달았다. 2003년 출간되어 화제를 낳았던 책 《폰더 씨의 위대한 하루》를 읽고 일곱 명의 위인에게 '성공을 결정하는 일곱 가지 결단'을 배워서 다시 태어나기로 맘먹었다.

장애 때문에 힘들게 살았어도 큰 변화 없더니, 궁핍해지자 벼랑 끝에 내몰린 현실에 뼈가 시렸다. 인생을 바꾸려고 할 때 견딜 수 없을 만큼 큰 고통이 닥쳐야 한다더니 내가 그랬다. 장애보다 더 힘들었던 가난에서 벗어나려고 시작했던 '책읽기'가 나를 변화시키는 전환점이 됐다. 만일 내게 조금이라도 돈이 남아있었다면 내 인생에서 책을 만나는 일은 결단코 없었을 테다.

　휠체어 북코치의 삶을 바꾼 독서 이야기

05

책읽기가 가져온
세 가지 선물

••• 도대체 난 누구인가?

2008년부터 4년간 세상을 등지고 집에만 틀어박혀 살았다. 엉덩이 욕창도 문제였지만, 수시로 바뀌는 주식시세가 불안해 나갈 수가 없었다. 식구들은 '나 몰라라' 하고 온종일 모니터만 뚫어져라 보느라 제정신이 아니었다. 정신을 차렸을 때 내 주변엔 아무도 없었다. 그때 누군가가 내게 "니가 사람새끼가?" 하는 말을 했다. '나는 뭐지? 나는 도대체 무엇일까?' 하고 물었다.

일본 작가 다치바나 다카시가 쓴 《나는 이런 책을 읽어 왔다》를 보면, 자신이 왜 그렇게 많은 책을 읽었는지 그 까닭을 얘기한다. "내가 알고 싶은 것은 단 한 가지였다. '나 자신은 대체 어떤 사람인가? 나와 나 자신은 어떤 관계를 맺고 있는가?' 바로 이것을 알기 위해서 나는 계속해서 책을 읽어 왔고 삶을 살아왔다."고. 새로운 삶을 살기 위해 내가 누구인지 먼저 알아야 했다.

　독서한지 1년쯤 지났을 때 비로소 나 자신을 발견했다. 그리고 다른 사람이 살아온 삶을 통해 '다름과 차이'를 이해하고 식구들과 소통하면서 가족력을 회복할 수 있었다. 여태껏 생각하지 못했던 꿈도 다시 꾸게 되었다. 노자가 "타인을 아는 자는 똑똑하지만, 자기를 아는 자는 밝은 것이다. 타인을 이기는 자는 힘이 있지만, 자기를 이기는 자야말로 강한 것이다."고 말한 것처럼 나를 알면서 동굴 속 어둠에 한줄기 빛이 들어왔다.

　마틴 루터가 그랬던가. "나 자신을 발견했을 때 졸도할 뻔했다"고. 나도 정말 졸도할 뻔했다. 이미 장애인이 되었을 때 나는 아무것도 아니었는데, 그런 사실도 잊은 채 살벌한 전쟁터에 뛰어들었으니 무슨 수로 적을 이긴단 말인가. 망쳐버린 내 인생을 다시 살려면 밝은 눈과 의지가 필요했다. 그래서 오래전 살았던 사람들의 삶을 통해 앞날을 내다볼 지혜가 필요했다. '책은 자신을 비추는 거울'이라 하지 않던가.

　알베르토 망구엘이 "독서란 자아발견과 세계탐험을 위한 나침반과도 같다."고 했다. 나는 책을 통해 살아온 방식을 눈으로 배우고, 전하는 말을 귀로 듣고, 이미 겪었던 삶에서 정체성을 확립할 수 있었다. 그들의 가치와 철학, 인생관, 세계관을 통해 내가 나아갈 방향을 설정하는 계기로 삼았다. 그랬다. '나'를 찾는 책읽기는 자기경영의 시발점이 된 것이다.

　삶이란 '나'를 알아가는 과정이라고 하지 않던가. 당신도 남은 인생을 제대로 살고 싶다면 자신이 진짜로 무엇을 잘할 수 있고, 무엇을 좋아하며, 어떤 삶을 살고 싶은지를 책에서 찾아야 한다. 자기 삶을 자기 것으로 만드는 변화의 시작을 하는 데 책만큼 좋은 도구가 없으니까.

내가 살 수 있었던 까닭은 모두 식구들 때문이다. 힘들고 지칠 때 무거운 짐을 나눈 것도 식구뿐이고, 운명에 무릎 꿇은 나를 일으켜 세운 것도 식구들이다. 그런데 의논 한마디 없이 무책임한 행동을 저질러 아내와 자식들한테 고통만 안겼다. 그로 인해 하고 싶은 일이 있어도 돈이 없어 쩔쩔매는 식구들을 볼 때면 내 마음이 지옥이다.

고대 그리스 철학자 탈레스가 세상에서 가장 어려운 것이 무엇이냐는 질문을 받고 "자신을 아는 것"이라고 했고, 가장 쉬운 것은 무엇이냐는 질문에 "남에게 충고하는 것"이라고 했다. 마치 나를 두고 하는 말 같아 낯부끄러웠다. 지난날 식구들한테 얼마나 충고와 지적질을 해 댔던가. 나 자신은 알려고 하지 않고 아내와 자식들한테 잔소리만 하고 살았으니. 책읽기가 내게 가져다 준 두 번째 선물은 상대방의 창으로 바라보기다.

예전엔 나밖에 몰랐다. 식구들을 무시한 채, 모든 걸 내 한마디로 결정했다. 남들이 하는 말은 귀를 막고 아예 들으려 하지 않았다. 《손자》〈화공편〉에 보면 "군주는 노기로 군사를 일으켜서는 안 되며, 장수는 분노로 싸움을 벌여서는 안 된다."고 했는데, 나는 늘 독선과 분노로 밀어붙였다. 그러다 보니 불만은 쌓이고 갈등도 계속 커졌다. 주식 실패로 빚더미에 앉았을 때 결국 폭발했다.

벌써 6년 전 일이다, 그날은 학원비와 용돈 문제로 딸아이와 심하게 다퉜다. 화를 참지 못해서 무차별 폭언을 퍼부었다. 그랬더니 딸아이가 "아빠는 책을 읽으면서 어찌 그리 욕을 잘하세요? 책에 욕설만 나와요? 책을 읽으면 사람이 변한다는데 아빠는 흰 종이 위에 까만 글자만 읽나 봐요?” 하고 비아냥댔다.

며칠 뒤 《명심보감》을 읽었더니 “입은 화가 드나드는 문이요, 혀는 육신을 동강내는 칼이다.”는 글을 보고 그때서야 깨달았다. 내가 했던 책읽기는 그저 갈등을 면하기 위해 ‘척’하는 행동이었고, 가끔은 자기위안을 찾는 시간때우기였다는 걸. 딸아이한테 뒤통수를 한 대 얻어맞고서 제대로 된 책읽기를 시작했다.

한참 뒤에 존 그레이가 쓴 《화성에서 온 남자 금성에서 온 여자》를 읽었다. 이 책은 작가가 30년 동안 상담센터를 운영하면서 부부간에 갈등 원인과 치유법 연구를 한 결과물이다. 이 책을 읽고 ‘남녀가 이렇게도 다르구나. 진작 알았더라면 식구들한테 더 잘했을 텐데.’ 하고 반성했다. 가장 가슴에 와 닿은 문장은 “대화는 인간관계에 있어 가장 중요한 요소이고, 논쟁은 가장 파괴적인 요소이다.”는 것이다.

한때 이유 없이 아내를 원망하던 남편이 있었다. 그런데 언제부턴가 아내가 측은하게 여겨져 바라보는 눈길이 훨씬 순해졌다. 아내도 알아챘는지 차츰 남편을 측은하고 불쌍하게 바라봤다. 두 사람이 서로를 있는 그대로 존중하면서 불안했던 가정이 안정을 찾았다. 얼어붙었던 감정도 서서히 녹아내렸다. 책읽기가 가져온 두 번째 변화다.

책을 통해 다양한 사람을 만나면서 나부터 ‘다름과 차이’를 이해하고 수용하자 자연히 다툼이 줄었다. 불신으로 가득했던 가정에 신뢰가 생겼다. 굳게 닫혔던 마음도 서서히 열렸다. 한 사람이 변하자 모두가 편했다. 그리고 마음이 안정되면서 어떻게 살지를 고민했다. 앞으로 남은 시간을 가치 있게 살기 위해 궁리했다.

 휠체어 북코치의 삶을 바꾼 독서 이야기

내 꿈은 '휠체어 타는 북코치, 동기부여 전문가'다.

"나는 타인의 욕망을 욕망한다."고 프랑스 철학자 자크 라캉이 말했다. 이렇게 사람들은 자기가 욕망하는 게 뭔지도 모르고 살아간다. 그저 다른 사람이 욕망하는 것을 욕망할 뿐, 왜 사는지 모른 채 생각 없이 지난날을 살았다. 하지만 이제 다르다. 책을 통해 원하는 게 무언지 알고 삶을 대하는 태도를 바꿨기 때문이다.

아마도 내 생일날이지 싶다. 딸아이가 날마다 책만 보는 내게 책 한 권을 선물했다. 김병완 작가가 쓴《40대, 다시 한 번 공부에 미쳐라》인데, 그때 내 나이 40대 후반이라 제목에 끌렸다. 유명 인사들 사례와 말을 인용해 40대에게 도전과 실패를 두려워하지 말고 부지런히 공부해 험한 세상을 헤쳐나가자는 내용이었다.

생각 없이 사는 내게 목적 있는 삶을 살라고 했다. 어떻게 살아야 할지 방법을 모르고 있던 내게 새로운 길을 제시하고 도전정신을 갖게 했다. 그뿐이 아니다. 내가 어디에서 무슨 고민을 하더라도 답을 찾도록 도왔다. 다음 날 나는 시립도서관으로 가 그가 쓴 책을 모두 빌려와 읽었다.

그렇게 한 까닭은 그의 인생관과 가치관을 배우고 싶어서다. 이런 독서를 '전작주의 독서법'이라고 말한다. 그는 성균관대를 졸업하고 삼성전자에 입사해 11년간 근무했다. 2008년 12월에 퇴사해 아무 연고가 없는 부산으로 내려가 1,000일 동안 도서관에서 책만 읽었다. 그러다 2012년부터 지금까지 40권 넘는 책을 쓴 전업 작가다.

평범한 직장인을 작가로 변신시킨 건 무엇일까? 중국 최고 시인 두보 때문이다. "만 권의 책을 읽으면 글을 쓰는 것이 신의 경지에 이른다."는 말을 믿고 그대로 실천했다. 그래서 나도 따라했다. 그에 비하면 10분의 1에 불과하지만, 3년 만에 1,000권을 읽었다. 그랬더니 돌처럼 굳었던 뇌가 말랑말랑 부드러워졌다. 고목나무에 꽃이 핀 것이다. 이제 머지않아 열매도 열리지 싶다.

내 꿈은 휠체어 북코치 동기부여 전문 강사다. 그 꿈을 이루기 위해 지금도 병원 이곳저곳을 다니며 '나'보다 '남'한테 위로되는 시간을 보낸다. 그들에게 유용한 정보를 제공하고, '하면 된다'는 용기를 줘 하루빨리 사회복귀를 할 수 있게 돕고 있다. 내가 그렇게 하는 까닭은 교통사고가 내 목을 부러뜨렸지만, 내 목이 나를 넘어뜨리는 걸 그냥 두고 볼 순 없었다. 그것이 내게 주어진 삶을 살아갈 의미이자 이유다.

니체가 말했던가. "'왜' 사는지를 아는 사람은 '어떤' 고난도 이겨낼 수 있다."고. 나는 '왜' 사는지, 삶의 목표가 무언지 때때로 묻는다. 그래야 고통을 견딜 수 있고, 어려움이 오더라도 포기하지 않고 이겨낼 수 있으니까. 인내와 끈기만 있으면 언젠가 내가 정한 목적지에 다다를 수 있다고 믿기에.

나는 잠들기 전 눈을 감고 상상한다. 3년 뒤 아니 1년 뒤 수많은 청중 앞에서 동기부여 하는 이야기꾼으로 서 있을 내 모습을 그려본다. 보이지 않는 곳에서 소외받고 차별받으며 살았던 일들을 세상 사람들과 소통하고, 무모한 도전을 하면 최후가 어떻게 되는지 반면교사 역할도 하면서, 책읽기의 이로움을 널리 알려서 많은 사람들이 당당하게 살 수 있도록 하는 게 내 꿈이다.

   휠체어 북코치의 삶을 바꾼 독서 이야기

06

장애인활동가로 다시 살다

··· **영혼을 치유하는 장소를 찾아서**

과거엔 밖으로 나가면 주변 사람들이 나에게 '젊은 사람이 안 됐다', '인물도 좋구먼 어쩌다 그리 됐누?', '결혼은 했는가?', '마누라는 있고?', '부부생활은 가능해요?' 하고 물었다. 나는 이런 말이 제일 듣기 싫었다. 아무렇지 않게 내뱉은 한마디가 내 가슴에 생채기를 냈다. 다치기 전이나 지금이나 나는 하나인데 '장애인' 꼬리표가 붙고서 전혀 다른 사람으로 취급받으며 차별 속에 산다.

더구나 7~8년 전엔 쫄딱 망하고서 아예 바깥출입을 못했다. 남들이 쳐다보는 눈이 두려워서 도저히 나갈 용기가 없었다. 그래서 자발적 단절을 선택하고 고립된 채 1년 넘도록 집에 틀어박혀 살았다. 더 솔직히 말하면 나가서 무슨 사고를 또 저지를지 몰라 아내가 금족령을 내렸다. 그 덕에 많은 책을 읽을 수 있었다.

그때는 주로 마음을 다스리는 책읽기를 했다. 내 처지와 비슷한 경험이 있는 사람들이 쓴 책만 골라서 읽었다. 그들은 대부분 나보다 장애도 심했고, 더 가난했고, 더 고통스러웠고, 더 많은 빚을 지고 살아도 결코 좌절하거나 절망하지 않았다. 아무리 힘들어도 포기하지 않고 노력하면 언젠가 반드시 성공할 수 있다는 경험이 위로와 동기부여 됐다. 그래서 읽고 또 읽었다.

책에 빠져들면 마치 내가 작가나 주인공이 된 것처럼 감정이입 되면서 카타르시스를 느꼈다. 대표적인 책으로 《오체불만족》, 《닉 부이치치의 허그》, 《0.1그램의 희망》, 《전태일 평전》, 《꿈꾸는 토르소 맨》, 《오프라 윈프리 이야기》, 《나는 멋지고 아름답다》, 《미 비포 유》, 《프라다 칼로》, 《삶의 의미를 찾아서》, 《우리가 오르지 못할 산은 없다》, 《아직도 가야 할 길》, 《폰더 씨의 위대한 하루》였다.

이들은 자기 스스로 알을 깨고 비상했다. 헤르만 헤세가 "세상에는 두 종류의 사람이 있다. 운명의 주인이 되는 사람과 운명이 주인이 되는 사람이다."고 말했다. 이들은 스스로가 운명의 주인이 된 사람들이다. 반면에 알을 깨고 나오지 못한 나는 운명의 노예로 살았다. 내 운명을 다른 누군가가 좌지우지한다고 생각해서 체념했는데, 그들은 자신한테 닥친 불행을 바꾸어 새로운 삶을 살았다.

그래서 나도 새로운 삶을 살고 싶어 2주에 한 번 시립도서관에 들러 10~15권 정도 책을 빌린다. '영혼을 치유하는 장소'에 가면 상처 입은 내 영혼이 저절로 치유되는 기분이 든다. 그곳에서 읽고 싶은 책을 한 가방 가득 빌리면 그날은 내 마음도 부자다. 그동안 알지 못했던 지식을 얻으면 안 먹어도 배부르고 행복했다. 그 충만함을 나만 알고 있기엔 너무 아까워 장애인활동가가 되기로 결심했다.

올해 57세인 남자가 있다. 그는 건설현장에서 일하다 요추에 척수염이 생겨 하지마비가 됐다. 하루아침에 병원신세를 지게 된 그는 앞날이 걱정돼 늘 우울하게 지내다가 나를 만났다. 처음엔 자신보다 더 중증인 사람이 휠체어를 굴리면서 활동하는 모습을 한동안 지켜보기만 했다. 그러더니 '저 몸으로도 살아가는데 내가 못할 게 없다.'는 생각을 했는지 삶을 대하는 태도가 차츰 긍정으로 바뀌었다.

 휠체어 북코치의 삶을 바꾼 독서 이야기

사람은 남들과 비교해 자신이 좀 더 낫다는 생각이 들면 희망을 가지는 모양이다. 하지만 가끔 부작용도 있었다. 대부분 장애초기에 생기는 현상인데, 상대가 가진 장애를 투사하면서 자신의 장애를 더 비관하고 슬퍼한다. 예를 들어 '나도 평생 저렇게 살아야 하나?' 하는 불안이 상담을 거부하게 만든다.

나도 그랬다. 서울에서 재활치료를 받을 때 동료장애인을 보면 내 앞날처럼 생각돼 한숨이 저절로 나왔다. 그러다가 '왜 하필 내가 이런 일을 당해야 하지?' 하고 하늘만 원망했다. 그러다 책을 읽고서 내가 아니라도 누구나 이런 일을 겪을 수 있다는 걸 이해하게 됐다. 그들은 나보다 더 힘들고, 더 어렵게 살아도 참고 견뎌 남들이 부러워할 정도로 성공한 삶을 살았다는 걸 알았다.

누군가 이런 말을 했다. "사람들은 자신의 고통과 슬픔이 유래가 없는 자신만의 것이라고 생각한다. 하지만 책을 읽어보면 생각이 달라진다. 자신이 느낀 격한 감정들이 결국에는 세상과 나를 이어주는 것이었음을 깨닫게 되기 때문이다. 우리가 겪는 모든 감정은 지금의 살아있는 사람들은 물론 죽어 버린 과거의 사람들이 겪었던 감정이기 때문이다."

우리는 언제나 한 곳만 시선을 고정하는 버릇이 있다. 자신이 겪는 고통 때문에 주위를 돌아볼 경황이 없는 것이다. 이럴 때 책을 읽으면, 다른 생각과 다른 각도로 세상을 보게 돼 자신을 가둔 틀에서 빠져나올 수 있다. 누구라도 막다른 길에 이르면 다른 길을 찾아갈 궁리를 하게 되니까.

••• 메신저가 되기 위한 재교육

아침에 눈을 뜨면 하루를 어떻게 살아야 할지 생각한다. 책읽기를 하고부터 생긴 습관이다. 지난날을 돌아보니 허투루 살아온 시간이 너무 많았기에 더 이상 남은 인생을 낭비하고 싶지 않아서다. 그래서 24시간을 쪼개고 또 쪼갰다. 그랬더니 삶은 더 여유가 생겼고 뭔가 해야겠다는 욕구가 생겼다. 매슬로우가 제안한 욕구 5단계 가운데 마지막인 자아실현을 하기 위해서다.

인생엔 두 가지 길이 있다고 한다. 내가 이미 걸어온 길과 아직 가지 않은 길. 나는 아직 가지 않은 길에 첫 발을 내딛기 위해 2014년 경남과학기술대학교 평생교육원에 등록해서 '화합과 소통하는 스피치' 교육을 받았다. 장애인활동가 영역은 '말하기'가 필수라서 그랬다. 비장애인과 함께 수업하는 게 약간 부담됐지만, 그래도 용기 내어 도전했다. 어차피 더불어 사는 세상이 아니던가.

장애를 입고 처음으로 비장애인들 틈에 끼어 공부한다는 사실만으로 기쁘고 행복했다. 늘 보이지 않은 존재로 살다가 내 목소리를 낼 수 있어 비로소 사람이 된 기분이었다. 강단에서 발표할 때는 장애인을 대하는 사회태도와 장애인 가족이 겪는 아픔에 대해 소통했다. 그러면 귀를 열어 공감했고 몇몇은 눈물을 몰래 훔쳤다. 나는 그 모습을 보면서 '같이 아파하고 나눌 수 있어 살만한 세상이구나.' 싶었다.

10주간 수업이 끝나는 마지막 시간에 강사가 내게 말했다. "박 선생님은 자신이 가진 장애로 다른 사람을 빛나게 하는 존재입니다. 그러니 앞으로도 당당히 사십시오." 그 말을 듣는 순간 《장자》〈인간세〉에 나오는 사자성어가 생각났다. 거기에 '무용지용'에 관한 우화가 있는데 그

   휠체어 북코치의 삶을 바꾼 독서 이야기

내용은 다음과 같다.

"목공이 길을 가다 커다란 참나무를 보았다. 크기가 수천 마리의 소를 덮을 만하고 둘레가 백 아름이나 되는 엄청난 것이었다. 나무 둘레에는 구경꾼들이 떼로 몰려있었으나 목공은 거들떠보지도 않았다. 그걸로 배를 만들면 가라앉고 널을 짜면 썩어버리고 그릇을 만들면 깨져버린다고 말한다. 목재가 될 수 없는 재목이라 오랫동안 살아남은 것이란다. 그날 밤 목공이 잠이 들자 그 나무가 꿈에 나타나 말한다. 자기는 쓸모없기를 바란지 오래라고. 쓸모없음으로 지금까지 큰 나무로 자랄 수 있었다고. 쓸모가 있었다면 어찌 이처럼 큰 나무로 자랄 수 있었겠냐고 말한다."

나도 지역사회에서 '생산성'이 제로인 채 쓸모없는 존재로 살지만, 때로는 누군가를 쓸모 있게 했다. 나 같은 사람이 있어 '활동보조인제도'라는 새로운 일자리가 생겼고, 교통약자를 위한 휠체어택시까지 생겼으니 말이다. 나무도 쓸모없어 큰 나무로 자랄 수 있어 무더운 여름날이면 누군가에게 편히 쉴 수 있는 그늘을 제공하는 쓸모가 있다.

나는 지금도 왜 이런 몸으로 살아야 하는지 궁금하다. 이 몸으로 세상을 위해 할 수 있는 게 무엇인지 책에서 묻는다. 그러면 육체와 정신이 힘들고 괴로운 사람을 찾아서 위로가 되고 동기부여 되는 존재로 살라고 답한다. 그래서 첫 번째 목표로 삼았던 게 장애인활동가다. 삶에서 경험한 것들과 책에서 배운 지식을 융합해 장애인식개선과 의식전환에 앞장서는 게 내 소명이라 믿었다.

나는 이 소명을 다하기 위해 2012년 10월에 책읽기를 시작한 것 같다. 그리고 2016년 보건복지부에서 지원하고 한국척수장애인협회 재활지원센터에서 주관한 정보메신저교육을 받았다. 역할은 병원에 입원한

동료장애인을 찾아서 정보제공과 빠른 사회복귀를 돕는 것이다. 그 일은 좌절과 고통을 겪어본 사람만이 할 수 있는 일이다. '인생지사 새옹지마'라더니 걸림돌이 디딤돌로 쓰일 줄이야.

《메신저가 되라》의 저자 브렌든 버처드가 "대부분의 사람들은 자신의 인생과 경험을 매우 과소평가한다. 깨달은 바가 있으면서도 그것이 다른 사람들에게 큰 도움이 될 수 있을 거라고는 생각하지 못한다. 아무도 자신의 이야기를 진지하게 듣지 않으리라 여긴다. 그러나 당신이 보잘것없다고 느끼는 그 경험과 깨달음을 세상의 누군가는 간절히 필요로 한다. 그들은 당신의 조언을 들으면서 진심으로 감사해 할 것이며 대가를 지불할 수도 있다."고 말한다.

당신의 경험이 누군가에겐 간절히 필요하다. 그 경험을 다른 누군가와 나누려면 우선 깨달음이 있어야 한다. 당신이 살아온 삶을 돌아보고 성찰할 수 있는 힘은 오로지 책읽기를 통해서만 가능하다. 그러니 책을 읽고 나누는 삶을 살자.

 휠체어 북코치의 삶을 바꾼 독서 이야기

07

책 천 권 읽고
책벌레로 변신

· · · 책에서 길을 찾고 다시 살다

1주일에 책 한 권 읽으면 평생 몇 권까지 읽을 수 있을까? 천 권은 1주일에 한 권씩 20년 읽어야 할 독서량이다. 누군가 "천 권은 읽어야 생각이 바뀌고 사고력의 그물이 촘촘하게 머릿속에 짜이는 것이다."고 했다. 까닭도 모르고 그 말을 따라 했더니 3년만에 책 천 권을 읽고 책벌레가 되었다.

만약 그때 책을 읽지 않았다면 나는 어떻게 살고 있을까? 생각만 해도 아찔하다. 아마도 온종일 방구석에 처박혀 주식 할 기회만 엿보고 있었을지 모른다. 주식에 한 번 중독되면 그만큼 빠져나오기 힘들다는 걸 밝혀둔다. '전화위복'이라 했던가. 불행 중 다행이라면 위기였을 때, 내 삶은 책으로 다시 채워졌다. 책 한 권이 인생의 터닝포인트가 되어 새로운 길을 열었다. 그래서 나는 어디를 가든 늘 책과 함께한다.

'쌍안재서 두재침(雙眼在書 頭在枕)'이라는 말을 아는가. 풀이하면 '두 눈은 책에, 머리는 목침에'라는 뜻이다. '삼상지학(三上之學)'은 또 무슨 뜻인가? 삼상은 마상(馬上), 침상(枕上), 그리고 측상(厠上)인데, 다시 말해

말 위와 베개 위와 화장실에 앉아서도 공부한다는 뜻이다. 한마디로 배움에는 여행과 잠자리, 화장실을 구별할 필요가 없다는 말이다. 나는 배운 적 없어도 그리했다.

아침 7시면 눈을 떠 머리맡에 있는 책을 폈다. 겨울엔 어두워서 아들이 선물한 펜라이트를 입에 물고 읽었다. 옆 침대에 자고 있던 아내가 책장 넘기는 소리에 이리저리 뒤척였다. 아무리 조심해도 잠귀 밝은 아내한테 소용없는 짓이다. 아내가 8시쯤 일어나면 내가 있는 침대로 넘어와 강직으로 오므라든 몸뚱이를 쭉 펴서 잠자던 근육과 혈관을 깨우느라 관절 마디마디를 스트레칭 했다.

휠체어(말)로 옮겨 앉은 뒤 욕실에서 소변주머니에 가득 찬 오줌을 비우고 얼굴을 씻기고 머리를 감기고 아침밥을 차렸다. 그러면 나는 점심밥을 먹을 때까지 책 읽고, 점심밥을 먹고 나면 저녁밥을 먹을 때까지 또 읽었다. 6시에 저녁밥을 먹으면 10시가 넘도록 읽었다. 삼사일에 한 번은 2시간 동안 침대에 누워 똥을 싸는데 그때도 읽었다. 밥 먹고 씻는 일 빼고 온종일 책만 읽었다. 지난 삼 년을 그랬다.

얼마나 다행한 일인가. 알다시피 그때는 가정이 '바람 앞에 등불'인데도 버틸 수 있었다. 모두가 아내 덕택이다. 아내는 내 얼굴을 마주보는 것도 끔찍했을 테지만, 남편을 돌봐야 하는 책임은 한시도 소홀하지 않았다. 하지만 가족을 내팽개치고 무책임한 행동을 한 남편이자 아버지는 용서하지 않았다. 그래서 한집에 살면서도 나는 이방인이었다. 그런 처지여서 책만이 유일한 친구였다. 썩 좋은 의도에서 출발한 건 아니었지만, 그 바람에 미친 듯이 책에 몰입할 수 있었다.

한시라도 읽지 않으면 마음이 불안했다. 저질러놓은 게 많았으니 걱정으로 미칠 것만 같았다. 그래서 잊기 위해 읽고 또 읽었다. 그랬더니 어느 날 책은 내가 가야 할 길을 안내하는 듯했다. 그래서 감히 말할 수 있다. '나를 태어나게 한 건 어머니고, 나를 사람 구실하게 만든 건 아내고, 나를 되살린 건 책'이라고.

《공부가 가장 쉬웠어요》를 읽어본 적 있는가. 얼마나 삶이 힘들고 고단했으면 남들이 가장 하기 싫은 공부가 제일 쉬웠다고 했겠는가. 나는 이해할 수 있다. 처절한 삶을 겪어본 사람만이 감히 이해할 수 있는 말이다. 나 역시 처절함과 절실함을 경험하고서 '그럴 수도 있겠구나' 하고 공감했으니까.

장승우 씨는 가정형편이 어려워 일찌감치 대학을 포기하고 식구들 생계를 책임졌다. 포클레인 조수, 성인오락실 홀맨, 가스배달, 물수건배달, 택시기사, 공사장 막노동 일을 하고 살았다. 그러다 고등학교를 졸업한 지 6년이 지나 서울대에 입학하고 법학과를 졸업한 뒤 2003년 사법시험에 합격했다. 때때로 한계에 부딪쳐 실패를 했지만, 그는 그것이 끝이라고 생각해본 적 없었다.

그와 비교하는 건 안 어울리지만 내겐 책읽기가 그랬다. 그가 가진 것 없어 온몸으로 삶을 경험하고 공부를 택한 반면에, 나는 몸으로 할 수 있는 게 없고 가진 것도 없지만 시간만큼은 넘쳐났다. 그래서 무작정 책읽기를 선택했고, 혼자 할 수 있어서 다행스러웠다. 간혹 권태기가 있었지만 살기 위해 읽었다.

그래야만 앞으로 다가올 인생을 내가 원하는 대로 살 수 있다고 생각했다. 책읽기를 하면서 잊고 살았던 꿈과 희망이 생겼기 때문이다. 어떤가. 당신이 만약 벼랑 끝에 서 있다면 독서에 관심을 가져보는 것이. 1급 장애를 가진 사지마비장애인이 하는 일을 당신이 못할 이유가 없다. 당장 읽고 또 읽기를 권한다.

이제부터 한 가지에 몰입하자. 1만 시간이면 충분하다. 2005년 〈타임〉지가 선정한 '가장 영향력 있는 100인'에 뽑힌 말콤 글래드웰이 《아웃라이어》에서 시간과 성공에는 '1만 시간의 법칙'이 존재한다고 밝혔다. 본래 1만 시간의 법칙은 심리학자 앤더슨 에릭슨이 1993년 발표한 논문에 실린 내용인데, 한 분야에 전문가가 되려면 최소 1만 시간 훈련이 필요하다고 했다.

계산하면 하루 3시간씩 일주일에 20시간, 10년이 모여야 가능한 시간이다. 하루 10시간이면 3년이 걸린다. 내겐 시간이 자산이라 하루 열 시간 이상 미친 듯이 읽었다. 남은 해는 짧고 가야 할 길이 멀었기 때문이다. 거기다 신체도 자유롭지 못해서 남보다 느리기 때문에 세 배 넘는 시간을 바쳐야 따라잡을 수 있다고 생각했다.

영국 작가 루이스 캐럴이 쓴 《거울나라의 앨리스》에 보면 거울나라에 도착한 엘리스가 레드퀸과 손잡고 빠른 속도로 숲속으로 달려간다. 그런데 한 발짝도 나가지 못하는 것처럼 느껴져 여왕한테 그 까닭을 물었더니 이렇게 답한다.

"단지 제자리에 머물기 위해서는 쉼 없이 뛰어야 해! 만약 다른 곳으로 가기 위해선 지금보다 최소한 두 배는 빨리 뛰어야 하지."

모두가 살아남기 위해 쉼 없이 달리는데, 달리기만 해서 어떻게 남들을 따라잡을 수 있겠는가. 더구나 다른 사람보다 행동까지 굼뜬 몸으로는. 그래서 선택한 방법이 남보다 많은 시간을 투자하고 집중해서 많은 책을 읽을 수밖에. 그렇게 했더니 삼 년간 1만 시간을 들여 천 권 읽을 수 있었다.

남은 인생은 제대로 살고 싶었다. 나보다 더 훌륭한 사람을 만나 성공하고 싶었다. 그런데 아무리 주위를 둘러봐도 내게 비전을 제시해줄 스승은 없었다. 근대 철학의 아버지라 불리는 데카르트가 "좋은 책을 읽는다는 것은 과거의 가장 훌륭한 사람들과 대화하는 것이다."고 해서 책에서 멘토를 찾기로 했다. 보잘것없고 가진 것 없는 내가 선택할 수 있는 유일한 것이었다.

살다 보면 누구나 절망하는 순간이 온다. 그때가 자신을 돌아볼 수 있는 시간이라고 생각하자. 힘들다고 좌절한 채 그냥 주저앉아 삶을 포기하면 두 번 다시 일어날 수 없을지도 모른다. 나도 하늘만 멍하니 쳐다보고 살았던 경험이 있었기에 하는 말이다. 하지만 책읽기로 준비하고 마음을 다스린다면 다시 몸을 세울 수 있다. 그뿐인가. 꿈과 열정으로 더 크게 타오를 수 있다.

나는 본격적으로 책읽기를 시작할 때 자기계발서로 독서습관을 만들었고, 덤으로 의지와 열정이 생겼다. 책대로 실천하면 인생을 바꿀 수 있을 거라 믿었다. 대표적인 책으로 이지성 작가가 쓴 《18시간 몰입의 법칙》, 《꿈꾸는 다락방》, 《리딩으로 리드하라》, 《인생아, 고맙다》, 《여자라면 힐러리처럼》들을 읽었다. 그가 쓴 책은 대부분 경험에서 나온 글이라 사람 마음을 감동시키기에 충분했다.

아무도 앞날을 예측할 수 없다. 그래서 꽃길만 걸어온 사람들은 불완전한 인생을 살아볼 만하다고 말한다. 하지만 자유를 잃은 신체에 가난까지 더해지면 삶을 버티는 게 쉽지 않다. 그런 내게 책은 다시 한 번 살아보라고 얘기했다. 포기하지 않으면 인생역전도 가능하다고 해서 읽고 또 읽었다.

'늦었다고 생각할 때가 가장 이르다.'고 했던가. 나는 그 말보다 헨리 데이비드 소로우의 《월든》에 나오는 한 문장에 기대를 걸었다. "얼마나 많은 사람들이 한 권의 책을 읽고 자기 인생의 새로운 기원을 마련했던가. 우리의 기적들을 설명해 주고 새로운 기적들을 제시해 줄 책이 어쩌면 우리를 위하여 존재할 가능성이 크다."고 했다.

그래도 사람들은 스펙 쌓기에 열 올린다. 직장에서 인정받고 싶어서, 세상에 자신을 드러내고 싶어서 말이다. 하지만 현실은 어떤가? 기계처럼 일하다 어느 순간 필요 없다 싶으면 파리 목숨보다 못한 취급을 받는다. 세상은 4차 산업혁명시대라 창의적 인간을 요구하는데, 우리는 관성에 젖어서 산다. 이제 달라야 한다. 한 권의 책을 손에 들고 아무도 대체할 수 없는 나만의 역량을 갖추어야 한다.

우리는 살다가 난관에 부딪치면 두 가지 질문을 한다. '왜 이렇게 되었을까'와 '앞으로 어떻게 할까'다. 당신은 어떤 질문을 던지겠는가? 죽을 만큼 힘들고 고통스런 순간이 와도 끝까지 살아남아 새로운 길을 한번 걸어가 보지 않겠는가? 삶은 당신이 마음먹기에 따라 얼마든지 바꿀 수 있다.

08

책읽기에서
책쓰기 도전

··· 삶을 바꾸는 글쓰기

조지 오웰이 《나는 왜 쓰는가》에서 글을 쓰는 네 가지 동기에 대해 말했다. 첫째는 순진한 이기심, 둘째는 미학적 열정, 셋째는 역사적 충동, 넷째는 정치적 목적이라고 했다. 나는 나 자신을 돋보이게 할 게 없고, 아름다움은 더 거리가 멀고, 다음 세대에 알리고 싶은 게 있어서 쓴 것도 아니다. 그저 다른 사람과 소통하고 더 나은 세상을 위해 작은 영향을 미치고 싶었다.

그랬는데 속마음은 '과연 내가 쓸 수 있을까?' 의구심이 들었다. 왜냐하면 머릿속 생각을 글로 표현하는 게 힘들고 어휘력도 한참 부족했으니까. 그럼에도 간절한 마음을 어쩌지 못해서 시립도서관으로 달려가 나탈리 골드버그가 쓴 《뼛속까지 내려가서 쓰라》를 빌렸다. 그는 글쓰기 왕초보인 내게 멈추지 말고 계속 쓰라고 했다. 내 경험에서 시작하면 어렵지 않게 좋은 글을 쓸 수 있다면서.

게다가 장석주 시인은 《글쓰기는 스타일이다》에서 "글쓰기의 1차 재료는 작가 자신의 경험이다. 특히 실패와 시련과 같은 경험이야말로 스스로를 담금질하는 데 좋은 도구가 된다. 삶의 경험들이 들려주는 내밀한 목소리와 뜻밖의 직관, 찰나의 번쩍임에 주의를 기울여보라. 그것들이야말로 의지나 결심을 앞질러 우리로 하여금 무언가를 쓰도록 한다."고 했다. 더 힘이 되는 건 '불행과 결핍이 글 쓰는 사람한테 복'이라고 말했다.

처음엔 이해하지 못했다. 글쓰기와 책 쓰기 분야를 닥치는 대로 읽고서 공감할 수 있었다. 거기엔 아무 '결핍 없고, 불행 없는 사람은 좋은 글을 쓸 수 없다'면서 '글이란 삶에서 나오는 것'이라 말했다. 글쓰기는 '자신을 표현하는 것'이라고 했다. 제 발밑에 드리운 '불행의 그림자'를 먹고 탄생하는 그 무엇이라고 했다.

내게 불행의 그림자는 너무도 뻔했다. 17년간 한시도 내 곁을 떠나지 않은 장애와 차별이 있었고, 욕심 때문에 패가망신했던 주식이야기가 있고, 벼랑 끝에서 책읽기로 삶을 바꾼 이야기가 기억 속에 있었다. 하지만 생각대로 써지지 않았다. 그래서 책을 필사하고 좋은 글은 옮겨 적고, 때로는 페이스북에 글쓰기를 했다.

솔직히 나는 책 쓰기에 대해 아직도 아는 게 별로 없다. 그래도 지난 5년간 1,500권을 읽으면서 배우고 깨달은 공부가 있다. 삶에서 나온 경험과 지식을 어떻게 융합하고 연결해야 할지 고민하다 시립도서관으로 갔다. 하지만 대부분 전문 작가가 쓴 책들이라 큰 도움이 안 됐다. 그러다 이오덕 선생님이 남긴 《삶을 가꾸는 글쓰기 교육》과 《글쓰기 어떻게 가르칠까》, 그리고 이호철 선생님이 쓴 《살아 있는 글쓰기》를 찾았다. 이 책들은 먼저 글 쓰는 사람이 어떻게 하고 살아야 하는지 태도부터 가르쳤다.

곰곰이 생각하니 내 삶은 '죄' 많은 인생이다. 장애가 있다고 식구들을 함부로 대했고, 내 목숨값이라고 내 멋대로 돈을 탕진해 식구들을 구렁텅이로 몰아넣고, 아내 몰래 다른 여성과 마음을 주고받다 아내 가슴에 못 박고, 책에 미쳐 사느라 갱년기로 힘든 아내를 나몰라 했던 일들이 생각났다. 기억을 하나씩 끄집어내느라 내면을 들여다보다가 아내와 자식들한테 지은 죄가 커 눈물이 났다.

그래도 솔직하고 진실 되게 쓰라고 한다. 결코 드러내고 싶지 않은 이야기인데도. 지금 힘들고 아플지라도 밖으로 드러내야 자신을 용서하고 마음에 있는 상처도 치유된다면서. 이 모든 게 내겐 치명적인 약점인데 말이다. 그래도 살면서 보고 듣고 느끼고 깨달은 것들을 밖으로 토해내란다. 그게 바로 살아있는 글이라면서.

《유혹하는 글쓰기》를 쓴 소설가 스티븐 킹도 "여러분이 쓰고 싶은 것이라면 무엇이든지, 정말 뭐든지 써도 좋다. 단 진실만을 말해야 한다."고 했다. 솔직하게 털어놓는 게 진정성 있는 글이라고 한다. 나는 그 말대로 정말 자기비하에 가까울 정도로 진정성을 담아 썼다. 내가 삶에서 경험하고 책을 읽고 깨달은 것들을 썼다. 그랬는데, 다 썼을 때 '참 못난 인생을 살았구나.' 하는 생각이 들었다.

그랬다. 글쓰기는 지나온 내 삶을 반성하고 앞날을 설계하는 통찰을 제공했다. 자기치유와 자기정화를 통해 내면에 자리한 아픔을 치유하고 더 성장할 수 있게 했다. 뿐만 아니라 내게 중요한 게 무엇인지, 내가 원하는 삶은 어떤 건지, 남은 인생을 어떻게 살아야 할지 고민하는 시간이 됐다.

··· 이제 누구나 책을 쓸 수 있는 시대다

내 삶을 바꾼 또 하나는 책 쓰기다. 책은 그 사람을 나타낸다기에 더 이상 아무렇게 살 수 없었다. 삶과 글이 일치하는 일상을 살아야 했다. 그래서 더 부지런히 책을 읽고 올바른 인생을 살기 위해 무진장 애썼다. 내가 쓰고 있는 책은 예전에 틈틈이 써왔던 주제와 달라 참신한 아이디어가 생각나면 수시로 메모했고, 사례를 찾느라 더 많은 책을 읽었다. 독자에서 저자로 변신하기 위해서.

요즘 신문과 방송, SNS를 보면 누구나 책을 쓸 수 있다고 광고한다. 그 영향 때문인지 전문 작가는 아니라도 책 쓰는 경우가 차츰 늘고 있다. 내가 아는 사람도 직장인이거나 공무원, 가정주부인데, 자신이 가진 경험과 지식으로 세상과 소통할 책을 출간했다. 비록 글재주가 없고, 지금껏 써본 적 없지만, 책 한 권이 자신의 인생을 바꿀 수 있다고 생각해서 망설임 없이 도전했다.

그들이 책을 낸 동기는 천차만별이다. 그렇지만 자신의 경험을 다른 사람들과 공유하고 싶은 공통점이 있었다. 그래서 직장에서 얻은 노하우와 책에서 배운 지식을 생각하고 정리해 자신만의 책을 냈다. 내가 책을 쓰는 까닭도 그렇고, 다음에 소개하는 저자들도 그렇게 해서 생애 처음 자기 책을 펴낸 평범한 사람들이다.

《듀얼 해피니스》를 쓴 조철웅 작가는 현재 삼성반도체 전략마케팅팀에서 전략, 기획 업무를 맡고 있다. 거기다 취미로 시작한 복화술로 공연과 강연뿐 아니라 SNS에서도 활발한 소통을 하고 있다. 40대 후반인 그가 삼성전자에서 20년 넘게 근무하면서 경험한 일과 취미로 익힌 개인적 삶이 모두 행복해질 수 있는 노하우와 지혜를 담아 책을 냈다.

책 쓰기를 통해 새로운 돌파구를 마련한 것이다.

고등학교를 나온 평범한 60대 여성도 있다. 《보석이 된 아픔》을 쓴 고진경 작가는 열한 살 때부터 시작된 아픔이 60세까지 이어지는 '아픔종합선물세트'를 겪으면서 인생의 참맛을 알게 됐다고 한다. 그 경험으로 사람에 대한 사랑과 이해가 넓어지고 감사와 겸손도 배웠다고 한다. 그녀가 풀어내는 잔잔하고 따뜻한 이야기는 아픔도 보석으로 승화시킬 수 있다는 걸 책 쓰기로 증명했다.

두 사람은 나태하게 사는 내게 채찍질이 됐다. 그전까지 책만 읽고 쪽지 글을 쓰던 내게 활력소가 되었다. 내게도 책을 써야 할 까닭이 분명히 있다. 장애인식개선에 조금이라도 보탬이 되고 싶어서다. 흔히 장애인하면 '불쌍하다', '아는 게 없다', '무섭다', '도와줘야 할 사람'으로만 인식하는데, 자기분야에서 역량 발휘하는 사람도 많다는 걸 알리고 싶었다. 더구나 인정받는 장애인활동가가 되려면 차별화된 이미지가 필요한데, 내 이름으로 된 책을 도구로 삼고 싶기도 했다.

김준호 대표를 만난 것도 그래서다. 그는 《1인 1책》을 쓴 저자이며, 현재 서울에서 책 쓰기 교실을 운영하고 있다. 맞춤형 콘텐츠 기획으로 12년 동안 무려 210권이나 되는 책을 출판 기획한 전문가다. 하는 일은 출판시장 흐름을 파악해서 맞춤형 콘셉트를 제시하고, 출판전략에 따른 도서집필 피드백과 출판기획제안서 만들기, 출판사 섭외, 출판 홍보에 이르는 매니저먼트 역할을 한다.

그와 함께 10주간 책 제목과 목차정하기, 기획서 만들기를 진행했다. 책 내용을 요즘 트렌드에 맞춰 제목을 정하고, 책 설계도인 목차도 구상했다. 출판사에 보낼 기획서 작성법도 배웠다. 집에서는 책 쓰기에 필요한 사례와 인용 글을 찾기 위해 책을 읽고 자료수집도 했다. 굳이 책을 고집한 까닭은 인터넷이나 잡지, 신문보다 한 사람의 경험과 지식이 오롯이 담겨있기 때문이다.

지금 독서법에 관한 자기계발서를 쓰는 중인데, 다른 책에서는 찾아볼 수 없는 나만의 특별한 경험으로 차별화했다. 아무리 힘들어도 삶을 포기하지 않고 도전하면 다시 설 수 있다는 메시지를 담았다. 실패한 경험으로 꿈과 희망 없이 사는 사람이나 은퇴를 앞둔 세대, 책 읽을 시간이 없어 고민 중인 학생이나 직장인이 읽고 도움이 되었으면 한다. 처절한 삶에서 나온 이야기니까 작은 보탬이 될 거라 믿는다.

나는 이 책을 쓰는 동안 늘 질문했다. '이 책을 쓰는 이유가 무엇인지? 이 책을 읽은 독자는 무엇을 얻을 수 있는지?' 내가 그리했던 까닭은 기획에서 벗어나고 싶지 않았기 때문이다. 그래야 많은 사람들이 이 책을 읽고 '나도 할 수 있다'는 동기부여가 되지 않겠는가. 사지마비장애인도 해낸 일을, 사지가 멀쩡한 여러분은 마음만 먹는다면 얼마든지 해낼 수 있지 않겠는가.

그러니 당신도 도전하라. 지금 도서관이나 서점으로 달려가 책을 읽고 단 한 줄이라도 써보자. 세상에 나왔으면 왔다 간 흔적이라도 남기고 가야지 인생을 이대로 끝낼 수는 없지 않은가? 지금까지 살아온 게 허망하다면 다시 시작하면 된다. 결코 늦은 때란 없으니 책을 읽고 책 쓰기로 새로운 인생을 설계하자.

   휠체어 북코치의 삶을 바꾼 독서 이야기

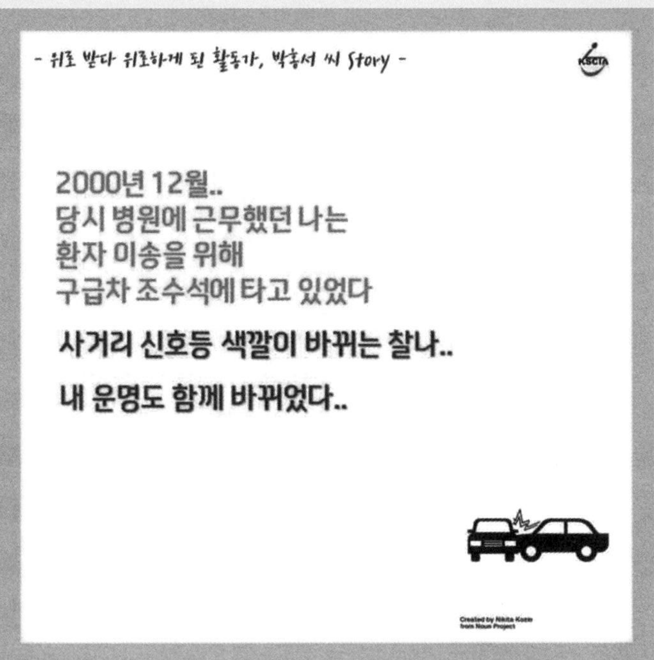

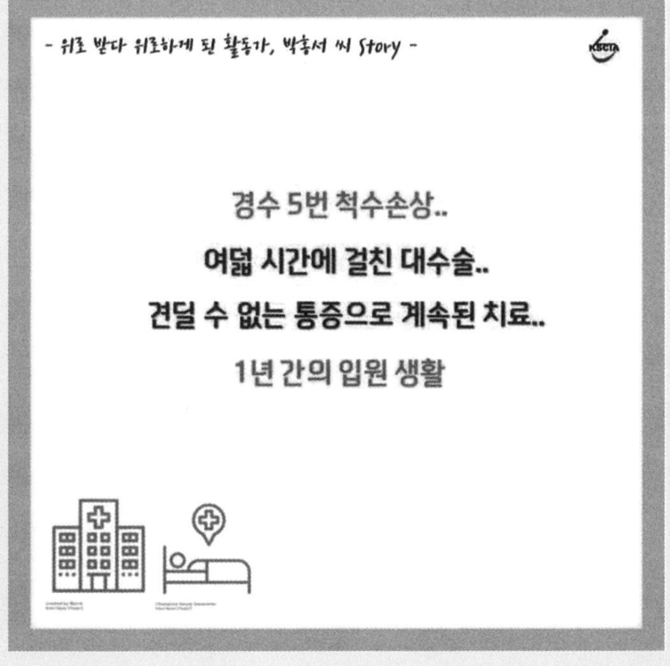

〈위로 받다 위로하게 된 활동가, 박홍서 씨 Story〉는 109페이지로 이어집니다.

Part 2

책은 절대 차별하지 않았다

01

그냥 무조건 읽어라

나는 십여 년 전 탁구에 미쳐 전국을 다니며 대회에 참가했다. 그때는 날마다 운동을 해서 그런지 피곤한 줄 몰랐다. 그러다 4년을 집에만 틀어박혀 지냈더니 근력이 급격히 떨어졌다. 더구나 마비된 몸이라 근육이 마르는 속도가 더 빨랐다. 예방법은 하루도 쉬지 않고 운동하는 게 무엇보다 중요한데.

그러다 책읽기로 식구들한테 신뢰를 얻어 2012년부터 복지관에 다시 갔으나 휠체어에 앉아있는 것도 힘들었다. 탁구하기엔 더 버거웠다. 이미 십 년 전 내가 아니었기에 예전처럼 복지관 경사로를 오르내리며 근력을 키우는 것도 무리였다. 그래도 날마다 휠체어에 앉아 있는 시간을 조금씩 늘리고 탄력붕대로 탁구채를 손에 묶어 운동하는 시간을 늘려갔다. 그랬더니 5년이 지난 지금에야 예전의 90% 정도 회복한 느낌이다.

독서도 마찬가지다. 독서력을 키우는 방법은 날마다 탁구를 치듯 꾸준한 읽기뿐이다. 물론 처음엔 힘들고 시간이 걸렸다. 그래도 쉬지 않고 읽다 보니 나도 모르게 습관이 만들어져 일상이 됐다. 그러다 나만의 독서법도 저절로 터득하게 돼 책읽기가 한결 수월했다. 도스토옙스키가 "습관이란 인간으로 하여금 어떤 일이든 하게 만든다."고 했던 것처럼 내가 경험한 습관의 힘은 일상을 바꿔놓았다.

위에서 2008년부터 4년간 집에 틀어박혀 살았다고 했는데, 알고보면 나쁜 습관으로 중독에 빠진 결과였다. 나쁜 습관은 인간이 가진 인식마저 마비시켰다. 그로 인해 더 이상 나빠질 것도 좋아질 것도 없이 1년을 허비했다. 그러다 책읽기를 하고부터 의식이 점차 넓고 깊게 확장되어 끊임없이 변화를 시도했다. 습관은 그만큼 무서운 것이었다. 한 사람의 운명을 바꿀 만큼.

날이면 날마다 읽었다. 처음엔 식구들과 다툼을 피하기 위한 시간때우기였지만, 꾸준한 책읽기를 하면서 수시로 위로를 받았다. 늘 정독해서 읽었는데 어느 순간 몰입하면 지옥 같은 상황을 잊고 불안감도 사라졌다. 손가락 하나 움직일 수 없어 하루에 한두 권 읽는 게 전부였지만, 읽은 책을 기록해둔 도서목록이 쌓이자 '나도 책과 친해질 수 있구나' 하는 생각이 들었다.

등껍질이 딱딱한 벌레로 산 것도 모자라 식구들을 구렁텅이로 몰았던 존재가 이젠 책벌레로 변신했다. 그때부터 또 다시 중독에 빠졌다. 새로운 변화를 일으킨 좋은 습관이 생기자 몸과 마음에서 다시 한 번 살아보자고 했다. 그래서 장르를 불문하고 닥치는 대로 읽었다. 날이 갈수록 읽는 속도가 빨라지더니 어느새 집에 있던 책을 다 읽었다. 그 뒤로 고등학교에 다니는 딸한테 부탁해 학교도서관 책을 빌려봤다.

만약 몸이 성했다면 책을 읽었을까. 성격상 아마 닥치는 대로 일해서 돈을 벌었을 테다. 그렇지만 중증장애가 있는 내가 할 수 있는 돈벌이는 아무 데도 없었다. 뭐라도 해야 했기에 독서법을 제대로 알지 못하

   휠체어 북코치의 삶을 바꾼 독서 이야기

면서 무식한 책읽기를 했다. 나이 오십이 다 되도록 책을 가까이 해본 적 없었으니 그럴 수밖에. 그래서 책속에서 소개하는 책을 적어두었다가 읽곤 했다.

대개 처음 책을 접하면 어떻게 읽어야 할지 고민하는데 그럴 필요 없다. 그냥 읽으면 된다. 편한 책은 편한 대로 읽고 어려우면 읽다가 그만둬도 상관없다. 나중에 다시 읽으면 저절로 이해되는 경우가 생긴다. 내가 해왔던 것처럼 천 권까지는 그냥 닥치는 대로 읽는 게 중요하다. 내용을 몰라도 좌절할 필요 없다. 중요한 건 독서하는 습관을 들이는 걸 최우선으로 삼아야 한다.

솔직히 특별한 독서법도 소용없다. 독서하는 즐거움을 알면 그만 아닌가. 책을 읽고 기억이 안 난다고 걱정하는 사람이 간혹 있던데 그건 당연하다. 자신이 읽은 걸 머릿속에 다 저장하는 사람이 얼마나 될까. 쇼펜하우어도 말하지 않았던가. "독서한 내용을 모두 잊지 않으려는 생각은 먹은 음식을 모두 체내에 간직하려는 것과 같다."고. 다음에 나오는 사례를 보면 전혀 걱정할 필요가 없다는 걸 알게 된다.

조선 중기 다독을 대표하는 김득신(1604~1684)은 타고난 우둔함을 꾸준한 읽기와 쓰기로 극복해 문장가가 됐다고 한다. 그는 처마에 떨어지는 빗소리를 자신의 오줌 소리인 줄 알고 서서 밤을 샐 정도로 둔했지만 배우고 익히는 노력은 상상을 초월했다. 좋은 글은 천 번 또는 만 번은 반복해서 읽었다고 하니 말이다. 《백이전》과 《사기》는 11만 번 이상 읽었다고 하니 우둔함을 알만하지 않은가.

그리고 한 번 읽은 책 내용이 기억나지 않으면 한 번 더 읽어보는 것도 좋은 방법이다. 그러면 처음 읽을 때 느끼지 못했던 새로운 감동을 받을 수가 있다. 그러니 망각을 두려워 말자. 책이란 읽고 느끼면 효과를 제대로 본 것이라 생각하자. 우리가 출근하기 전 아침마다 구두를 닦듯이, 기억나지 않으면 또다시 읽으면 그만이다. 그러니 '잊어버리면 어쩌지' 하고 걱정할 필요가 없다.

··· 독서광은 아무나 될 수 있다

독서에는 왕도가 없다. 그냥 읽으면 그만이다. 읽다 보면 자신한테 맞는 방법도 알게 되고 아무 데서나 편하게 읽힌다. 침대에 누워서 읽기도 하고, 책상이나 식탁에 앉아서 읽어도 되고, 길에서 읽어도 되고, 화장실 변기에 앉아 똥 싸면서 읽어도 된다. 편한 대로 하는 독서가 가장 좋은 독서법이다.

단, 좋아하는 분야에 초점을 맞추면 된다. 내가 가진 관심거리나 고민에서 출발하는 게 습관들이기에 가장 좋다. 내 경우엔 인문고전이나 종교, 역사서를 읽고 실천하려고 애썼다. 그들이 삶을 대하는 태도나 방식을 보고 배워서 내 인생을 바꾸고 싶었기 때문이다. 고전에서 역경을 견디는 삶을 배웠고, 종교나 역사서를 통해 인간본성을 통찰할 수 있었다.

그러다 머리가 아프면 자기계발서를 읽었다. 철학자 베이컨도 "어떤 책은 맛만 보고, 어떤 책은 삼켜버리고, 어떤 책은 잘 씹어서 소화시켜야 한다."고 했다. 소화되지 않는 책을 읽을 때는 맛만 볼 수 있는 책으로 바꿔서 읽는 게 좋다. 괜히 고집부리다가 도리어 책을 멀리하는 부작용이 생길 수 있기 때문이다.

    휠체어 북코치의 삶을 바꾼 독서 이야기

당시 내게 힘이 돼준 책 열 권을 소개한다. 이 책들은 내 삶을 돌아보게 했고, 나를 다시 일으켜 세우는데 보탬이 된 고마운 선물이다. 헬렌 켈러가 쓴 《헬렌 켈러 자서전》과 헤르만 헤세 《데미안》, 사마천 《사기》, 최인호 《길 없는 길》, 톨스토이 《사람은 무엇으로 사는가》, 빅터 프랭클 《죽음의 수용소에서》, 공자 《논어》, 파올로 코엘료 《연금술사》, 헤밍웨이 《노인과 바다》, 미치 앨봄 《모리와 함께한 화요일》이 있다. 그 가운데 헬렌 켈러와 사마천, 헤밍웨이는 내 삶의 방식과 태도를 바꾸는데 결정적 역할을 했다.

나는 교통사고로 사지마비가 되었지만, 볼 수 있고 들을 수 있고 말할 수 있다. 그런데 헬렌 켈러는 생후 19개월 때 성홍열을 앓다가 시각과 청각을 잃는 바람에 볼 수 없고 듣지 못하고 말할 수 없는 삼중 장애가 있었다. 그럼에도 좌절하지 않고 독서로 장애를 견뎌냈다. 그에겐 독서가 유일한 탈출구였다.

그 덕에 작가로, 여성인권운동가로 활동하면서 장애인을 위해 일생을 바쳤다. 그는 자서전 마지막에 이렇게 적었다. "보지 못하고 듣지 못하나 이제 그 제약이 드리운 그늘 아래서도 나는 내게 주어진 삶의 길을 평안하고 행복하게 걸어갈 수 있다."고. '이렇게 힘든 삶을 살아온 사람도 있구나.' 생각되니 위로가 됐다. 나는 《헬렌 켈러 자서전》을 읽고 비로소 '할 수 없다'고 생각하는 게 장애란 걸 새삼 깨달았다.

앞에서 얘기했듯 주식투자로 빚더미에 앉았을 때, 찾아오는 사람 하나 없고 찾는 사람 하나 없어 홀로 고립된 삶을 살았다. 도저히 외롭고 쓸쓸해서 견딜 수 없었다. 그러다 사마천이 쓴 《사기》를 읽게 됐다. 이 한 권으로 인간본성을 깨달아 사람을 이해하고 마음의 평화를 얻을 수 있었다.

《사기》는 본기와 세가, 열전, 표, 서로 나뉘는데, 나는 본기와 세가, 열전을 여러 번 반복해서 읽었다. 더구나 열전에는 인간이 경험할 수 있는 희로애락이 고스란히 담겨있어 인간학의 정수라고도 불린다. 나는 사는 게 힘들거나 사람이 싫어질 때면 이 책을 읽고 마음을 위로받고 인내심을 기르는 도구로 삼았다. 살면서 누구나 한 번쯤 읽어볼 만한 가치 있는 책이라고 추천한다.

헤밍웨이가 쓴 《노인과 바다》는 내게 새로운 도전을 할 수 있는 용기를 준 책이다. 상어와 사투를 벌이던 노인이 뱃전에서 "사람은 파멸당할 수는 있을지언정 패배하진 않는다."고 되뇌었다. 이 문장은 내게 주어진 시련을 견디고 고난을 정면으로 받아들이라고 주문하는 것처럼 들렸다.

두 손 놓고 절망했을 때 나를 붙들어 준 고마운 책들이다. 만약 길 가다 구렁텅이에 빠져 삶을 포기하고 싶은 사람이 있다면 나는 이 책을 꼭 읽어보라고 권하고 싶다. 그들이 경험했던 삶과 생각들을 간접경험하면서 우리는 내 것으로 만들 수 있으니 얼마나 좋은가. 그냥 깨닫고 실천하면 되니까.

02

집안 구석구석에
책을 두자

··· 당신은 책을 어디에 두는가?

나는 책상 위에 서너 권, 밥 먹는 식탁에 서너 권, 소파테이블에 한두 권, 침대에 한두 권, 탁구 라켓 가방에도 한두 권 있다. 내가 생활하는 공간에서 손만 뻗으면 책은 어디든 널려있다. 그래야 언제든지 책을 볼 수 있어서다. 그러다 보니 책을 아무 데나 두고 정리정돈 하지 않는다고 아내한테 욕먹는 일도 다반사다.

독서하는 시간도 따로 정하지 않는다. 조선시대 소설가 허균은 "사는 게 바빠서 책을 읽을 시간이 없다고 투덜거리지 마라. 낮에 바쁘면 밤에 읽고, 갠 날 바쁘면 흐린 날 읽고, 여름에 바쁘면 겨울에 읽으면 된다."고 말했다. 지금과 비교해도 크게 달라질 건 없다. 바쁘면 한가할 때 읽으면 되고, 시간이 안 나면 자투리 시간을 활용하면 된다. 나는 가진 게 시간이라 온종일 읽는다.

아침 7시에 눈을 뜨면 8시까지 침대에 드러누워 읽었다. 피로에 절어

녹초가 된 몸으로 자고 있는 아내를 깨울 수가 없어서다. 아침밥을 먹고 나면 9시부터 10시까지 책을 읽고, 10시부터 11시까지 읽은 책을 초서한다. 11시쯤 휠체어택시를 타고 장애인복지관으로 가서 점심밥을 먹고 노닥거리다 집에 돌아오면 오후 3시. 그때부터 저녁 6시까지 또 읽었다. 저녁밥을 먹고 8시부터 9시까지 독서한 책을 다시 옮겨 적는다. 그리고 침대로 올라가 10시까지 혼자만의 책 읽기를 하다가 잠이 든다.

읽는 시간에 따라 책 종류도 다르다. 침대에서 일어나기 전이나 잠들기 전에는 에세이나 자기계발서를 읽는다. 나는 하루의 시작과 마감을 책과 함께한다. 그런데 잠들기 전에 책을 읽으면 간혹 꿈속에서 누군가와 대화를 하는 건지 혼자서 구시렁대는 바람에 옆 사람 수면까지 방해하는 일이 종종 있다.

아침에는 머리가 맑아 식탁에 있는 철학이나 역사서, 소설책을 골라서 읽는다. 이런 책은 높은 집중력과 생각하는 힘을 요구하기에 주로 조용한 아침시간을 택한다. 그리고 식탁은 휠체어와 눈높이가 맞아서 내가 가장 선호하는 자리다. 아내가 준비해둔 보리차와 간식거리가 있어 따로 이동할 필요도 없다.

나는 하루일과를 《논어》 한 페이지로 시작하는데, 독서전문가인 리디아 로바츠가 책을 읽기 위해 아침에 15분만 일찍 일어나서 책을 보라고 권해서다. 아침부터 공자의 가르침을 받는다면 내 하루가 충만함으로 가득찰 것이라 믿었다. 사람이 살면서 지켜야 할 가치와 도리를 깨닫게 하는 책이라 마음까지 고요해졌다. 더 이상 욕심내지 않고 인간답게 살 수 있도록 해준 고마운 책이다.

그리고 책상엔 실용서나 이미 읽은 책들이 놓여있다. 노트북에 기록

할 때나 아내가 저녁에 드라마 보는 시간에 틈틈이 볼 수 있는 부담 없는 책들이다. 주로 성공한 사람들이 쓴 자서전이나 책읽기, 글쓰기, 책쓰기들이다. 이 책들은 책 쓰기에 필요한 자료 수집을 위해 발췌해서 읽기도 한다.

마지막으로 탁구라켓 가방엔 시집이나 단편집이 들어있다. 집에서 읽는 책과 들고 다니는 책은 구분해서 둔다. 주로 이동할 때나 대기시간에 보기 때문에 짧은 호흡으로 읽을 수 있는 시나 단편으로 쓰인 산문을 읽는다. 어디를 가든지 책을 읽을 수 있는 장소는 있는 법이니까.

이러면 여러 권을 동시에 읽는 효과도 있다. 굳이 한 권만 잡고 끝까지 읽을 필요는 없다. 이것저것 섞어서 읽으면 내용이 헷갈리지 않느냐고 말하는 사람이 있는데 아무 상관없다. 읽은 책도 기억 못하는 위대한 철학자도 있었으니, 바로 르네상스 시대 프랑스 사상가 몽테뉴가 그랬다.

그는 이미 읽었던 책을 마치 한 번도 접한 적 없는 것처럼 다시 손에 든 적이 여러 번이라고 고백했다. 그뿐만 아니다. 자기가 쓴 책도 종종 잊어버릴 정도로 건망증이 심했다고 한다. 그러니 여기저기서 읽었던 내용이 연결 안 될까 지나치게 걱정할 필요가 없다. 집안 곳곳에 여러 권의 책을 비치해서 읽는 실천이 무엇보다 중요하다.

윤성화는 자신이 쓴 《1만 페이지 독서력》에서 목표를 정해 책을 구입한 뒤 쌓아놓고 읽어보길 권했다. 한번 시도하려 했지만 책값이 만만치 않았다. 책 한 권을 300페이지로 기준 잡아 30권이 넘는 책을 한꺼번에 사는 게 부담됐다. 도서관에서 빌리자니 대출기간이 신경 쓰이고 가족카드까지 합쳐도 25권이 최대였다. 무엇보다 내 성향과 맞지 않아 관뒀다, 여우의 '신포도 이야기'처럼 들리겠지만.

• • • 책을 몸에 지니고 다녀라

어쩌다 사람들이 '책은 언제 읽어요?' 하고 물으면, 나는 '때와 장소'를 가리지 않는다고 답한다. 실제로 언제 어디서 읽을지 생각해본 적 없으니까. 그냥 내가 있는 그 자리에서 읽는다. 그러다 보니 주변에서 "책을 얼마나 읽어요?" 하고 묻는다. 1년에 300권 정도 읽는다고 하면 "손가락도 못 쓰는데 책장은 어떻게 넘겨요?" 한다. 그럴 때 "책은 손가락으로 읽는 게 아니라 엉덩이로 읽습니다." 하고 대답한다.

내 무릎 위엔 늘 탁구채가 들어있는 가방이 놓여있다. 내용물을 살펴보면 탁구채와 하모니카, 그리고 책 한두 권이 들어있다. 나는 책과 하모니카 덕분에 일상이 지겹거나 외롭다고 느껴본 적이 없다. 책을 펴는 순간 글쓴이와 소통하고, 스트레스가 쌓이면 탁구를 치거나 하모니카로 마음을 다스렸다.

내가 가방을 항상 가지고 다니는 까닭은 탁구채가 든 가방이 있어야 언제든지 탁구를 칠 수 있기 때문이다. 솔직히 근육을 단련하는 목적보다는 쓸 수 있는 근육이 더 이상 퇴화되지 않기 위해서다. 독서도 마찬가지다. 책읽기 습관을 만들려면 늘 책을 몸에 지니고 다녀야 한다. 그래야 틈만 나면 책을 펼 수 있다.

간혹 탁구장에 봉사활동 오신 분들이 라켓을 꺼내준다며 내 가방을 뒤적이다 책을 보면 "항상 책을 가지고 다니세요?"하고 묻는다. 그랬다, 나는 5년 전부터 '수불석권' 했다. 단 하루도 책과 몸이 따로 떨어진 적 없었다. 읽고 안 읽고는 다음 문제다. 내가 그리한 까닭은 오직 하나, 더 이상 인생을 낭비하고 싶지 않아서다. 죽기 전에 한 번만이라도 내가 원하는 일을 하면서 살고 싶었다.

   휠체어 북코치의 삶을 바꾼 독서 이야기

그래서 틈나는 대로 읽었다. 휠체어택시를 기다릴 때 읽고, 복지관에서 밥 먹고 나면 옹기종기 모여 잡담하는 시간이 아까워 복도에서 읽었다. 병원진료를 받는 날에는 대기실에서 읽고, 햇살 좋은 날이면 가까운 공원에 나가 벤치에 기대어서 읽었다. 이런 자투리 시간만 모아도 산문집 한 권 읽는데 3일이면 읽었다. 그러고 보면 시간 없어 책 못 읽는다는 건 핑계지 싶다.

우리가 잘 아는 독서광 나폴레옹은 밥 먹는 시간이 아까워 10분 이상 허비하지 않았고, 심지어 말 위에서도 책을 읽었다. 더구나 전쟁터로 나갈 땐 마차에 '이동 도서실'을 만들어 책을 잔뜩 실어갔다고 한다. 영국 수상을 지낸 처칠은 화장실에서 책을 즐겨 읽었고, 전쟁이 한창일 땐 욕조에서 책을 봤다는 얘기가 있다.

그래서 나도 길거리나 진료대기실, 복도, 공원 등 가리지 않고 아무 데서나 읽었다. 처음엔 휠체어에 앉아 책을 읽으면 확연히 눈에 띄는 신체라서 사람들 눈길이 신경 쓰였다. 그렇지만 한두 번 하다 보니 차츰 익숙해져 이젠 아무렇지 않다. 때로는 어두운 복도에서 책을 보면 동료들이 눈 나빠진다며 전등불까지 켜준다.

습관이란 이런 것이다. 스티븐 기즈가 쓴 《습관의 재발견》을 보면 작게, 사소하게, 가볍게 시작하라면서 다음과 같이 예를 든다. "매일 아침 한 시간씩 일찍 일어나 책을 읽으면 1년에 365시간이 더 생기는 셈이다. 평균적으로 1분에 A4 절반 정도를 읽을 수 있다고 하면, 매일 한 시간 읽는다고 할 때 1년이면 1만 1,950장을 읽을 수가 있다. 이는 1년에 100장 정도의 소설을 110권 가까이 읽을 수 있다는 뜻이다. 엄청난 독서량이다. 자신의 지식을 더욱 늘릴 수 있는 확실한 길이기도 하다."고 말했다.

독서하는 습관은 내가 있는 곳 어디에나 책을 두고 손에서 책을 놓지 않고 틈나는 대로 읽는 게 중요하다. 만약 쉽지 않다면 따로 시간을 정해서라도 훈련해야 한다. 그것도 힘든 사람들은 기즈가 말한 것처럼 잠자는 시간을 줄이는 방법밖에 없다. 날마다 한 시간씩 일찍 일어나 책하고 친해져보자. 시간은 주어지는 게 아니라 우리가 만드는 거니까 마음만 먹으면 얼마든지 할 수 있다.

나도 어쩌다 다른 일에 우선순위가 밀려 책을 읽지 못한 날이면 따로 시간을 내어 읽었다. 장애인복지관에 나가는 것도 빼먹고 하루 종일 집에서 책만 읽는다. 그러면 아내는 삼시세끼 집 밥을 먹는 삼식이라고 놀리지만 하는 수 없다. 이렇게 하지 않으면 또다시 남 뒤꽁무니만 따라가는 인생을 살 테니.

마크 트웨인이 말했다. "앞서 가는 비밀은 시작하는 것이다. 시작하는 비결은 복잡하고 어려운 일들을 관리하기 쉬운 작은 조각들로 나눈 다음, 가장 첫 번째 조각에 덤벼드는 것이다." 많은 시간을 투자하는 것도 좋지만, 하루 10분씩이라도 조각내어 실천하자. 그러면 어느새 완성된 퍼즐을 보게 될 것이다.

03

자기만의 시간 관리법을
개발하라

"내가 개선하면 너희들은 부자가 될 수 있다. 그러나 내가 흉노에 패하면 너희들은 아무것도 얻지 못한다. 나를 위하고 너희 자신을 위하여 폭우를 뚫고 강군을 하라! 시간이 우리를 기다려주지 않는다. 행군하라! 행군하는 자만이 승리한다."

한나라 무제 때 총애를 받던 곽거병이 흉노와 전투에서 군사들 사기를 올리느라 한 말이다. 당신은 어떤가. 살면서 폭우를 뚫고 행군한 적 있는가. 나는 그러지 못해 인생길에서 낙오했다. 시간이 기다릴 거라 믿었다가 학창시절 다 보냈더니 직장생활이 고달팠다. 배운 거라곤 전문대학에서 전공한 기술뿐이라 육체노동으로 살자고 발버둥 쳤는데, 하루아침에 교통사고로 걸을 수 없게 됐다.

사지마비가 됐으니 할 수 있는 게 아무것도 없었다. 일없이 가슴에 분노만 채우고 살다가 앞날이 불안하고 초조한 마음에 겁 없이 주식투자에 뛰어들어 거지꼴이 되었을 땐 정말 죽을 맛이었다. 무위도식하는 삶은 자식들 보기에도 낯부끄러웠다. 나 스스로 한 걸음 내딛는 삶을 살아본 적이 없어 어찌할 줄 몰랐다. 그래서 어제와 같은 오늘, 오늘과 같은 내일을 되풀이하는 일상을 살았다.

내가 그리된 까닭은 시간을 흘러가는 물처럼 하릴없이 보냈기 때문이다. 인생을 낭비하고 살아온 대가로 받은 벌은 엄청난 차이를 낳았다. 빌 게이츠와 내게 주어진 하루는 똑같은 시간인데, 그는 시간을 잘 활용해서 세계에서 성공한 사업가가 됐다. 반면에 나는 시간을 멋대로 사용해서 좌절과 고난이 함께하는 실패한 삶을 살고 있다. 이래서 시간을 두고 삶을 이루는 소중한 요소라고 하는 것 같다.

나폴레옹이 죽기 전에 "오늘 내 불행은 언젠가 내가 잘못 보낸 시간의 보복이다."고 했던 글을 책에서 읽은 적 있다. 내가 지금 겪고 있는 시련도 언젠가 '허투루 보낸 시간에 보복당한 건 아닐까?' 하는 생각을 했다. 주어진 시간에 최선을 다했더라면 이 몸이 됐어도 내 역할은 하고 살 텐데 싶었다. 왜냐하면 시간 관리를 잘해서 성공한 삶을 이어온 사람들은 장애를 입어도 굴하지 않았기 때문이다.

그들은 주어진 시간을 잘 활용한 덕분에 장애를 가지고 태어났어도, 중도에 불의의 사고로 장애를 입어도 한 분야에서 일가를 이뤘다. 길을 가다가 돌부리에 걸려도 굴하지 않았고, 도리어 역경을 기회로 삼아 당당한 삶을 살았다. 그 원천은 어릴 때부터 꾸준히 준비하는 인생을 살았기에 가능했다. 대표적인 사람으로 우리에게 잘 알려진 강영우 박사와 이상묵 교수, 고정욱 동화작가다.

 휠체어 북코치의 삶을 바꾼 독서 이야기

대한민국 최초 시각장애인 박사가 된 강영우. 열네 살에 시각장애를 앓았으나 끊임없는 공부를 한 덕에 미국 부시행정부 때 백악관 국가장애위원회 정책차관보를 지냈고, 장애인 인권 분야에도 많은 업적을 남겼다. 어머니를 뇌졸중으로, 누나를 과로사로 잃는 아픔도 겪었지만 잘 견뎌냈다. 말년에 췌장암 말기 판정을 받았어도 투병 중인 삶을 축복이라며 긍정하는 시간을 살았다.

동시대를 사는 인물도 있다. 서울대 지구환경학부 이상묵 교수가 쓴 《0.1그램의 희망》을 보면 그가 살아온 삶을 알 수 있다. 2006년 7월, 지질 탐사를 하러 캘리포니아 데스밸리로 향하던 중 차가 뒤집혀서 경추4번 목뼈가 골절되면서 척수신경을 다쳐 사지마비장애인이 됐다. 그래도 지식을 탐구하는 열정으로 준비된 인생을 살아왔기에 6개월 만에 재활을 끝내고 2007년 강단에 섰다.

마지막 한 사람은 문학박사이자 동화작가로 널리 알려진 고정욱 문학박사다. 그는 어릴 때 소아마비를 앓아 평생 휠체어를 타야 하는 '1급 장애인'이다. 그런데도 좌절하지 않고 오히려 자신이 살 수 있는 길은 공부밖에 없다고 여겨 26년간 공부하는 삶을 살았다. 그렇게 해서 펴낸 책이 2017년 12월에 무려 270권에 달했고, 그 가운데 《가방 들어주는 아이》는 MBC-〈느낌표, 책을 읽읍시다〉에 선정되기도 했다.

그들이 그리될 수 있었던 건 시간을 낭비하지 않고 목적 있는 삶을 살아서다. 그래서 하루아침에 뒤바뀐 운명도 두려워하지 않았고, 앞으로 다가올 삶도 더 찬란하게 만들어가고 있다. 그들이 아무런 준비 없이 인생을 살았다면 어땠을까? 몸은 살았어도 아무것도 이룬 게 없으니 절망에 빠진 채 허우적댔을지도 모른다. 내가 그랬던 것처럼.

독서하기 적당한 때란 없다. 언제일지 모를 그날이 오길 기다려서는 안 된다. 그냥 곁에 책을 두고 읽으면 된다. 나처럼 혹독한 시련이 찾아왔을 때 읽는다는 건 결코 쉽지 않다. 때가 오길 기다리는 사람보다는 때를 준비하는 사람이 돼야 자신의 삶을 가꿀 수 있다. 피터 드러커도 그러지 않았던가. "유능한 경영자는 계획에서 시작하지 않는다. 그들은 시간에서 시작한다."고.

곤충분류 학자인 알렉산드로비치 류비세프가 82세로 생을 마감했다. 다닐 알렉산드로비치 그라닌은 여유로운 삶을 살고도 많은 작품을 남기고 간 그가 궁금해 《시간을 정복한 남자 류비세프》를 출간했다. 읽어보면 그가 '자투리 시간'을 얼마나 잘 활용했는지 알 수 있다. 버스나 기차를 타는 시간과 회의 시간, 줄 서있는 시간조차 허투루 보내지 않고 책을 읽었다. 산책할 땐 곤충채집을 했고, 여행할 땐 가벼운 책을 읽고, 장기출장 땐 읽을 책을 미리 우편으로 부칠 정도였다고 한다.

이러한 사실도 그가 남기고 간 '시간통계 노트'에서 확인됐다고 한다. 연간 계획이나 월간 계획을 세울 때도 과거 행동했던 경험을 바탕으로 작성했다고 하니 평생토록 시간의 주인으로 살았던 것이다. 그랬다. 그에겐 메모하는 습관이 있어 시간관리가 가능했다. 그래서 이 책을 읽고 나는 어떻게 시간관리를 해왔는지 하나씩 정리해봤다.

내 하루는 이랬다. 장애인복지관에서 탁구치는 데 다섯 시간, 삼시세끼 밥 먹고 농담따먹기 하는 데 세 시간, 수면에 여덟 시간을 썼다. 그밖에 차로 이동하는 시간, 똥 싸고, 세수하고, 텔레비전 보는데 하루 평균 네 시간, 그러고 나서 내가 쓸 수 있는 시간은 고작 네 시간 남았다. 그런데 이마저 어디에 썼는지 도무지 기억나지 않았다. 나만을 위한 시간은 찾아볼 수가 없었다.

허투루 보내는 시간은 또 얼마나 많던지. 차로 이동하는 시간도 그렇지만 점심밥 먹고 나면 삼삼오오 모여서 수다삼매경에 빠진다. 남자 셋 모이면 군대이야기나 축구이야기, 여자 셋 모이면 아이 낳은 이야기나 쇼핑이야기를 하듯, 척수장애인이 셋 모이면 똥오줌 대처법이나 욕창 관리, 휠체어이야기가 주를 이룬다. 이런 얘기를 한다고 폄하할 생각은 마시라. 우리한테는 생존이 걸린 우스갯소리다. 아무튼 내게 주어진 시간을 살펴봤더니 내가 주인으로 사는 시간은 단 한 시간도 없었다.

독일의 철학자 괴테가 "가장 중요한 것이 가장 하찮은 것에 의해 좌우되어서는 안 된다."고 했는데, 나는 하찮은 것이 무엇이고 중요한 것은 무엇인지 생각해본 적이 없었다. 그냥 바쁘게 열심히만 살았다. 이제 와서 살펴보니 그다지 중요한 일도 아니면서 늘 바쁜 척했던 거였다. 항상 시간이 무한정 있을 거라 생각하고 되는대로 살다가 결국에 시간을 낭비한 대가로 엄청난 시련을 겪고 있는 것이다.

"아들아, 살아가면서 네가 이 세상 무엇보다도 명심해주었으면 하는 게 있다. 시간의 소중함을 알아달라는 것이다. 누구나 입으로는 시간의 고귀함을 말하지만, 이를 제대로 알고 귀중하게 사용하는 사람은 의외로 적다. 시간이란 한번 잃어버리면 영원히 되찾을 수 없는 것이기에 중요하지만, 그보다는 그 시간에 네가 남기는 발자국을 되돌릴 수 없기에 더 중요한 것이다. 매 순간 최선을 다하지 않으면, 시간은 결코 네 편이 되지 않는다는 사실을 잊지 말기 바란다."

이 글은 아들과 나눈 편지를 엮어서 《사랑하는 아들에게》를 출간한 영국 정치가 필립 체스터필드가 '시간의 소중함'에 대해 쓴 글이다. 나도 지난해 건설회사에 취업한 아들과 간호과를 졸업한 딸이 있다. 아들은 여름이면 한낮 무더위와 겨울이면 매서운 칼바람과 싸우느라 고생이다. 딸은 자기관리를 더 해서 취직한다고 다이어트 중인데, 이들 남매가 남기는 발자국이 자랑스럽게 되기를 바라고 또 바랄 뿐이다.

벤자민 프랭클린이 "당신의 인생을 사랑하고 있는가? 그렇다면 절대로 시간을 낭비하지 말라. 인생을 구성하고 있는 요소 중에 시간이야말로 가장 소중한 것이다."고 말했다. 이 책을 읽는 당신도 자기 인생을 사랑한다면, 주어진 시간을 절대로 낭비하지 마라. 당신이 되는대로 살다가 어느 날 예측할 수 없는 상황에 처하면, 그땐 나처럼 시간의 보복을 받고 힘들게 살아갈지 모른다.

끝으로 시간의 소중함을 일깨워주는 어른 동화 미하엘 엔더가 쓴 《모모》를 일독하길 권한다. 이 책은 시간을 훔치는 도둑과 그 도둑이 훔쳐간 시간을 찾아주는 한 소녀에 대한 이야기를 다루고 있는데, 어린 소녀 모모가 어떻게 삶을 대하는지 태도를 배울 수 있다.

04

도서관에서
위대한 멘토를 만나라

··· 도서관을 찾는 두 가지 이유

도서관은 최소비용을 들여 최대효과를 볼 수 있는 자기계발을 위한 장소이다. 교통비만 들고 나가면 입장료 없이 온종일 시립도서관을 이용할 수 있고 대출도 가능하다. 게다가 장애인은 3주까지 대출기간을 주고 최대 10권까지 빌릴 수 있다. 도서관 말고 어디서 이런 혜택을 누릴 수 있겠는가. 이외에도 도서관을 찾는 두 가지 이유가 더 있다.

첫째는 위대한 스승을 만나기 위해서다. 지식을 쌓는 것도 중요했지만, 새로운 인생을 설계하는데 가르침을 줄 스승이 필요했다. 빌 게이츠가 "오늘날의 나를 만들어준 것은 조국도 아니고 어머니도 아니었다. 단지 내가 태어난 작은 마을의 초라한 도서관이었다."고 하지 않았던가. 돈도 백도 없는 내가 스승을 구할 길은 그곳밖에 없었다. 역사 속 인물들을 통해 자극을 받으면 성공한 인생에 한 발짝 다가설 수 있을 거라 믿었다.

미국 작가 얼 쇼리스는 《희망의 인문학》에서 "가난한 사람들에게는 먹을거리와 잠자리도 필요하지만 살아야 하는 이유와 자존심 회복이 더 중요하며, 이것이 인문학 교육을 통해 가능하다는 것을 확인했다."고 말했다. 노숙자나 가난한 사람들, 마약중독자들한테 책 읽는 기회를 줬더니, 그들은 삶을 송두리째 바꾸었다고 했다. 그들 가운데 55%가 사회복귀에 성공한 사례가 있다면서.

도서관을 가야 하는 까닭을 이제 알겠는가. 출판 산업발전을 위해서 책은 구입해 읽어야겠지만 그럴 형편이 못됐다. 그래도 가끔은 서점을 찾는데 휠체어 타는 내겐 접근성이 좋지 않다. 그래서 인터넷서점을 이용하는 데 책 내용을 충분히 살피지 못하는 단점이 있다. 아무튼 이런저런 이유로 나는 시립도서관을 찾는다.

좀 더 솔직히 말하면, 자주 사서 볼 형편이 안 됐다. 왜 이런 이야기를 하는지 앞에서 이 책을 정독해서 읽은 독자라면 짐작할 수 있다. 또다시 내가 좋아하는 걸 하겠다고 염치없이 아내한테 책 사달라는 부탁을 할 수 없었다. 생활비에 애들 학자금에 대출이자까지 하루하루를 버티기도 힘든 사람한테 어찌 돈 달라고 손을 내밀겠는가. 책 한 권에 1만 원이 넘는데 어떻게 한 달에 30권이 넘는 책을 사 보겠는가.

그래서 도서관에서 책을 빌리는 차선책을 택했다. 헌데 진주시립도서관은 두 곳 다 산 중턱에 있어 휠체어를 사용하는 장애인은 접근하기 쉽지 않다. 입구부터 넘을 수 없는 장애물이 기다리고 있었다. 열람실로 가는 길도 가파른 급경사로 되어있어 내 힘으로는 도저히 오를 수가 없었다. 계단에 리프트가 설치되어있지만, 사용한 지 오래라 불안했다. 그래서 직원을 호출해 열람실까지 밀어달라고 부탁한다.

다른 곳은 경사가 더 심하다. 이곳은 열람실로 가는 길이 모험이다.

그래서 나만의 방식대로 하고 있다. 먼저 도서관홈페이지에서 내가 원하는 도서를 검색하고 '대출가능'이 확인되면 스마트폰에 적는다. 도서관에 와서는 직원을 불러 메모한 스마트폰을 건네며 부탁한다. 이렇게 말하면 도서관 운영체계를 아는 독자는 '장애인 책나래 서비스'가 있어 택배로 받아볼 수 있다고 할 것이다.

물론 잘 알고 있다. 내가 도서관을 찾는 두 번째 까닭이 여기에 있다. 휠체어 사용하는 장애인도 공공도서관을 자유롭게 이용할 권리가 있음을 실천으로 알리고 싶었다. 비폭력 저항으로 자주 이용하면 편의시설을 갖출 거라 생각했다. 장애인식개선은 당사자가 하는 작고 소소한 행동에서 시작된다고 믿기에 그랬다.

이런 불편도 내가 겪어보기 전엔 몰랐다. 그때는 비장애인 입장이라서 불편함이 눈에 보일 리 없었고, 소수자가 외치는 함성도 들리지 않았다. 그런데 교통사고로 처지가 바뀌면서 장애인이 겪는 차별과 불편이 보이기 시작했다. 앞에 놓인 시설물 하나하나가 장벽으로 다가왔다. '겪어보지 않고는 알 수 없다'더니 그 말이 딱 들어맞다.

어쨌든 2주에 한 번씩 시립도서관에 가면 식구들 카드까지 사용해서 분야별로 나누어 15권 정도 빌린다. 주로 소설, 역사, 철학, 실용서 들인데, 얇은 책과 두꺼운 책, 술술 읽히는 책과 딱딱한 책을 섞어서 가져온다. 그래야 지겹지도 포기하지 않고 잘 읽어낼 수 있기에. 그리고 빌린 책은 가능한 읽는다는 원칙을 세우는데, 어쩌다 행사나 교육에 참석할 때면 1주일 연장하기도 한다.

당신도 삶을 바꾸고 싶지 않은가. 결심이 섰다면 당장 공공도서관으로 달려가 회원카드부터 만들자. 읽고 싶은 책을 빌려서 자신을 믿고 미친 듯이 읽어보자. 내가 했던 대로 시간 날 때마다 아무 데나 두고 읽어보자. 그러면 도서관은 당신 인생을 원하는 대로 바꿔줄 것이다. 도서관은 기적을 만드는 곳이니까.

••• 기적을 만드는 도서관

내게 '왜 책을 읽는가?' 묻는다면, 나는 '깨달아 실천하기 위해서'라고 말하겠다. 책은 무지에서 앎으로 나를 인도할 뿐 아니라 자기반성과 자기성찰을 하게 했다. 살다가 어느 순간 시련이 닥쳤을 때, 삶을 바꿀 수 있는 동기부여가 됐다. 이미 경험했던 사람들이 남긴 이야기가 살아가는 데 이정표가 되었다. 그래서 나는 오늘도 도서관으로 발길을 돌린다.

우리나라엔 도서관이 얼마나 될까? 한국도서관협회 자료에 따르면 2014년 기준으로 공공도서관이 930관이라고 한다. 1관당 봉사대상인구수는 5만 5,191명에 이른다. 일본은 3만 9,813명이고, 미국은 3만 4,493명에 불과하다. 더구나 영국은 1만 4,826명, 독일은 1만 60명으로 우리와 거의 5배 차이다. 이것만 봐도 우리나라 도서관 숫자가 얼마나 적은지를 한눈에 알 수 있다(인터넷 내일신문 2016.3.21.).

그래선지 우리나라 성인이 읽는 독서량은 형편없이 적다. 문화체육관광부가 조사한 '국민독서실태조사'를 보면 2015년 전국 성인 65.3%가 1년 동안 한 권 이상 책을 읽었는데, 성인 연평균 독서량은 9.1권으로 조사됐다. 2013년에 비해 6.1% 감소한 수치다. 날이 갈수록 책 읽는 인구는 줄고 있다. 이래서 독서진흥정책을 강화하자는데, 그보다는 책으로 기적을 만든 사람들을 찾아 많은 사람들한테 홍보하는 것도 유용하다.

여러분은 철강왕 카네기가 도서관을 왜 지었는지 아는가. 어릴 때 그는 가난해서 신문배달을 했는데, 하루는 이웃집에 사는 사람이 어린 카네기를 보고 "애야, 네가 책을 읽지 않으면 평생 배달만 해야 한다. 그러니까 틈날 때마다 우리 서재에 와서 책을 읽도록 해라"면서 서재를 개방해줬다.

책을 읽고 훗날 재벌이 된 카네기는 생각했다. 자기처럼 어릴 때 어떻게 살아야 할지 모르는 사람들한테 희망을 주는 일은 책을 읽게 하는 길밖에 없다고 결심했다. 그리고 평생 2,507개의 도서관을 세웠다. 그는 도서관에 꽂혀있는 책들이 기적을 만든다는 사실을 어린 시절 경험한 독서를 통해 깨달았던 것이다.

도서관에서 기적을 만든 사람은 또 있다. 1,093개나 되는 특허 기록을 보유한 에디슨이 도서관에서 기적을 이뤘다. 그는 초등학교에 입학한 지 3개월 만에 학교에서 문제아로 취급당해 쫓겨났지만, 어머니는 책 읽어주는 방법으로 에디슨의 잠재력을 깨웠다. 나중엔 디트로이트 도서관을 가로, 세로 통째로 읽었다. 나도 지금 도서관을 통째로 읽으려는 꿈을 포기하지 못하고 있다.

세계 최고 부자 빌 게이츠도 마찬가지다. 그도 어려서부터 손에 잡히는 건 무엇이든 읽을 만큼 엄청난 독서광이다. 아무리 바빠도 하루에 한 시간 정도는 책 읽는데 할애한다. 뿐만 아니라 신문과 잡지도 여러 권 구독한다. 게다가 회사 일에 방해받지 않고 책읽기 위해 정기적으로 '생각 주간'을 갖는다고 하니, 책은 그에게 사업의 연속이고 삶을 이끌어가는 원동력인 것이다.

헌데 우리는 어떻게 하고 사는가. 청소년들은 하루 종일 네모진 콘크리트 감옥에 갇혀 주입식교육을 받으면서 자기밖에 모르는 이기적 인간이 되어가고, 청춘들은 대학을 졸업해도 직장을 못 구해 또다시 학원에 처박혀 스펙 쌓느라 바쁘다. 직장인은 기계처럼 하루 10시간 넘게 노동하지만 살림살이가 나아지지 않는다고 한숨을 내쉰다. 하긴 나도 예전엔 그렇게 살았다. 하지만 독서를 하고부터는 다르게 살고 있다.

여러분도 이제 다르게 살아야 한다. 인생에서 성공하는 방법엔 두 가지가 있다고 한다. 첫째는 좋은 스승을 만나서 가르침을 받는 것이고, 둘째는 책을 통해 지식과 정보를 얻는 것. 그런데 훌륭한 스승을 현실에서 만나기란 쉽지 않다. 그래서 도서관에 가라는 것이다. 그곳에서 다양한 책읽기를 통해 인생에 가르침을 줄 위대한 스승을 만나서 자기 삶을 바꾸라는 것이다. 도서관은 언제나 멘티를 기다리고 있다.

격언에 보면 '어떤 사람에게 물고기를 주는 것은 그를 잠시 도와주는 것이고, 고기 잡는 법을 가르쳐주는 것은 그를 평생 도와주는 것'이라고 한다. 이제 한 발 더 가서 스승으로부터 고기 잡는 법을 터득해 내다팔기까지 하면 더 자립적이고 더 독립적인 사람이 될 게 분명하다. 그대여! 당당하게 살고 싶은가. 그럼 도서관에 가서 위대한 멘토를 찾아라. 거기서 처절한 책읽기를 하면서 자신의 삶을 변화시켜라.

 휠체어 북코치의 삶을 바꾼 독서 이야기

05

책 속에 나오는
책을 읽어라

··· 꼬리에 꼬리를 무는 책읽기

나는 젖가슴 아래로 신경이 마비되어 하루를 꼬박 굶어도 배고픈 줄 모른다. 아마도 비장애인이라면 단박에 허기짐을 느낄 것이다. 그래도 맛은 느낄 수 있어 어쩌다 맛집에 가는 날이면 유혹을 뿌리치지 못하고 허기진 뱃속을 채운다. 하지만 언제나 배불리 먹을 수가 없다. 내가 살이 찌면 돌보는 아내가 힘들기 때문이다.

하지만 영혼을 살찌우는 책읽기는 아무 걱정할 필요 없다. 또 아무리 먹어도 배부른 줄 모른다. 도대체 얼마나 허기졌기에 그런지 모르겠다. 하긴 지난 30년 넘는 세월 동안 책 읽어본 적이 없으니 어쩌면 당연한 일인지도 모르겠다. 그래서 그런지 읽으면 읽을수록 더 목말라 많은 책을 불러들였다.

어떤 책을 읽을지 고민할 필요도 없었다. 내가 읽는 책 속엔 새로운 책들이 대기하고 있었다. 소설책을 읽으면 거기엔 주인공이 읽은 책을 소개했고, 철학책엔 그와 연관된 사상가들이 쓴 책이, 실용서엔 다른 책에 나오는 내용을 인용한 책을 소개했다. 독서초보인 나는 어떤 책이 좋고 나쁜지 판단할 수 없어 책을 읽다가 다른 책을 소개하면 무조건 메모했다. 글을 쓴 작가들이 소개한 책이라서 그냥 믿고 따랐다.

이렇게 꼬리에 꼬리를 무는 독서법은 독서초보인 사람한테 이로울 뿐만 아니라 다양한 책읽기를 할 수 있어 좋았다. 이미 읽은 도서목록이 쌓이면서 허기진 영혼도 차츰 생기를 찾았다. 절망하는 마음이 사라지자 다시 인생을 살아야겠다는 의지가 생겨나서 나아갈 길을 찾기 위해 더욱 미친 듯이 읽었다.

갈수록 독서량이 늘어나면서 책을 고르는 안목이 생겨 당장 읽어야 할 책과 나중에 읽어도 될 책을 구분했다. 처음엔 책에서 소개한 책을 마구잡이로 메모했지만, 지금은 독서수준과 상황에 맞는 책을 우선순위로 읽는다. 그래야 독서에서 오는 권태를 막을 수 있기 때문이다. 이 것도 권장도서만 읽다가 힘들었던 경험을 했기 때문에 알 수 있었다.

나처럼 똑같은 실수를 하지 않으려면 자신이 어떤 분야를 좋아하고 관심 있어 하는지 생각해야 한다. 그래야 중도에 포기하지 않고 책 읽는 습관을 들일 수 있다. 내 경우 꼬리에 꼬리 무는 책읽기는 자기계발 분야다. 꺼져가는 불씨를 살리는 데 그것만큼 좋은 책이 없다. 꿈과 도전, 희망, 열정이 담긴 긍정의 힘이 실렸다. 나는 읽는 것에 만족하지 않고 내가 할 수 있는 일이라면 뭐든지 실천하려고 애썼다.

당시 내게 영향을 준 작가들을 살펴보자. 베스트셀러 작가로 잘 알려진 이지성, 그는 자신이 걸어온 삶을 소재로 글을 써 많은 사람들한테 공감을 얻었다. 지금도 말과 글이 일치하는 삶을 사느라 벌어들인 인세로 오지 아이들을 위해 학교 짓는 데 사용하고 있다고 한다. 이외에도 나폴레온 힐, 데일 카네기, 존 맥스웰이 쓴 책은 별생각 없이 살던 내게 '할 수 있다'는 열정에 불을 지폈다.

그들이 경험했던 삶과 생각을 간접경험하면서 나도 모르게 좋은 습관이 생겨 일상에 변화가 생겼다. 이 순간 노트북에 글을 쓰는 자체도 엄청난 발전이다. 하지만 같은 범주에 있는 책들을 많이 읽다 보니 더 이상 특별한 내용을 찾을 수 없어 조금씩 거리를 뒀다. 그러다 보니 자연스레 문학과 철학, 역사서에 눈길이 갔다. 인문학은 사물을 보는 관찰력과 통찰력을 키운다기에 지금도 꾸준히 공부한다. 자는 사람을 깨어나게 하는 자명종 역할을 한다기에.

인문학을 공부하면서 느낀 점은 읽으면 읽을수록 내 자신이 무지하다는 걸 절실히 깨달았다. 그 깨달음은 더 알고 싶어 하는 즐거움에 빠져들게 했다. 그래서 틈만 나면 이 책 저 책 가리지 않고 읽다 보니 날이 갈수록 생각하는 폭이 깊고 넓어짐을 느낄 수 있었다. 세상을 보는 눈도 근시안이 아니라 '다름'과 '차이'가 하나로 보였다. 앏은 새장 속에 갇힌 나를 자유롭게 날 수 있게 날개가 돼 주었다.

가만히 생각하면, 늘 남 탓만 하던 내가 이제 무슨 일만 생기면 나 자신부터 돌아본다. 아내와 자식들과 다툴 때도 그랬고, 밖에서 사람들을 만날 때도 그랬다. 어쩌다 갈등으로 논쟁거리가 생기면 먼저 설득하고 그래도 안 되면 굴복시키려 애쓰지 않는다. 이제 책 읽기 전과 책 읽은 뒤 인식이 완전히 달라졌다. 뒤늦게 공부하는 즐거움을 뒤늦게 알게 된 나는 배움이 있는 곳이면 어디든 찾아간다.

••• 사람을 이해하는 전작주의 독서법

책을 읽게 된 계기는 사람마다 다양하다. 내 경우는 막막한 현실을 도망치고 싶어서 읽었다. 책을 읽는 방식도 여러 가지다. 꼬리 무는 독서도 있지만, 어쩌다 마음에 드는 책을 만나면 그가 쓴 작품을 모두 찾아 읽는 독서법도 있다. 이 방법은 작가 특유의 어법과 문체를 통해 그가 가진 세계관과 가치관을 엿볼 수 있는 장점을 갖고 있다. 글에는 그 사람의 인생이 들어있어서다.

이처럼 한 사람이 쓴 작품을 전부 읽는 경우를 '전작주의 독서법'이라고 부른다. 이것도 조희봉 작가가 쓴 《전작주의자의 꿈》을 통해 알려졌다. 내가 이 독서법을 처음 시작한 까닭은 좌절하고 고통스러울 때 위로가 되어준 사람을 만났기 때문이다. 그가 쓴 책은 삶에서 나온 글이라 뒤틀린 내 운명을 바꾸는데 나침반이 돼 줄 것 같았다. 책이 길이 되고 길이 다시 삶이 된다는 걸 믿기에.

당시엔 영혼이라도 팔고 싶을 만큼 미치도록 절실했다. 그래서 취미가 아닌 살아남기 위한 생존독서를 했다. 오프라 윈프리가 "독서가 내 인생을 바꿨다"고 했던 것처럼 내 삶도 독서로 바꾸고 싶었다. 그래서 꾸준한 책읽기로 얻은 지식과 정보를 가지고 책을 쓰서 다른 사람을 변화시키는 데 작은 힘을 보태고 싶었다.

작가 이외수 선생을 처음 알게 된 건 꼬리 무는 독서를 통해서다. 그가 살아온 인생의 역경을 간접경험하고 그가 걸어온 인생길이 궁금했다. 더구나 작품에 등장하는 사람들도 대부분 상실과 결핍, 소외된 삶을 살았기에 더 몰입하고 읽었는지 모른다. 내 처지와 별반 다를 게 없는 인생살이였다고 느껴져서. 결정적인 건 젊은 시절 개집에서 잠을 자

 휠체어 북코치의 삶을 바꾼 독서 이야기

고 라면으로 끼니를 때우며 글을 썼다는 이력이 와 닿았다.

먼저 5년 만에 내놓은 장편소설 《괴물》을 읽었다. 이 소설에는 많은 주인공이 등장하는데, 내용이 어떤 때는 꿈인지 현실인지 헷갈려 이해가 힘들었지만 흥미로워 읽는 내내 책을 덮을 수가 없었다. 어쩌면 나도 이 소설에 나오는 '괴물로 살아온 건 아닐까' 하는 생각이 들 때도 있었다. 뒤로도 이해할 수 없는 내용이 있어도 느낌만으로 《장외 인간》, 《황금비늘》, 《절대강자》, 《하악하악》, 《글쓰기 공중부양》, 《뚝,》 등을 찾아 읽었다.

그는 말한다. 이해 안 되는 부분이 있어도 '글은 읽어서 느끼면 될 뿐'이라고. 독서초보 때 읽었던 책들이라 난해한 부분이 있었지만 느낌만으로 그의 철학을 공유할 수 있어 좋았다. 《절대강자》에는 "지금 살아 있다는 사실만으로도 그대는 절대강자다."라는 말이 나오는데, 나는 이보다 더 큰 용기를 준 말을 아직 찾아본 적 없다. 당신은 이외수의 '존버' 실천법을 아는가? 내가 살아가는 방식도 언제부턴가 '존나게 버텨라'가 되었다.

공지영도 내가 좋아하는 작가 중 한 명이다. 솔직히 2011년 영화 《도가니》가 개봉되기 전엔 공지영이 어떤 사람인지 잘 몰랐다. 이쯤 되면 얼마나 책과 동떨어진 생활을 했는지 다시 한 번 확인했을 것이다. 어찌 됐든 그의 이력이 궁금했다. 많은 일들 가운데 내 관심을 끌게 한 건 노동운동을 했다는 것과 부정개표 반대시위에 참가했다가 구치소에 수감된 전력이 그를 발분저서하게 만들었다는 것이다.

구치소의 경험을 토대로 《동트는 새벽》을 썼고, 자전적 성장소설인 《봉순이 언니》에서는 끊임없이 반복되는 시련에도 희망을 포기하지 않는 삶을 그렸다. 그리고 실제 가족을 모델로 경험담을 쓴 《즐거운 나의 집》은 자신을 당당하게 공개해 오히려 젊은 여성들한테 지지를 받기도 했다. 내가 하고 싶고 내가 드러내고 싶었던 이야기를 어떻게 써가야 할지 이정표 역할을 했다.

법정 스님을 만난 것은 종교서적을 읽고서다. 먼저 성철 스님이 쓴 《영원한 자유》《신심명 증도가 강설》을 읽었는데, 큰스님은 이 글을 보고 "마치 캄캄한 한밤중에 햇불을 만난 것 같았으며, 내 갈 길이 훤히 비춰 보이는 듯하였다."고 말했다. 나는 이 책 한 권으로 병든 마음을 치유하고 마음이 편안해졌다. 법륜 스님과 서광 스님, 달라이 라마, 틱낫한, 법정 스님을 만난 것도 이때쯤이다.

법정 스님이 쓴 《무소유》를 읽고 《혼자 사는 즐거움》, 《말과 침묵》, 《일기일회》, 《인연이야기》, 《아름다운 마무리》 등 스님이 남기고 간 책은 모두 읽었다. 스님은 남기고 간 책마다 가지려고 집착하는 소유관념이 우리 눈을 멀게 한다고 늘 충고했다. 한 번 흘러간 것은 다시 돌아오지 않는 법인데, 나는 늘 과거에 집착한 채 감사한 줄 모르고 살았다. 모든 것이 '일기일회'인데도 말이다.

그대! 두 번 다시 오지 않을 단 한 번뿐인 인생 멋지게 살고 싶지 않은가. 꼬리에 꼬리 무는 독서든 전작주의 독서든 책을 읽고 자신의 삶을 바꾸어 보자. 독서하는 습관만 들이면 오프라가 독서로 자신의 인생을 바꾸었듯 당신도 인생을 바꿀 수 있다.

독서효과를 알면
습관은 저절로 생긴다

··· 천 권을 읽고 경험한 독서효과

책을 읽으면 좋은 점이 참 많은데 왜 독서하지 않을까? 그건 몸으로 경험하지 못해서다. 온종일 네모난 콘크리트에 갇혀서 주입식 교육을 받고 있으니 책 읽을 시간이 없다. 문화체육관광부가 조사한 '2015 국민독서실태'만 살펴봐도 심각성이 어느 정도인지 알 수 있다. 19세 이상 성인이 1년에 평균 9권, 학생은 29.8권 읽는다고 한다. 독서시간도 성인은 하루 평균 22.8분, 학생은 두 배인 45분이 고작이다, 이러니 독서의 중요성을 알 턱이 없다.

문화체육관광부가 독서율이 떨어지는 원인을 조사했더니 "학업의 경쟁 및 취업 준비와 바쁜 사회생활 등으로 인한 성인들의 시간적, 정신적 여유가 단축", 그리고 "일상적 스마트폰 이용과 같은 매체의 변화"가 원인이라 했다. 2016년 통계청 발표한 자료에 따르면 우리나라 국민이 스마트폰을 사용하는 데 하루 평균 3시간을 쓴다고 한다. 이는 자신을 성장시키는 독서의 효율성을 몰라서 생존을 위한 책읽기를 기피하기 때문이다.

그래서 천 일 동안 책 천 권을 읽고 느낀 점을 다섯 가지로 요약해봤다. 첫째, 독서를 하면 새로운 '앎'이 하나씩 늘었다. 둘째, 독서는 하고부터 생각하고 행동했다. 셋째, 진짜 공부하는 즐거움이 어떤건지 알게 됐다. 넷째, 독서는 꿈과 비전을 갖게 했고 롤모델을 연결했다. 다섯째, 독서는 할 수 없는 일도 간접경험으로 가능하게 했다. 그로 인해 삶에 여유가 생겨 자기발전에 밑거름으로 삼을 수 있었다.

책을 통해 수많은 사람들과 대화하고 그들의 삶과 생각을 공유하면서 몰랐던 지식을 하나씩 배울 수 있어 행복했다. 소크라테스가 말하지 않았던가. "남의 책을 많이 읽어라. 남이 고생하여 얻은 지식을 아주 쉽게 내 것으로 만들 수 있고, 그것으로 자기 발전을 이룰 수 있다."고. 앨빈 토플러나 피터 드러커, 톰 피터스 등 미래학자나 경영의 대가들이 쓴 책은 불안한 앞날을 대비하고 준비하게 만들었다.

고전이나 철학에 나오는 명문장을 곱씹으면 저절로 생각하는 힘이 생겨 행동으로 이끌었다. 톨스토이나 헤밍웨이, 공자, 맹자, 사마천 등이 쓴 책을 읽으면 마치 그들이 살아서 잠자던 내 의식 속으로 들어오는 듯했다. 오래된 미래에 살았던 성현들과 나눈 대화는 삶의 지혜가 되어 힘들 때마다 위기를 잘 넘길 수 있었다. 씹으면 씹을수록 지적 호기심은 더 자극되어 내가 하는 행동은 그들을 따라 하기 시작했다.

소설은 감동이 있어 재미를 더했다. 직접 경험하지 않고도 그들이 살아온 삶의 방식을 느끼고 이해하면서 마음이 넉넉했다. 조선 영조 때 유중림이 쓴 《산림경제(山林經濟)》에 '독서 권장하기'가 나오는데, "글이란 읽으면 읽을수록 사리를 판단하는 눈이 밝아진다. 그리고 어리석은 사람은 총명해진다. 흔히 독서를 부귀나 공명을 얻기 위한 수단으로 여기는 사람들이 있는데 그런 사람들은 독서의 진정한 즐거움을 모르는

    휠체어 북코치의 삶을 바꾼 독서 이야기

속된 무리다.”는 말이 있다.

독서는 남이 경험한 것을 바탕으로 자신이 어떻게 살아야 할지 판단하는 힘이 됐다. 그들의 삶이 거울이 되어 내 삶을 돌아보게 했고 나아갈 방향을 제시해주었다. 다 죽어가던 영혼을 다시 일으켜 세운 것도 그들이다. 강영우, 손정의, 오토다케 히로타나, 이승복, 존 오리어리 등이 쓴 자서전을 보면 그들은 좌절과 시련을 견디고 다시 일어난 사람들이다. 그들의 삶은 롤모델이 되고도 남았다.

우리는 사는 동안 여러 상황 때문에 인생을 온전히 경험하고 살 수가 없다. 그래서 책을 읽어야 하는지 모른다. 마음만 먹으면 얼마든지 간접 체험할 수 있는 게 책이기 때문이다. 영국 평론가 토머스 칼라일도 “경험은 다시없는 교훈이며, 교사이기 때문에 돈을 주고도 살 수 없는 소중한 것이다. 그래서 경험은 가장 좋은 벗이 되기도 하고, 훌륭한 안내자가 되기도 하므로 모든 사람이 중요하게 여긴다.”고 했잖은가.

독서효과는 이외에도 나열할 수 없을 만큼 많았다. 차체하고 가장 중요한 건 도저히 변할 수 없을 거라 생각했던 사람을 다시 태어나게 했다는 점이다. 아무것도 할 수 없던 무능력자를 무엇인가 할 수 있는 존재로 만들었다. 더 이상 무슨 말이 필요한가. 망설일 까닭이 없다. 당신은 그냥 책 속에 사는 사람이 가르치는 대로 따르기만 하면 된다.

··· 삶을 변화시켜 제대로 살고 싶은가

나는 하는 일 없이 휠체어에 앉아있을 때는 항상 책을 읽었다. 그러면 잡생각이 사라지고 내가 원하는 세상으로 갈 수 있어 행복했다. 내 상황과 처지를 제대로 볼 수 있는 책읽기를 했기에 읽히는 대로 마음도 따라갔다. 이런 변화는 내 인생에서 가장 자랑스럽고 극적인 일이었다. 경험해보지 않고는 모를 것이다. 독서가 어떤 이로움과 충만함을 주는지, 사람을 얼마나 바꾸는지.

그런데 읽기만 하고 실천하지 않으면 아무런 소용없다. 살아남기 위한 독서는 읽고 깨달아 행동으로 옮긴 뒤 삶에 변화를 줘야 한다. 나는 실용서부터 고전에 이르기까지 읽으면 작은 것 하나라도 실천하려고 애썼다. 그런 과정을 통해 내 생각과 지식도 새롭게 정립되어 올바른 정체성도 확립할 수 있었다.

당신은 자신이 누구인지 잘 아는가? 아마도 아는 사람보다, 모르고 사는 사람들이 더 많을 것이다. 이런 사람들은 책을 통해 남과 자신을 비교하면서 스스로를 바로 볼 수 있어야 한다. 남들이 말하고 경험하고 생각하는 것들이 자신과 어떻게 다른지 읽고 깨달아야 한다. 그러려면 손이 가는 대로 책을 읽어야 한다. 그러면 내면에서 속삭이는 소리 듣게 되고 당신은 그대로 하면 된다.

뭐니뭐니 해도 독서효용의 최고 가치는 자신을 아는 것이다. 가장 잘 알아야 하면서도 모르는 존재인 자신만 제대로 알아도 얼마든지 삶을 바꿀 수가 있다. 소크라테스가 그랬던가. "나는 아무것도 모른다."고. 어쩌면 이 명제 하나로 그가 위대한 사람이 되었는지 모른다. 사실은 나도 자신에 대해 아무것도 몰라 '나다움'을 찾느라 책읽기를 했는지도 모르겠다.

자기발견은 비참한 환경을 참고 견딜 수 있는 인내를 키웠다. 성공의 대명사로 불리는 오프라 윈프리에게 힘의 원천이 무엇인지 물었을 때, 윈프리가 이렇게 답했다. "나를 이렇게 만든 것은 독서입니다."고. 차별과 편견으로 힘들었을 때 그를 지탱해준 건 책이었다. 책을 붙잡고 시련과 고통을 견뎠다. 틈나는 대로 책을 읽었다. 그러면서 자신도 모르는 사이 서서히 변해갔던 것이다.

차별받던 끔찍한 상황에서 자신을 놓지 않았던 건 책이 있어서 가능했다. "책을 통해 나는 인생에 가능성이 있다는 것과 세상에 나처럼 사는 사람이 또 있다는 걸 알았다. 독서는 내게 희망을 줬다. 책은 내게 열려진 문과 같았다."고 했으니. 오프라 윈프리에게 책읽기는 지식을 쌓는 일 외에도 책 속에 나오는 사람들과 대화를 하면서 자신을 제대로 이해할 수 있었다고 말한다.

한 작은 읍에 있는 초등학교 5학년 교실에서 펼쳐지는 '힘' 이야기를 담은 《우리들의 일그러진 영웅》을 쓴 이문열 작가도 그랬다. 오늘날 그를 있게 한 건 바로 지난날 3년간 했던 처절한 독서경험 때문이었다고. 처음엔 그도 작가지망생이 아니었다. 젊은 날 아버지가 빨갱이였다는 이유로 꿈을 접어야 했을 때, 3년 동안 1,000권의 책을 읽고 작가가 됐다. 책을 읽으면 인생이 바뀐다는 걸 또 한 번 확인했다.

여러분도 더 나은 삶을 원하는가? 그렇다면 지금과 전혀 다른 방식으로 다가선 적이 있는가. 영국 작가 서머싯 몸이 쓴 《달과 6펜스》를 보면 우연히 접한 그림에 빠져서 화가가 되려는 자신을 발견하고 프랑스 파리로 떠나는 한 남자가 있다. 어떻게 자신이 가진 걸 모두 내려두고 부인과 친구들까지 버려둔 채 단지 꿈을 실현하기 위해 내면이 시키는 대로 할 수 있었는지 상상이 안 된다.

찰스 스트릭랜드는 원래 주식중개인으로 일했다. 그러다 40대 중반 뒤늦게 화가의 꿈을 찾아서 떠났다. 불같은 열정이 있었기에 새로운 길을 찾아 나섰던 것이다. 반면에 나는 불태울 뭔가를 찾지 못해서 절망한 채 방황하고 살았다. '인간은 타자의 욕망을 욕망한다.'고 했던가. 우연히 내 손에 잡힌 책 한 권이 40대 후반인 나를 욕망하게 했다. 꿈이 생기면서 꺼져가던 불씨가 되살아나 불같은 열정이 타올랐다.

하지만 거침없이 행동한 결단력과 열정은 본받고 싶었지만 가족을 버리는 무책임한 행동은 배우고 싶지 않았다. 그런데 또다시 책 중독에 빠지면서 나만의 즐거움을 찾느라 갱년기로 힘들어하는 아내를 '나 몰라라' 하고 있었다. 지금 이 글을 쓰면서 느닷없이 드는 생각은 내가 하고 있는 것들이 행복한 가정을 꾸리기 위한 일인데, 한쪽으로 치우친 게 아닌가 싶어 염려스럽기도 하다.

그대여! 이대로 나이만 먹는 게 억울하지 않은가. 사는 게 너무 고달파서 꿈만 꾸며 환상에 빠져본 적은 없는가. 한 번이라도 그런 생각을 한 적 있다면 넋 놓고 있지 말고 지금 당장 독서하는 습관을 만들어 내가 원하고 좋아하는 것이 무엇인지 찾도록 하자. 그러다 삼시세끼 밥 먹듯이 독서가 일상이 되는 날 꿈은 현실로 다가오는 순간이 올 것이다.

07

휠체어 북코치가
책을 읽은 까닭

··· 책은 절대 차별하지 않았다

앞에서 말했듯이 나는 30년 넘도록 책하고 무관한 인생을 살았다. 늘 자식들만 책 읽으라고 닦달했지 단 한 번도 솔선수범해서 읽은 적이 없다. 그랬던 내가 벼랑 끝에 내몰리자 무엇엔가 홀린 듯 책읽기를 했다. 누가 권한 적도 없고 맘먹고 읽기 시작한 것도 아니다. 어떻게든 살아보라며 책이 내게 다가왔다. '왜 이렇게 살고 있나요?', '어떻게든 살아야 되는 것 아닌가요?' 하면서.

지나고 보니 참 세월 빠르다. 벌써 5년 전 일이니 말이다. 나이 40대 후반에 다 정리하고 나니 남은 건 1억이 넘는 빚에 장애뿐인 몸뚱이. 그때는 인생이 끝났다는 생각에 간절히 죽고 싶은 마음뿐이었다. 어쩌다 투자실패로 자살하는 사람을 볼 때 정말 무책임하다고 비난했었는데, 내 일이 되고 보니 이해 못할 것도 없다.

이 나이면 남들은 최고로 전성기를 맞는 시기인데, 나는 오히려 시궁창에 처박혀 다시 올라가야 하니 기가 막혔다. 생각이 여기까지 미치자

식구들 얼굴이 떠올라 눈물이 났다. 아들을 대학까지 보내느라 뼈 빠지게 고생한 부모님, 힘들고 고통스러워도 나만 믿고 살았던 아내와 철없는 자식들. 결국 남을 식구들을 생각하니 고생이 뻔할 것 같아 차마 어쩌지 못했다.

그래도 내가 저지른 일이니 끝까지 책임져야 했다. 뭐라도 해서 도움이 되고 싶었지만, 장애 때문에 취업하는 건 하늘에 별따기였다. 택시운전면허증이 있으니 영업용택시를 몰아볼까 생각했지만 사지마비장애인을 써줄 리 없다. '이것도 안 되면 뭘 하지?', '장사를 해 볼까?', '밑천도 없는데 무슨 돈으로 시작하지?', '또 빚을 내야 하나?', '돈 줄 곳은 있고?' 아무리 궁리해도 답이 없었다.

내가 할 수 있는 건 세끼 밥 먹고 종일 텔레비전 보다가 자는 게 전부였다. 그것 말고 할 수 있는 건 없었다. 찾아오는 사람도 없어 외로웠다. 하긴 무슨 이익 볼 게 있다고 오겠는가, 오면 그게 더 이상한 거지. 식구들은 날마다 불안에 떨고 있는데 나는 멍하니 하늘만 바라보고 살았다. 그럴 때 책이 다가왔던 것이다. 어떻게든 이 고난을 잘 헤쳐나가라면서. 그래서 미친 듯이 책만 읽었다.

그것만이 내 의지로 할 수 있는 유일한 행위였다. 언어가 가진 힘은 생각하는 힘을 갖게 해 실천하도록 이끌었다. 그 결과 좋은 습관이 생기면서 운명까지 바꿀 수 있다고 믿었다. 내가 자신있게 이런 말을 하는 까닭도 책 한 권이 사람을 변화시킬 수 있다는 걸 스스로 경험했기 때문이다. 아직은 제대로 성공한 삶을 살진 못했어도 예전에 비해 성장한 건 확실하니까. 그래서 오늘도 책을 읽고 글을 쓰는 것이다.

더구나 책은 차별하지 않았다. 장애인이라 무시하지 않았고, 어쩌다 그리됐냐며 동정하지 않았고, 불쌍하다고 혀 차지 않고, 주식 실패했다

  휠체어 북코치의 삶을 바꾼 독서 이야기

고 비난하지 않고, 앉아서 하는 여행엔 장애물 하나 없었다. 언제 어디서 무엇을 하든 항상 내 곁에 있으면서 내가 원하면 언제든 마음의 문을 활짝 열었다. 스펙도 없고 백도 없는 내게 '넌 할 수 있다' 하고 늘 용기를 주었다.

헬렌 켈러가 그랬다. "내가 나의 유토피아인 나라에서 내 친구들과 친교를 나누는데 보지 못하고 듣지 못하는 내 육체적 장애는 아무 문제가 되지 않는다. 내 친구들 또한 내게 말을 거는 일에 조금도 거북해하거나 당황해하지 않는다. 내가 배우고 깨달은 것이 무엇이든 그들의 큰 사랑과 자비에 견준다면 하등 중요치 않은 것들일 뿐이다."고. 내게 독서는 세상을 볼 수 있는 창이고 사회참여를 할 수 있는 기회였다.

한때 사는 게 버거워서 죽음을 생각할 때 힘이 돼준 책 한 권이 있다. 정신과 의사인 엘리자베스 퀴블러 로스가 죽음을 앞둔 사람들과 이야기를 나누고 '인생에서 꼭 배워야 할 것'을 기록한 《인생수업》이라는 책인데, 거기 보면 '내 하루가 그들에겐 그토록 원하던 하루'였다는 문장이 나온다. 누군가에겐 그토록 간절한 하루를 하마터면 스스로 포기해 인생에 큰 죄를 지을 뻔했다.

이 글을 쓰는 것도 어쩌면 책에 대한 보답인지 모르겠다. 보잘것없고 할 수 있는 것 하나 없던 내가 책읽기로 선물 받은 하루를 당당하게 살아가고 있으니 말이다. 아니나 다를까 어둡고 캄캄했던 동굴에 한 줄기 빛이 스며들었다. 나는 그 빛을 따라 지금도 한 걸음씩 내딛고 있는 중이다.

지금 와서 생각해보면, 내 의지로 이렇게 된 것도 아닌데 그동안 '장애인'이라는 이유만으로 참 많은 차별을 받았다. 열 명 가운데 한 명이 장애인인 대한민국에서 존재하고도 존재하지 않는 존재로 살았으니.

노력해도 바뀌는 게 없다고 생각해서 수동적인 삶을 살았는데, 그게 아니다. 나 하나 바뀌면 '나비효과'로 세상도 바꿀 수 있다는 걸 깨닫고 다시 세상에 저항하기로 했다.

··· 또 다른 인생을 살아보고 싶었다

실패한 인생에 발목 잡혀 '왜 그랬을까?'만 수없이 반복하며 살았다. '인생을 되돌릴 수만 있다면 얼마나 좋을까' 하고 연신 담배연기만 뿜어 댔다. 이제는 그런 생각들이 고개 들 때마다 손에 책을 집어 든다. 그러면 잡생각이 사라지고 나태한 마음에 채찍질 되어 열정이 타오른다. 나는 생존하기 위한 책읽기를 하기 때문이다. 당신은 왜 책을 읽는가? 단순한 취미활동인가. 아니면 목적 있는 책읽기인가.

위대한 지도자들은 대부분 목적 있는 책읽기를 했다. 세종대왕과 정약용 선생이 그랬고, 알렉산더와 링컨, 마오쩌둥, 나폴레옹도 그랬다. 그들은 "독서를 통한 배움만이 운명을 바꿀 수 있다."고 하나같이 말했다. 실제로 운명을 노력으로 바꾼 사람이 있다. 조선중기 실학자인 이덕무는 서자 신분이라 벼슬길에 나갈 수 없어 책만 읽는 바보로 살다가 규장각 검서관이 됐다. 그런 그가 책 읽는 이로움 네 가지를 말했는데, 내가 책 읽은 까닭도 여기에 있기에 다음과 같이 인용해본다.

"첫째, 굶주린 때에 책을 읽으면 소리가 훨씬 낭랑해져서 글귀가 잘 다가오고 배고픔도 느끼지 못한다. 둘째, 날씨가 추울 때 책을 읽으면 그 소리의 기운이 스며들어 떨리는 몸이 진정되고 추위를 잊을 수 있다. 셋째, 근심 걱정으로 마음이 괴로운 때 책을 읽으면 눈과 마음이

 휠체어 북코치의 삶을 바꾼 독서 이야기

책에 집중하면서 천만 가지 근심이 모두 사라진다. 넷째, 기침병을 앓을 때 책을 읽으면 그 소리가 목구멍의 걸림돌을 시원하게 뚫어 괴로운 기침이 갑자기 사라져버린다.”

나는 셋째와 넷째에 해당한다. 책임을 회피하고 싶어 불순한 의도로 책읽기를 하는 동안 근심 걱정이 사라졌고, 누워서 소리 내어 읽으면 목구멍 가래도 사라졌다. 만약 아내가 이 글을 읽으면 무책임하다고 책망할지도 모르겠다. 아무튼 그 덕에 책 읽기로 나 자신을 바로 볼 수 있었다. 그래서 책이란 ‘자신을 비춰보는 거울’이라 하는 것 같다.

나도 모르는 사이에 의식전환이 되었다. 밑바닥까지 떨어져 보잘것없이 살아도 남은 인생마저 ‘이대로 살 수 없다’는 위기의식을 느꼈던 것이다. 평균수명 100세 시대를 살려면 남은 인생이 40년인데, 하늘만 쳐다보고 살 수는 없지 않는가. 인생 3막을 가치 있게 살려면 새로운 변화가 필요했다. 그래서 내가 할 수 있는 게 무엇인지 그 답을 찾기 위해 또 미친 듯이 읽었다.

그리고 내가 서있는 곳이 어디인지, 어디로 가야 할지 방향을 찾는 게 급선무였다. 치열한 책읽기를 하는 동안 내가 안다고 생각했던 것들이 아주 작은 조각에 지나지 않았다는 걸 깨달았기 때문이다. 결국엔 식구들을 위하고 재생산되는 장애인들에게 도움이 될 만한 정보를 찾기 위해 목적 있는 책읽기를 했고, 지금 이렇게 글을 쓰고 있다.

독서는 자신이 알고 있는 분야에 전문가가 될 수 방법도 알려줬다. 정민 교수가 쓴 《다산선생 지식경영법》을 보면 정약용 선생이 강진 유배시절 둘째 아들이 닭을 친다는 소식을 듣고 편지를 보냈다. 내용을 요약하자면, 양계를 하더라도 먼저 농서를 읽고 건강하면서 알을 잘 낳는 닭을 기르기 위해 고민하라고 한다. 때로는 닭을 주제로 시도 쓰고,

닭의 모습도 그려보라고 했다. 그리고 양계하는 백성들한테 도움을 줄 수 있게 닭 기르는 방법을 다룬 책 한 권도 만들라고 얘기했던 것이다.

읽기는 자연스레 쓰기로 연결됐다. 독서의 완성이 책 쓰기라더니 저절로 마음이 갔다. 글쓰기는 여태껏 살아온 삶을 돌아보고 반성하는 시간이 됐을 뿐만 아니라 가진 것 없고 '장애인' 꼬리표까지 붙은 사람이 자신을 세상에 알릴 기회라고 생각했다. 나만이 경험했던 특별한 경험과 생각을 정리해서 더 많은 사람들과 소통하고 공감해주길 바랐다.

《해리포터》의 작가 조앤 롤링이 그랬다. 그는 모든 걸 잃고나서 비로소 자신이 어릴 때부터 하고 싶었던 글쓰기에 매진해서 큰 성공을 했다. 책을 출간한 시기엔 직장도 없고, 남편과 결별하고, 정부보조금으로 생활하던 상황이었는데 기적같은 일이 일어났다. 그러니 당신도 지금부터 운명을 바꿀 목적 있는 책읽기를 시작해보자.

당신은 읽고 깨달아 실천하면 된다. 책 속엔 수많은 사례와 방법들이 있으니 고민할 필요가 없다. 그러니 지금 당장 책 읽는 습관을 들이자. 큰 돈 들이지 않고 인생을 바꿀 유일한 도구다.

 휠체어 북코치의 삶을 바꾼 독서 이야기

08

휠체어 북코치가
알려주는 독서법

··· 현자들은 어떤 방법으로 책을 읽었을까

나는 책을 쓸 목적으로 읽고 기록했다. 도서관에서 책읽기와 글쓰기, 책 쓰기 관련 책을 빌려 200권 넘게 읽었다. 한 분야에 전문가가 되려면 최소 100권은 읽어야 된다기에. 그래야만 가치 있는 삶을 살 수 있다기에. 독서법은 그 수를 헤아릴 수 없을 만큼 많았다. 하긴 일 년에 쏟아지는 책이 수만 권인데, 그럴 수밖에. 그 가운데 위대한 독서광들이 해온 독서법만 집중해서 살폈다.

책읽기의 중요성을 모르는 사람은 없을 것이다. 그럼에도 책읽기로 자기 삶을 바꾸려고 애쓰는 사람은 많지 않다. 그 까닭은 뭘까? 아마도 '독서 기술'을 잘 몰라 미리 포기해서 그렇지 싶다. 그래서 지금부터 현자들이 실천했던 독서법을 소개할 테니 참고해서 나만의 독서법으로 인생을 바꾸는 데 큰 힘이 됐으면 한다.

먼저 이황 선생은 정독과 반복읽기를 했다. 언젠가 제자가 독서에 관해 물었을 때 선생은 "글이란 정신을 차려서 수없이 반복해서 읽어야 한다. 한두 번 읽어보고 뜻을 대충 알았다고 해서 그 책을 그냥 내다

버리면 자기 몸에 충분히 배지 못해서 마음에 간직할 수 없다. 이미 알고 난 후에도 그것을 자기 몸에 배도록 공부를 더 해야만 비로소 마음속에 간직할 수 있다."하고 답했다. 이 방법은 정보화 시대에 맞지 않는 듯해서 그만뒀다.

《지식인의 서재》에서 최재천 교수는 씹어먹기 독서법을 소개했다. 그는 책 읽는 속도가 느리고, 읽을 때는 반드시 소리 내어 읽는다고 한다고 했다. 소리 내어 읽어야 기억에 오래 남는다고 하면서. 그리고 생각하지 않는 독서는 독서가 아니라면서 사유해야 그 알갱이를 내 것으로 만들 수 있다고 했다. 나도 읽는 속도가 느리고 소리 내어 읽어야 기억에 오래 남는 걸 경험했다. 지금까지 그렇게 책읽기를 하고 있다.

《감옥으로부터의 사색》으로 잘 알려진 신영복 선생은 '서삼독'이란 독서법을 하고 있다. 책을 세 번 읽는데, 먼저 텍스트를 읽고 그다음 필자를 읽고 마지막으로 책을 읽는 나 자신을 읽으라고 한다. 오래전 읽었던 책을 다시 읽고야 그 뜻을 대충 이해했다. 똑같은 책도 읽는 시기와 처해 있는 상황에 따라 느낌이 완전 달랐다. 당신도 경험해 봤을 것이다. 그건 동일한 현상이라도 어제와 오늘이 다르기 때문이다.

《사기》를 20년 넘게 연구한 김영수 박사는 《현자들의 평생 공부법》에서 다양한 독서법을 소개했다. 책 읽는 방법인 다독과 정독, 낭독을 설명하고, 독서력을 키우는 방법엔 메모 습관과 밑줄 긋기, 나만의 독서 공간 만들기를 제시했다. 그들은 자신한테 맞는 공부법을 스스로 찾아서 했다.

중국 공산당을 창건한 모택동은 어릴 적부터 배우길 좋아해서 늘 책을 가까이했다. 전쟁 중에도 손에서 책을 놓지 않았다. "밥은 하루 안 먹어도 괜찮고 잠은 하루 안 자도 되지만 책은 단 하루도 안 읽으면 안

 휠체어 북코치의 삶을 바꾼 독서 이야기

된다."고 할 정도로 엄청난 독서광이었다. 그는 세 번 반복해서 읽고 네 번 익히는 '삼복사온' 독서법을 했다. 그리고 '붓을 움직이지 않는 독서는 독서가 아니다'고 할 정도로 메모광이었다고 한다.

중국 사상가 고염무는 '만 권의 책을 읽고, 만 리 길을 여행하라'는 명언을 남겼다. 스스로 '공부의 감독'이 되어 날마다 읽을 책을 자신이 정했고, 읽은 다음엔 반드시 베껴 쓰기를 할 정도로 기록의 달인이었다. 책 한 권을 읽고 나면 독서일기를 썼는데, 30년 넘는 세월 동안 지속해서 32권에 달하는 일지록도 남겼다.

송나라 때 주희는 "글자 하나하나를 천천히 꼼꼼히 들여다보며 분명하게 읽어야 한다. 한 자도 틀리지 않게, 한 자도 빠뜨리지 않고, 한 자도 바꾸지 말고 소리 내어 읽고 억지로 외우려 해서는 안 된다. 나는 일찍이 독서에 삼도란 것이 있다고 했다. 이른바 마음이 가는 심도와 눈이 가는 안도와 입이 가는 구도가 그것이다. 이 삼도 중에서 심도가 가장 중요하다. 마음이 갔는데 눈과 입이 어찌 가지 않겠는가?" 하면서 독서 경험을 밝혔다. 내가 지금 하고 있는 책 읽는 방식이 그렇다.

하층민의 우매하고 무지함을 폭로한 소설 《아Q정전》을 쓴 중국 문학가 루쉰의 독서법을 보자. 그는 가져다 쓰기와 내 것으로 만들기, 고르기를 통해, 이를 적절히 조화시켰다. 그러면서 한가할 때 책을 읽고 지식을 쌓아 시야를 넓힐 것을 제안하고 여러 작품을 두루 읽어보길 권했다. 한마디로 편향된 사고를 경계하라는 의미다. 나는 꼬리 무는 책읽기로 다양한 책을 골고루 읽고 있다.

••• 세상에 가장 좋은 독서법은 없다

자기한테 맞는 독서법이 있을 뿐이다. 그러니 다른 사람들 독서법에 연연할 필요 없다. 그냥 꾸준히 책읽기를 하다 보면 나만의 독서법이 생긴다. 《독서는 절대 나를 배신하지 않는다》를 쓴 사이토 다카시도 "독서 경험이 늘어날수록 나만의 독서법이 생긴다."고 하지 않았던가. 그러니 자신한테 맞는 독서법을 못 찾았다고 너무 실망할 필요 없다. 그저 틈나는 대로 읽으면 된다.

사실 나도 제대로 된 독서법이 없다. 그래서 독서법 관련 책을 많이 읽어왔는데, 아직 이거다 싶은 걸 찾지 못했다. 어쩌면 당연했다. 대문호 괴테도 '책 읽는 방법을 위해 80년이라는 세월을 바쳤지만, 아직까지 잘 배웠다고 할 수 없다'고 했으니. 그리고 보면 혁신적인 독서법이란 없는 게 맞다. 세상에서 가장 완벽한 독서법은 자신만의 스타일로 읽는 게 최고라는 생각이다.

그리고 독서란 책 한 권 읽는 것인데, 처음부터 특별한 방법을 찾는 것도 이치에 안 맞다. 그리고 남들이 좋은 독서법이라 소개해도 나한테 안 맞으면 소용없다. 누가 시킨다거나 억지로 하는 독서는 얼마 못 가 그만두기 십상이기 때문이다. 다른 사람 의견은 참고만 하고 내 성향에 맞는 독서법을 개발하면 된다.

나는 2012년 10월에 책 읽기를 시작해서 해마다 300권 이상 읽었더니, 그 양이 3년간 1,000권을 넘었다. 책에 대해 아는 게 없어서 새로운 책을 읽을 때마다 한 자도 빠트리지 않고 정독해서 읽었다. 문장 하나하나가 소중해서 그냥 뛰어넘을 수 없었고, 책장 넘기는 데도 시간을 빼앗겨 속도가 엄청 느렸다. 게다가 좋은 문장을 노트북에 옮겨 적느

   휠체어 북코치의 삶을 바꾼 독서 이야기

라 하루에 1권 많으면 3권 정도 읽었다.

그것도 벼랑 끝에 대롱대롱 매달려 아슬아슬한 채로 말이다. 독서법도 몰라 학창시절 교과서 읽듯이 소리 내어 읽었다. 사람들은 이렇게 읽는 것을 음독이라 부른다. 눈으로 읽는 묵독도 있지만 읽고 나면 머릿속에 남는 게 없어 내 취향과 맞지 않았다. 나는 눈으로 보고 입으로 읽고 귀로 듣는 음독이 훨씬 효과적이다. 그러다 문맥을 읽어내는 내공이 차츰 쌓이면서 종종 묵독으로 읽는 경우도 있다.

그 시기는 1,000권을 넘기고부터다. 읽는 속도도 빨라졌다. 이 책에서 읽었던 내용이 저 책에서도 나오니, 나중엔 내용까지 예측하게 됐다. 자기계발서가 그랬다. 그래서 스윽 훑으면서 내 상황과 비슷한 처지에 있는 글이 나오면 정독해서 읽는 발췌독을 하고 기록했다. 가끔은 서문을 읽고 목차에서 필요한 부분을 찾아 읽는데, 자료를 찾기 위한 맞춤형 책읽기에 안성맞춤이다.

목적성을 두고 읽는 책은 이렇게 해도 무방하다. 그렇지만 독서 초보자는 정독해서 읽었으면 한다. 세상엔 공짜가 없듯이 이것도 어느 정도 내공이 쌓여야 흐름을 이해할 수 있다. 그러니 최소한 1,000권을 읽고서 다양한 방법을 택하길 바란다. 하나둘씩 시행착오를 겪다 보면 나만의 독서법이 저절로 생긴다.

하지만 고전은 다르다. 문장 하나에도 의미가 있어 읽고 생각하기 때문에 많은 시간이 필요했다. 내가 읽은 책 가운데 헨리 데이비드 소로우가 쓴 《월든》이나 괴테의 《파우스트》, 니체가 쓴 《짜라투스트라는 이렇게 말했다》는 한 번 읽고 도무지 이해할 수 없는 문장이 수두룩했다. 그래서 서너 번 반복해서 읽었는데도 난해한 문장은 이해할 수 없어 덮어두고 있다. 차츰 내공이 쌓이면 다시 읽어볼 것이다.

여기까지도 엄청난 집중과 선택을 요구했다. 만약 선택과 집중이 없었다면 나는 많은 시간을 공허하게 보냈을지 모른다. 알다시피 주식으로 실패하고 나는 일 년을 철저히 혼자로 살았다. 그 덕에 이 길만이 내가 살아날 수 있는 유일한 길이라고 생각했기에 집중할 수 있었다. 벼랑 끝에 매달린 간절함과 절박함이 없었다면 아마 어림없는 일이다.

정민 교수가 쓴 《다산선생 지식경영법》에 보면 정약용 선생 독서법이 나온다. 정독, 질서, 초서 세 가지다. 질서는 읽으면서 생각을 메모하는 것이고, 초서는 책을 다 읽고 목적에 맞는 구절을 그대로 옮겨 적는 독서법이다. 내가 책을 읽는 동안 무엇을 어떻게 해야 하는지 확실하게 알려줬다. 내가 하는 독서법도 다를 게 없었다. 생존을 위한 일명 '일독 필서 독서법'이다.

'기억을 지배하는 것은 기록'이란 말이 있다. 나는 책읽기를 하면서 책을 출간할 목적으로 내 처지와 유사한 사례나 문장을 발견하면 그때그때 메모하고 내 생각과 느낌을 보태서 노트북에 메모했다. 그렇게 하면 책을 다시 읽는 효과도 되지만, 머릿속에 오래 기억되고 나중에는 책 쓰기 자료가 되기 때문이다. 이 책은 그렇게 만들어져 《삶을 바꾼 독서이야기》가 되었다.

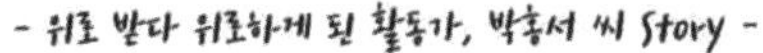

**일상으로 돌아오니 모든 게 불편하고
걸림돌로 가득한 세상**

그럼에도 불구하고
사랑하는 아내의 도움으로
곧바로 사회활동을 시작했다!

**경남척수장애인협회/진주시지회 창립 멤버!
경남장애인탁구협회 초대회장!!**

**3년 동안 1,000권의 책을 읽으며
< 걸을 수만 있다면 > 시·수필집 공동 출간!!**

지역사회의 스포츠·문화 발전에 기여!!

<위로 받다 위로하게 된 활동가, 박홍서 씨 Story>는 159페이지로 이어집니다.

Part 3

절망을 희망으로 바꾼 책 읽기

01

절망을 치유한 책읽기

··· 절망은 마음이 죽는 것이다

희망 없이 살면 어찌 될까? 오늘이 어제 같고 내일도 오늘 같으면 의욕 없는 삶이 되지 않을까. 중국 전국시대 사상가 장자는 "이 세상 슬픔 가운데 마음이 죽는 것보다 큰 것은 없으며 육체의 죽음은 그다음이다. 육신은 살아있다 할지라도 마음이 죽으면 온기가 없는 고목나무와 다를 바 없다."고 했다. 나는 두 번이나 그랬다. 절망이 마음을 병들게 해 숨 쉬어도 산 게 아니었다.

어쩌다 고속도로를 달리면 누구나 한 번쯤 보게 되는 '하루에 교통사고로 사망 1명, 부상 24명'이라는 끔찍하고 살벌한 전광판 메시지를 보게 된다. 옛날엔 이런 문구가 눈에 들어오지 않더니, 교통사고로 뒤바뀐 인생을 살고부터 남 일 아님을 알고 늘 조심해 운전한다. 내 실수로 그리된 건 아니지만 당사자라서 그렇다.

그때 일로 아침이면 나는 온몸을 파고드는 통증으로 하루를 시작한
다. 이불을 들추면 내 몸뚱이는 강직으로 마치 자궁 속 태아모양을 하
고 있다. 침대엔 소변주머니가 대롱대롱. 아내가 바지를 잡아 침대에
서 휠체어로 나를 옮긴다. 욕실에서 아내는 욕조와 휠체어 사이 비좁
은 틈에 엉거주춤 선 채로 내 머릴 감기고 얼굴도 씻긴다. 거실로 나오
면 얼굴과 손에 스킨로션까지 발라주고 나서 아침밥을 챙기러 주방으
로 간다.

2000년 12월 9일 이후 바뀐 내 일상이다. 나는 그날로 누구나 할 수
있었던 일을 아내 없인 할 수 없는 애기가 됐다. 1초 전만 하더라도 내
인생이 낙엽 되어 떨어질 줄 상상도 못했다. 눈 깜빡하는 순간 '꽝'하는
소리와 함께 모든 게 달라졌다. 그때부터 내 삶은 끝났다고 생각되어
하는 일 없이 시간만 죽이고 살았다. 단지 신경이 마비된 것뿐인데 모
든 걸 잃은 것처럼 절망했다.

그런데 유대인들은 달랐다. 그들은 없는 것보다 있는 것에 더 집중했
다. 삶의 지혜를 얻기 위해 읽는 탈무드에 "오른팔이 잘리거든 왼팔이
남아 있으니까 괜찮다고 생각하라. 왼팔마저 잘리거든 다리가 남아 있
으니까 괜찮다고 생각하라. 두 다리마저 잘리거든 목이 잘리지 않아서
다행이라 생각하라."는 잠언이 있다. 모든 건 생각하기 나름이고 없는
것보다 있는 것에 만족하고 살면 행복이라는데, 나는 솔직히 겁났다.

그럼에도 주식으로 실패해서 또 한 번 절망했다. 하필이면 주식중독
에 빠지는 바람에 마비된 몸뚱이에 가진 것마저 잃고 나니 정말 세상
이 두려웠다. 거기다 신뢰를 저버린 가장을 원망 섞인 눈길로 쳐다보는
바람에 이방인처럼 지냈다. 그렇다 보니 원치 않은 고립으로 나 자신을
가두고 살았다. 고독했던 내게 친구라고는 책뿐이었다.

가난은 장애와 비할 바가 못 됐다. 엄밀히 말해, 장애로 인해 발생되는 고통은 혼자 참고 견디면 되었지만, 가난은 울타리를 무너트리고 모두를 병들게 만들었다. 잘못하면 길거리에 나앉을 처지라 서 마치 살얼음 위를 걷는 것 같았다. 그런데도 눈을 돌려 상황을 외면했고, 모든 건 아내가 해결해주기를 기다렸다.

일어나는 크고 작은 일 처리는 죄 없는 아내한테 맡겨둔 채 나는 또 인생을 낭비하는 죄를 지으며 한 해를 보냈다. 신기한 건 타고난 약골인 아내가 늘 위기에 강했다. 삶이 마비였던 상황도 지혜롭게 잘 대처하더니, 바람 앞에 촛불인 위태로움도 피하지도 않고 정면승부 해서 가정을 지키고 식구도 살렸다. 나아가 꺼져가던 불씨에 열정의 기름을 부었다. 무심히 책 한 권 던져주고 읽어보라 말한 사람도 아내였으니.

다행스럽게 당시에 읽은 책엔 불안한 시대를 걸어가는 '아픈' 청춘들을 위해 진정성을 담은 위로가 있었다. 그 가운데 가장 와닿은 소주제는 '바닥은 생각보다 깊지 않다'는 명제였다. 이후로 마음을 치유하는 책들을 찾아 읽었다. 몰입하면 나도 모르게 감정이입 되어 카타르시스를 느꼈다. 《독서가 마음의 병을 치유한다》를 쓴 김정근 작가가 독서치료 과정을 세 단계로 설명했는데 나는 그걸 몸으로 체험했다.

첫 번째, 자신이 가진 문제와 비슷한 문제를 다룬 책을 읽으면 자연스럽게 동일화된다. 두 번째, 책에서 그 문제를 해결하는 과정을 좇다 보면 자신의 문제도 덜어지는 카타르시스를 느끼게 된다. 마지막은 책으로부터 얻은 카타르시스를 통해 자신의 문제를 파악하고 직접 해결할 수 있는 통찰력이 생긴다. 그랬다. 책은 다친 마음을 다독여주고 내면에 쌓인 상처나 스트레스를 치유하는 역할을 했다.

그래서 책으로 마음을 다스리기로 했다. 그때 했던 게 '상황 독서'다.

이 독서법은 자신이 처한 상황에 적합한 책을 골라서 읽는 방법인데, 동기나 목적을 가지고 책을 읽으면 집중하게 돼 독서 효율도 높이게 된다. 왜냐하면 동기부여가 되면 욕구도 강해지기 때문에 절망을 치유하는 최고의 책읽기가 된다. 꺼져가던 불씨도 그렇게 해서 되살렸다.

• • • 나는 이런 책을 읽어 왔다

한동안 '왜 나만 비참하게 사는 걸까?' 생각한 적이 많았다. 그러다 심리학이나 역사서를 읽고 나보다 더 고통스런 운명을 살았던 사람들을 만났다. 쇼펜하우어가 그랬던가. "어떤 불행에 처하더라도, 어떤 고통 속에 있더라도 가장 큰 위로는 자기 자신보다 더 비참한 상태에 있는 인간을 바라보는 것이다."하고. 나는 그들을 통해 위로를 받고 삶을 다시 이어갈 자신감을 얻었다.

사람은 누구나 다양한 상실을 경험하고 산다. 사별을 하거나 이혼으로 관계를 상실하기도 하고, 은퇴로 직장을 상실하고, 질병이나 사고로 신체기능을 상실한다. 그래도 모두가 좌절하진 않았다. 괴테가 말했다. "약한 자는 역경 앞에서 눈물을 흘리지만, 강한 자는 역경 앞에서 더욱 빛난다."고. 《샘에게 보내는 편지》를 쓴 미국 심리학자 대니얼 고틀립은 역경 앞에서 빛났다.

그는 대학시절 학습장애로 낙제하는 바람에 두 번이나 대학을 옮겼다. 그럼에도 좌절하지 않고 잘 참고 견디어 마침내 심리학 박사 학위를 받았다. 하지만 운명은 그를 가만두지 않았다. 아내한테 줄 선물을 가지러 가다가 교통사고로 척추에 손상을 입고 전신마비장애를 입었

 휠체어 북코치의 삶을 바꾼 독서 이야기

다. 서른세 살 때 벌어진 일이다. 나보다 두 살 어린 나이에 그런 일을 당했으니 얼마나 힘들었을지 짐작하고 남는다.

그는 아무것도 할 수 없게 되자 차라리 죽는 게 낫다고 생각했다. 그런데 병문안 온 사람들은 할 수 있는 게 없더라도 살아야 한다고 말했다. 내가 겪었던 상황과 똑같았다. 그러던 어느 날 밤, 침대 앞에 한 여자가 서있는 걸 느꼈다. 그가 심리학 박사란 걸 알고서 자신의 고통을 상담하러 온 것이다. 여인은 마치 세상에 남겨진 고통을 혼자 다 짊어진 얼굴을 하고 있었다.

그는 여인이 하는 이야기에 몰입했다. 그러는 사이 자신한테 전해지는 고통을 잊을 수 있었다. 그리고 아무것도 해준 것 없지만 들어준 것만으로 도움이 됐다는 걸 알았다. 그 순간 전신마비로도 충분히 살아갈 가치가 있음을 깨닫게 되었다. 자신이 쓸모 있는 존재란 걸 발견한 것이다. 거기다 타인과 아픔을 나눌 때 자신도 고통을 견딜 수 있다는 걸 알았다. 지금 내가 하고 있는 정보메신저도 그런 까닭에서 시작했다.

언젠가 장 자끄 상뻬가 쓴 《얼굴 빨개지는 아이》를 읽은 적이 있다. 거기에 보면 얼굴 빨개지는 병에 걸린 마르슬랭과 재채기 하는 병에 걸린 르네 라토가 등장한다. 하루는 둘이 만나 서로 가진 병에 대해서 이렇게 말한다. "너의 재채기하는 모습이 좋아."하고 마르슬랭이 말하자, 르네 라토는 "너의 빨개진 얼굴이 좋아."하고 답한다. 두 사람은 서로 가진 병을 문제로 보지 않고 있는 그대로 이해하고 치유 받을 수 있었다.

장자가 말했다. "여름에 태어나 죽는 벌레에게 겨울의 얼음을 이야기한들 소용없는 일이다."고. 다시 말해 같은 처지와 경험이 있는 사람들이 쓴 책을 읽으면 자신을 이해할 수 있다는 말이다. 예를 들어 교통사고나 질병, 사업실패를 경험하고 더 비참한 삶을 산 사람들을 접하면 내 고통이 대수롭지 않게 여겨져 위로가 된다. 내가 겪는 불행이 유일하다는 생각에서 벗어날 수 있어서다.

나는 치유하는 책읽기를 하면서 살아온 날과 앞으로 살아갈 날을 곰곰이 생각했다. 그리고 주변 사람들을 돌아보는 여유까지 생겼다. 그래서 진주시가 지원한 역량강화사업에서 하모니카를 배운 뒤 요양병원과 재활병원을 찾아가 악기연주로 병든 마음을 치유하는 재능기부도 했다. 올해는 독서치료를 통해 나보다 더 심한 좌절과 고통으로 살아가는 사람들을 찾아 그들의 삶을 가꾸어 갈 계획을 갖고 있다. 지금 책을 쓰는 까닭도 힘든 그들에게 동기부여가 되기 위해서다.

세네카는 《행복론》에서 "우리 인간에게는 어떤 사건들을 바꿀 만한 힘은 없을지 몰라도 그 사건에 대한 각자의 태도를 선택할 자유는 주어진다."고 말했다. 인생을 살다 보면 선택할 수 있는 상황이 있고 선택할 수 없는 처지도 있다. 나는 두 가지를 모두 경험하고 마음에 병을 얻었다. 그렇지만 내가 어떤 태도를 취하느냐에 따라서 또다시 내 삶도 바꿀 수 있다는 걸 배웠다. 책은 방법을 찾아가는 나침반 역할이 돼주었다.

02

소통하는 책읽기

··· 신경이 불통되니 안 아픈 곳이 없었다

'통즉불통, 불통즉통'은 《동의보감》 잡병편 제1권 용약에 나오는 말이다. 풀이하면 '막힌 것을 통하게 해주면 아픈 것이 없어지고, 막혀서 통하지 아니하면 통증이 생긴다'는 내용이다. 내 몸뚱이는 아직도 그렇다. 신경이 통하지 못해서 마비가 되었고 마비로 인한 고통과 통증은 상상을 초월했다. 한마디로 척수장애는 통하지 못해 오는 장애였다. 사람관계도 그랬다.

당신은 '척수장애인'을 아는가? 사람들 대부분이 잘 모르는 것 같아 이 기회를 빌려 간단히 소개한다. 이 또한 소통하기와 관련 있어서다. 먼저 장애발생 원인을 보면 교통사고나 레저, 산재사고, 일상재해, 그리고 고령화 사회로 들면서 생기는 질병도 있다. 그로 인해 우리 몸을 지탱하는 척추 관을 지나는 척수에 이상이 생겨 사지마비나 하지마비 된 장애를 말한다.

척추는 33개 추골로 되어 있는데 경추가 7개, 흉추 12개, 요추 5개, 5개의 추골 융합으로 이루어진 미추 1개, 4개의 추골 융합으로 이루어진 천추 1개로 구분한다. 목뼈가 부러져 척수손상 되면 '경수'라 부르고 증상은 사지마비가 오며, 등뼈 골절은 '흉수'라 하고 하지마비 장애가, 벨트 아래는 '요수'인데 간혹 목발을 사용해 걷는 경우도 있다. 이런 장애가 생긴 까닭도 불통 때문이다.

나는 다섯 번째 목뼈 골절로 척수신경이 끊어졌다. 그런 까닭에 뇌에서 명령을 아무리 내려도 불통으로 몸 구석구석까지 전달하지 못한다. 그러다 보니 젖가슴 아래로 감각이 없고 운동신경도 차단돼 걸을 수가 없다. 상체는 서로 통해 정상체온인데 하체는 혈액순환이 안 돼 냉동인간이다. 우리 몸을 이루는 세포 하나도 통하지 못하니 삶의 질이 떨어지고, 가족관계도 고통스러웠다.

사고가 나던 해, 아들은 초등학교 3학년이고 딸은 여섯 살이었다. 아들은 어릴 적 아빠사랑을 제대로 못 받고 컸지만, 여태껏 말대꾸한 적 없었고, 딸도 엄마보다 아빠를 더 잘 따랐다. 그랬는데 2001년 1월 서울에서 두 달간 재활치료를 받는 동안 애들은 어쩔 수 없이 분리된 채 조부모와 지냈다. 계속된 아비의 오랜 병원생활은 소통하지 못해 애들을 외롭게 했다. 퇴원하고는 내 몸이 힘들다며 살갑게 대하지 못하고 신경질만 부렸다.

어느 날 하루, 공부는 뒷전이고 밤늦도록 게임에 빠진 아들한테 화가 났다. 그래서 거실로 불러내 꿇어 앉힌 뒤 손찌검했다. 몇 대 맞더니 더 이상 참지 못한 아들이 내 손을 뿌리쳤다. 그 바람에 나는 바닥으로 떨어진 일이 있었다. 까맣게 잊고 살았는데, 언젠가 가족회의 할 때 아들이 그 얘기를 꺼냈다. "그때 저지른 잘못이 아직도 가슴에 남아 있다"면서 용서를 빌었다. 정작 아들 가슴에 지울 수 없는 상처를 남긴 건 아비인데 용서를 받으니 낯부끄러웠다. 그래서 도리어 내가 잘못했다고 용서를 구한 적 있다.

나는 항상 내 생각대로 아들을 키우려고 애썼다. 칭찬에는 인색하고 늘 나쁜 점만 지적하고 억압하기 바빴다. 그런다고 내 뜻대로 되는 건 하나도 없었는데 말이다. 나는 '상대를 바꾸는 건 불가능하다.'는 걸 시간이 한참 지나고 깨달았다. 물이 위에서 아래로 흐르듯이 변해야 할 사람은 아들이 아니라 나 자신이라는 걸. 타인을 내 마음대로 할 수 없을 때도 내가 변하니 모든 게 편안했다.

7년 전 대학시험 합격자 발표가 있던 날이다. 아들은 진주경상대학교 건축학과와 부산인제대학교 생명공학과 두 곳에 합격했다. 그때도 생명공학을 전공하고 싶다는 아들 의견을 무시한 채 가정형편이 안 좋다는 핑계를 대 경상대학교에 지원하라고 했다. 당시 우리 집 상황이 카드론 대출을 갚지 못하면 살고 있는 아파트가 경매로 넘어갈 만큼 최악이었다. 결국 아들은 어쩔 도리가 없어 자기주장을 접고야 말았다.

입학하고는 자기가 원했던 전공이 아니라서 적응을 못하고 1학년을 마치고 자원입대했다. 20개월 군복무를 끝내고 복학하더니 차츰 적응했다. 이미 7년이 지났어도, 그때를 생각하면 아들 진로를 내가 막은 것 같아 죄인 된 기분이다. 지금도 아들놈 얼굴을 마주하면 마음 한켠이 짠하고 미안하다. 부모한테 한창 어리광부릴 나이에 못난 아비 때문에 본래 모습을 잃고 가족을 먼저 생각해야 하는 애늙은이로 만든 것 같아서.

아버지와 딸 관계를 심리학으로 파헤친 이우경 작가가 쓴 《아버지의 딸》을 읽으면 고통의 뿌리에 있는 '그림자 인격'에 대한 설명이 나온다.

그림자 인격이란 겉으로 드러나는 것과 달리 속에 억압되고 감춰진 인격이라고 한다. 여태껏 아무런 탈 없이 잘 성장하고 있는데 혹시라도 그림자 인격이 나올까 봐 내심 걱정이다.

••• 아내와 딸은 또 다른 언어를 가졌다

딸아이는 달랐다. 자신과 애착이 강했던 사람한테 배신감을 느꼈기 때문인지 억압된 감정으로 인한 폭발력은 대단했다. 장애가 있는 아빠는 받아들여도 무책임한 행동을 한 아빠는 용서할 수 없었던 모양이다. 날이 갈수록 갈등이 심해져서 부녀지간은 서로를 원수 대하듯 했다. 감정이 극도에 이르면 막무가내로 욕했다. 고1 사춘기였으니, 마치 활활 타는 불 화산 같았다.

나도 지기 싫어 "미친년, 정신 나간 년", "다 필요 없으니 나가 죽어버려." 하고 무차별 폭언을 내뱉고 주먹다짐했다. 미쳐서 날뛰는 한 마리 개처럼 제정신이 아니었다. 그렇게 소낙비처럼 퍼부은 폭언이 결국엔 비수가 되어 딸 가슴에 상처를 남겼다. 언제나 긍정적이고 자신감 넘쳤던 애가 언제부턴지 다른 사람이 됐다. 자존감이 떨어져서인지 소심하고 무슨 일을 하더라도 얼마 못 가 포기했다.

몸에 난 상처는 시간이 가면 저절로 낫는다지만, 마음에 새긴 상처는 10년 아니 20년이 지나도 덧나는 법인데 걱정이다. 중국 전국시대 사상가 순자는 "다른 사람에게 따뜻한 말을 건네는 것은 솜옷보다 포근하며, 다른 사람에게 말로 안겨준 상처는 창으로 찌른 상처보다 더 깊다."고 말했다. 어느새 훌쩍 커 성인이 됐어도 사춘기 때 받은 상처는

 휠체어 북코치의 삶을 바꾼 독서 이야기

완전히 아물지 못한 듯했다. 지금도 가끔씩 그때 일을 꺼내는 걸 보면.

그럼에도 아무 문제 없이 잘 자라준 딸이 한없이 고맙다. 특별히 해준 것도 없는데, 아니 못 해준 것투성인데도 어긋나지 않고 제 삶에 최선을 다하는 딸이 자랑스럽다. 더구나 대학에 입학해서는 그저 바라보고 기다려준 것밖에 없는데 제 할 일을 알아서 했다. 지금은 직장을 쉬고 자기관리를 하는데, 이것도 더 오래 더 멀리 가기 위해 애쓰는 것 같아 예쁘기만 하다.

철학자 존 듀이가 "인간이 가진 본성 중 가장 깊은 자극은 '중요한 사람'이라고 느끼고 싶은 욕망이다."고 했다. 한 사람의 일방통행으로 서로가 소통하지 못해 제대로 사랑받지 못한 딸은 얼마나 아팠을까. 이제라도 지면을 빌려 '너는 이 세상에서 가장 소중하고 사랑받아 마땅한 사람이야.' 하고 딸한테 말하고 싶다. 지난날 아빠한테 받은 상처는 '줄탁동시'로 깨부수고 자기존중과 자긍심을 갖고 살아갔으면 한다.

이것도 경험이라고 자녀를 키우는 학부모한테 말하고 싶다. 자녀들이 크면서 겪는 과정을 물처럼 흐르게 내버려두라고. 샘물이 분탕질로 흐려지면 무엇을 하는 것보다 그냥 가만히 내버려두면 맑아지는 것처럼, 우리 인생도 기다릴 줄 알아야 한다. 기다림이 어쩌면 몇 년이 걸릴 수도, 몇십 년이 될 수도 있지만 사랑은 기다림이요 인내라는 걸 지천명이 되어서야 깨달았으니 얼마나 어리석은가.

우리는 서로 살아온 환경이나 상황이 각양각색이다. 그로 인해 상대방의 창으로 바라보지 못해서 오해하거나 마음에 상처를 주는 일을 종종 경험한다. 이것도 소통하지 못하는 데서 그 원인을 찾을 수 있다. 그래서 아내는 비장애인을 상대로 '장애인식개선'을 위해 자신이 알고 있는 지식을 총동원한다. 더구나 아내가 자주 가는 목욕탕에서 척수장애인 홍보대사로 불릴 만큼 인식개선을 위해 소통한다.

그럼에도 며칠 전 목욕탕에서 있었던 일이다. 목욕탕에서 아내와 지인들이 이런저런 얘기를 나누다가 느닷없이 성생활로 주제가 바뀌었다고 한다. 그런데 한 사람이 아내를 지목해서 '너는 부부생활을 못하지?' 하더란다. 성 기능 장애가 있을 뿐 불가능한 일도 아닌데, 서로 '다름'을 이해하지 못하고 아내 마음에 상처를 내고 말았다. 장애인을 제대로 알지 못하고 당연하게 생각했던 고정관념에서 나온 실수였다. 이 또한 서로 소통하지 못한 결과였다.

가정이나 지역사회도 소통하지 못하면 갈등이 생기거나 오해를 하는데, 국가최고지도자가 국민과 소통하지 못해서 국정농단사태를 불러와 촛불혁명이 일어났다. 소통의 부재는 국가와 국민을 위기에 빠트리고 삶의 질까지 떨어뜨렸다. 한 사람의 독단과 무모함은 결국 파멸이라는 이름으로 끝나고 말았다.

아찔했다. 내가 소통하는 책읽기를 하지 않았다면 어찌 될 뻔했을까. 식구들이 아프다고 힘들다고 고통스럽다고 소리치는데도 불구하고 눈 감고 귀 닫고 듣지 않았다면 우리 가정은 파탄지경이 났을지도 모른다. 아직도 상처가 아물지 못해 가끔 논쟁을 하지만, 이제는 딸이 바라보는 창으로 함께 바라보려고 노력한다. 딸이 행복해야 내가 행복하다는 걸 알기 때문이다.

03

생각하는 책읽기

··· 생각하는 독서를 하는 세 가지 이유

생각은 어떻게 생겨나는 것일까? 그건 우리가 경험하는 것에서 비롯된다. 그래서 경험이 많은 사람들은 생각도 깊다. 그래서 영국에는 '노인 한 명이 죽는 건 도서관 한 개가 없어지는 것과 같다.'는 속담이 있다고 한다. 그렇다고 노인이 될 때까지 기다릴 수는 없다. 대신에 다른 사람이 경험한 삶과 지식이 담긴 책을 읽고 간접경험하면 여태껏 알지 못한 새로운 사실에 눈을 뜨게 된다.

로마 제국을 통치했던 황제 마르쿠스 아우렐리우스가 "우리의 인생은 우리의 생각으로 만들어지는 것이다."고 했다. 독서로 간접경험을 많이 하면 그만큼 생각이 깊어져 다른 인생을 살 수 있다고 말하는지 모르겠다. 사는 대로 생각하는 것보다 생각하고 사는 게 훨씬 비전 있어 보인다. 그걸 증명하는 사례가 있다.

진희정 작가가 쓴 《운명을 바꾸는 작은 습관》에 나오는 내용이다. 어느 날 기자가 빌 게이츠에게 "세계 제1의 갑부가 된 비결은 무엇입니까?"하고 물었다. 빌 게이츠는 "저는 날마다 제 자신에게 두 가지 최면을 걸어요. 하나는 '오늘은 왠지 큰 행운이 있을 것 같다'는 것이고, 다른 하나는 '나는 무엇이든 잘할 수 있다'는 것입니다. 그 외에 특별한 비결은 없습니다."고 답했다.

달리 말하면 무엇이든 '할 수 있다'는 생각이 행동을 이끌고, 행동은 빌 게이츠의 운명까지 바꿔 놓았던 것이다. 내가 생각하는 책읽기를 하는 까닭도 그래서다. 지금 고민하던 것을 책에서 발견하면 메모하는 동안 다시 한 번 집중하게 되고 창의적인 발상이 떠올랐기 때문이다. 그럼 지금부터 생각하는 독서를 하면서 경험했던 세 가지는 무엇인지 살펴보자.

첫째, 생각하는 책읽기는 목적 있는 삶을 살게 했다. 지금까지 이 책을 정독해서 읽은 독자라면 알 것이다. 지난 세월을 아무 생각 없이 되는대로 살아왔다는 것을. 그러다 하루는 '이렇게 살아선 안 되겠다'는 위기감이 들었다. 이건희 회장의 《생각 좀 하며 세상을 보자》는 책도 이때쯤 읽었던 것 같다. 혁신을 이야기하면서 '자식과 마누라를 빼곤 다 바꿔라'라는 명제에서 내가 버려야 할 게 무엇인지 생각하게 했다.

나는 그동안 너무 나태한 삶을 살았다. 그리된 까닭은 꿈과 열정 없이 살았기에 원하거나 바라는 것이 없었기 때문이다. 어디로 어떻게 가야 할지 목적 없이 떠도느라 늘 제자리만 맴돌았다. 그러다 위기상황이 왔을 때 바꿀 수 있는 게 무엇인지 찾으려고 애썼다. 그 과정에서 '휠체어 북코치' 브랜드를 개발하게 되었고, 세상을 향해 '장애인식개선' 하는 걸 삶의 목적으로 정했다.

둘째, 생각대로 살다 보니 삶도 바뀌었다. 나는 남들이 보기에 확연히 '다른' 몸을 하고 있다. 이걸 부끄럽게 생각할지, 아니면 톡톡 튀는 '개성'으로 발전시켜야 할지 고민했다. 삶을 계속 이어가려면 극단의 조치가 필요했다. 그래서 데이비드 프라이드만이 쓴 《생각의 전환》을 읽고 기대하지 않았던 삶을 서서히 바꾸어 나갔다.

저자는 '생각이 바뀌면 감각도 바뀐다.'고 했다. 예를 들어 상처받고 홀로 남았는데 몇 년이 흘러도 감각이 똑같다면, 그 사람이 품고 있는 생각 때문이라고 말했다. 그러니까 아프다고 느끼는 감각도 생각을 바꾸면 바꿀 수 있다는 얘기다. 이 책은 내 머릿속 생각만 바꾸면 앞으로 일어날 일도 바꿀 수 있다고 설득했다. 나처럼 자신감을 잃었거나 부정적 생각을 하는 사람한테 꼭 이 책을 추천하고 싶다.

이래서 성공하는 사람들은 어떤 어려움이 와도 성공하는 생각만 했던 것 같다. 우리가 잘 아는 정주영이나 빌 게이츠, 손정의, 데일 카네기가 그랬고, 신체 일부를 상실하고도 생각을 바꾸어 성공한 오토다케 히로타나, 이승복, 꿈꾸는 토로스맨 더스틴, 헬렌 켈러도 그랬다. 이들은 특별한 재능이 없어도, 금수저를 입에 물고 나오지 않아도 세상에 선한 영향력을 끼쳤다. 그건 바로 생각의 전환 때문이었다.

셋째, 생각하는 독서는 메모를 남겼다. 《논어》, 《맹자》, 《대학》, 《중용》, 《채근담》 등 고전을 읽으면 지혜를 생겨나 마치 엉킨 실타래가 자연스레 풀리는 듯했다. 촌철살인 같은 문장을 접할 때는 울림이 그대로 전해져 저절로 메모하는 습관을 들였다. 그렇게 하면 책을 한 번 더 읽는 효과도 있었다.

더구나 고전을 통한 책읽기는 자기성찰을 할 수 있는 계기가 됐다. 어제보다 더 나은 삶으로 이끌었기 때문이다. 이제 당신 차례다. 정글

같은 경쟁에서 살아남기 위해 생각하는 책읽기를 생활화하자. 앞으로 4차 산업혁명시대를 살려면 생각하지 않고는 어떤 것도 얻을 수 없게 된다.

··· 생각하는 사람이 역사를 짓는다

철학자 에픽테토스가 말했다. "우리는 일어난 일 때문에 스트레스를 받는 것이 아니라, 그 일에 대한 생각 때문에 스트레스를 받는다." 고. 나는 툭하면 아내한테 '제발 생각 좀 하고 살아라.'는 말을 자주 들었다. 그런데 생각하면 주식에 집착하게 되고 망상에 빠지기만 해서 한동안 생각 멈추기를 하고 지냈던 것이다. 생각을 멈추면 기억하고 싶지 않은 일에서 잠시라도 잊을 수 있어 고통에서 벗어날 수 있었으니까.

그런데 함석헌 선생은 "생각하는 백성이라야 삽니다. 생각하는 백성이라야 역사를 지을 수 있습니다,"하고 말했다. 내가 함석헌 선생을 처음 알게 된 건 《뜻으로 본 한국역사》를 읽고서다. 책을 읽지 않았다면 지금도 알 수 없는 인물이다. 나는 그 책을 읽고 우리 역사에서 내가 주인공이라는 것을 자각했다. 그러다 꼬리 무는 책읽기로 《함석헌 평전》을 읽고 진정한 '씨알'로 살고자 몸부림쳤다.

선생은 책에서 "늙어서도 끊임없는 삶에 대한 고민이 동반돼야 한다" 고 했고, 무엇이 되기보다는 무엇이 되어주어야 한다."고 강조했다. 나는 선생과 끊임없는 대화를 나누다가 앞으로 '어떻게 살 것인지'를 고민했다. 남은 인생은 식구를 위하고 타인을 위해 무엇이 되어주어야 할지 한참을 생각했다.

고대 철학자들도 그런다고 했다. 그들도 책을 읽고 자신의 사상을 융합하고 연결하는 과정에서 생각하기를 멈추지 않았다. 나 또한 책읽기를 하면서 글쓴이와 생각나누기를 이어갔다. 간혹 내가 알고 있던 사실과 다른 주장을 펼치면 혼자 중얼거리고, 공감하는 내용이 있으면 고개를 끄덕이며 메모했다. 그런 과정을 반복하면서 생각도 차츰 자라나 고정된 틀에서 벗어난 다양한 관점을 가지게 되었다.

프랑스 철학자인 폴 발레리는 "생각하는 대로 살지 않으면 머지않아 사는 대로 생각하게 된다."고 말했다. 인생을 주인으로 살 것인지, 노예로 살 것인지는 자신이 생각하기에 달렸다는 말이다. 나 역시 육체보다 '할 수 없다'는 생각이 가장 문제였다. 똑같은 상황이라도 한 사람은 할 수 있다고 말하고, 다른 사람은 불가능하다고 말하는데, 이것은 '생각하는 차이'에서 오는 것이다.

헨리 키신저는 유태계 이민자로, 1943년 미국에 귀화해 하버드대학을 졸업한 뒤 2차 세계대전에 참전했다. 그는 언제나 자신이 의도한 대로 협상을 이끌어낸 외교의 달인이었다. 이처럼 협상의 귀재가 될 수 있었던 까닭은 '생각하라, 그러면 이루리라'는 말을 실천으로 옮겨서다.

《성공하는 사람들의 7가지 습관》을 쓴 스티븐 코비는 "운명을 바꾸고 싶다면 생각을 바꿔라" 하고 말했다. 새로운 변화는 내면에서 시작되어야 한다는 것이다. "나뭇잎을 쳐내는 것과 같은 응급처치식 방법으로는 태도와 행동을 바꿀 수 없다. 이것은 뿌리, 즉 사고의 바탕이자 기본인 패러다임을 바꿔야 한다."고 했다. 즉 생각을 바꿔야 행동이 바뀌고, 행동이 바뀌면 습관이 되고, 습관은 운명을 바꾼다는 것이다.

세계 3대 경영 구루에 속하는 일본 경제학자 오마에 겐이치는 인간을 가진 자와 못 가진 자로 나눴는데, 그 차이를 '생각의 기술'이라고 하면서 다음과 같이 말했다. "남보다 2배 생각하는 사람은 10배의 수입을 올릴 수 있다. 3배를 생각하는 사람은 100배의 돈을 벌 수 있다."고. 정리하면 생각의 기술이 뛰어난 사람은 올바른 선택을 해 더 나은 삶을 살 수 있다는 것이다.

인생은 선택의 연속이다. 올바른 선택으로 더 나은 삶을 살려면 뱀이 허물을 벗듯 우리 삶도 낡은 생각에서 벗어나야 한다. 그러지 못하면 허물을 벗지 못한 뱀이 서서히 죽어가듯 우리 삶도 그리될 것이다. 하지만 늘 호기심을 가지고 타인의 삶과 지식이 담겨있는 다양한 책읽기로 생각하는 기술을 훈련한다면 허물을 벗고 살아갈 수 있다. 이제 생각하는 책읽기는 선택이 아니라 필수가 됐다.

지금은 '제발 생각 좀 하고 살아라'는 말을 듣지 않는 편이다. 아침에 일어나면 아내가 스트레칭 하는 동안 하루를 어떻게 살지를 생각한다. 당신도 오늘과 다른 내일을 살기 원한다면 꾸준한 책읽기로 생각하는 기술을 훈련하라. 일찍이 공자도 모방하고 경험하는 삶보다 사색하는 삶을 살아야 한다고 강조했다.

자립하는 책읽기

⋯ ● 내일이 보이지 않아 두려웠다

　나는 생각지도 못한 사고로 대수술을 받고 6개월 뒤 '지체1급' 장애인이 됐다. 그러는 동안 국가나 지역사회로부터 어떤 정보나 교육을 받은 적이 없다. 미국이나 유럽 등 선진 복지국가들은 다르다. 선진국은 재활과 사회복귀가 완벽하게 준비되어 있다. 그런데 우리는 첫날부터 발생하는 일들이 당사자와 식구들 몫이었다. 사회복귀는 꿈같은 일이고, 온전히 치료에만 목맸다.

　플라톤은 이렇게 말했다. "의사들이 범하는 가장 큰 잘못은 마음을 치료하려는 시도도 없이 몸을 치료하려 한다는 것이다. 그러나 마음과 몸은 하나이므로 이 둘을 별개로 취급해서는 안 된다."고. 내 경험에 의하면 신체장애가 생길 경우 몸보다 정신적 충격이 더 컸다. 평범한 삶을 살다가 하루아침에 온몸이 마비되어 무섭고 두려웠다. 척수장애에 대한 의료지식이 부족해 집으로 돌아갈 엄두도 못 냈다.

　피할 수 없다면 즐기라고 했던가. 하지만 몸 따로 마음 따로 여서 피할 수도 즐길 수도 없었다. 쇼펜하우어는 "인생이라는 여정을 준비하는데 있어 가장 중요한 것은 괴롭거나 힘든 일을 받아들일 줄 아는 것"이라고 했는데 순순히 운명을 받아들일 수 없었다. 갑자기 바뀐 여정을 살아가려면 길 안내가 필요했다. 그래야 내가 처한 상황을 이해하고 받아들일 수 있기에.

지난 5년간 다양한 책읽기를 통해 경험했다. 힘든 삶을 살았던 사람들을 보고 이보다 더한 고통을 겪는 사람도 있다는 생각을 했으니까. 그렇게 집중하는 책읽기를 했더니 의식에 변화가 생겼다. 거기다 "책을 읽지 않는 사람은 글을 모르는 사람보다 나을 게 하나도 없다."는 마크 트웨인의 충고는 지난 30년간 무의식으로 살아온 삶을 증명했다. 그래서 더는 눈뜬장님으로 살 수 없어 의식혁명을 시도한 것이다.

7세 때 사고로 어머니를 잃고 시력까지 잃은 한 사내가 있다. 8년 뒤 기적적으로 시력을 회복했지만, 또 시력을 잃을지 몰라 늘 불안감에 시달리다 독서에 매달렸다. 그러다 18세 때 아버지를 또 잃었지만 절망하지 않았다. 사금 채취와 오렌지 수확, 부두 노동자로 일하면서 독서와 사색에 몰두했다. 정규교육을 받은 적이 한 번도 없었지만 끊임없이 배우고 익혔다. 그에겐 책이 유일한 학교였으니까.

한때는 실명으로 자신의 처지를 비관했지만 결코 자기연민에 빠지진 않았다. 떠돌면서 하루 벌어 하루 먹는 노동자로 살았지만 결코 손에서 책을 놓지 않았다. 오히려 떠돌이 생활이 경험으로 쌓여 저술활동 하는데 밑거름이 됐다. 그 결과 20세기를 대표하는 길 위의 철학자가 되어 미국에서 큰 관심과 주목을 받았다. 그가 바로 에릭 호퍼다.

또 다른 사람은 미국에서 동기부여 전문가로 활동하고 있는 짐 매클라렌이다. 그도 단 몇 분 만에 인생이 송두리째 바뀌었다. 오토바이를 타고 가다 버스에 치여 왼쪽 다리를 무릎 아래로 절단해야 하는 불운을 겪었다. 그럼에도 열심히 재활치료를 해 보스턴 마라톤에 출전했고,

   휠체어 북코치의 삶을 바꾼 독서 이야기

절단 장애인 최고 기록을 세웠다.

그러다 또 한 번 가혹한 운명이 찾아왔다. 이번엔 자동차와 충돌해서 목뼈가 부러지고 신경을 다쳐 불완전사지마비가 되는 바람에 걸을 수가 없었다. 그런데도 6개월 만에 재활치료에 성공해 혼자 살아가는 데 지장 없게 됐다. 하지만 살아 있어도 걸을 수 없는 운명이 남은 인생을 고통스럽게 했다. 그럴 때 그를 일으켜 세운 게 《서양 지성의 열정》이라는 책 한 권이라고 말한다.

언어가 가진 힘이 의식을 깨워 새로운 삶을 살게 했다. 과거에 고정된 방식에서 벗어나 새로운 가치관을 만들어 당당한 삶으로 이끌었던 것이다. 나 또한 2년 전 보건복지부가 지원하고 한국척수장애인협회가 주관한 장애인활동가교육을 받고서 당당한 삶을 살고 있다. 그 일은 내가 경험한 것을 지금 겪고 있는 환자를 찾아서 정보를 주고 사회복귀를 돕는 일인데, 작은 행동이지만 누군가에겐 꼭 필요한 생존방식이다.

장차 장애인복지도 이랬으면 좋겠다. 무조건 퍼주는 시혜만 베풀 것이 아니라 장애인당사자가 차별받지 않고 살도록 교육받을 기회와 일자리를 창출해야 한다. 물론 우리나라 교육기본법에는 장애를 가진 사람도 차별받지 않고 교육받을 권리가 있다고 명시돼 있다. 그렇지만 현실은 '특수학급'이나 '특수학교'를 지어 동등하게 교육받을 권리를 제한하는 모양새다. 쉽게 말해, 분리교육을 하고 있는 게 우리 교육의 현주소다.

우리나라는 왜 이런 시스템으로 장애인을 사회로부터 분리하려는 걸까? 배고파 우는 애 젖만 물리면 된다고 생각하는 걸까? 화이드 헤드는 "자기가 어디 있는지를 모르면 남들이 어디로 가고 있는지를 봐라."고 말했다. 선진국은 장애인 한 사람에게 1달러를 투자해서 교육과 훈련을 시키면 12달러를 국가에 내놓는 것을 안다. 우리도 어떤 게 사회적 비용을 줄이는 효과가 있는지 모르면 남들이 하는 걸 보고 따라하는 진지한 모습을 보여야 하지 않을까.

••• 책읽기는 절망을 희망으로 바꾸었다

장애는 육체장애와 정신장애, 두 부류로 나눈다. 그리고 육체장애엔 외부기능 장애와 내부기능 장애가 있고, 정신장애엔 지적장애와 자폐성장애, 정신장애가 있다. 이 범주에 들면 사람들은 '장애인'이라 부르는데, 이건 상대 평가일 뿐 절대적일 수 없다. 무슨 말이냐면 아인슈타인 박사를 기준으로 삼는다면 장애 범주에 들지 않을 사람이 과연 몇이나 될까 싶다.

주변을 돌아보면, 질병이 있는 사람, 사고로 고통받는 사람, 현대병이라 불리는 스트레스로 괴로워하는 사람, 그밖에 알 수 없는 원인으로 정신과 치료를 받는 사람들이 참 많다. 하지만 이들은 장애인 취급을 받지 않는다. 왜 그럴까? 그들은 노동력을 상실하지 않았기 때문이다. 세상은 사람을 생산 가치로만 평가하고 있는 것이다. 조금 느리고 오래 걸리면 제 할 일을 할 수 없다고 판단해서인데 그렇다고 절망할 필요 없다.

중국 전국시대 때 철학자 순자는 수신편에 '파별천리'라는 사자성어를 남겼는데, 가슴에 와 닿아 위로가 된 글이다. 풀이하면 "절름발이 자라가 천리를 간다."는 뜻으로 포기 없는 꾸준한 실천을 강조했다. 목표를 향해 쉬지 않고 걷다 보면 언젠가 도달한다는 말이다. 절름발이

 휠체어 북코치의 삶을 바꾼 독서 이야기

자라도 천리를 간다는데 사람이 뭔들 못할까 싶다. 내 처지하고 어쩜 그리도 어울리는 문장인지.

그렇다. 장애인과 비장애인을 나누는 기준은 단지 '걸리는 시간'뿐이다. 요즘은 예전과 달라 중도장애인이 많기 때문에 능력의 차이는 문제가 안 된다. 똑같은 일을 할 경우 비장애인이 10분이면 하는 것을 나는 1시간이 걸릴 수 있다. 물론 모든 장애인이 다 그런 건 아니다. 오히려 나는 늘 천천히 가는 것보다 제자리에 가만히 있는 걸 늘 경계했다. 알다시피 내 몸을 움직이지 않으면 아무것도 할 수 없기에.

게리 해멀이 쓴 《꿀벌과 게릴라》에 보면 "책 읽지 않는 사람은 평생을 똑같은 수준으로 부지런히 꿀벌처럼 일할 수 있지만, 게릴라처럼 갑자기 출세하거나 사업에 성공하지는 못한다."고 했다. 그래서 느리지만 꾸준히 실천하면 내가 꿈꾸던 삶을 언젠가 이룰 수 있다고 믿었다. 해는 짧고 갈 길이 멀어서 게릴라처럼 일어나려면 자립하는 책읽기로 삶에 변화를 줘야 했다.

어차피 우리 인생도 단숨에 승부를 내는 게 아니라 42.195km를 완주해야 하는 긴 여정이다. 남들이 한 권 읽을 때 반만 읽으면 어떤가. 삶은 속도가 아니라 방향인 것을. 그나마 남들보다 책 읽을 시간이 있다는 게 얼마나 다행인가. 내게 주어진 시간만 잘 활용하면 위대한 사람을 만나 다시 나아갈 수 있으니.

시카고 대학이 노벨상 왕국이 된 까닭은 로버트 허친스 총장의 교육방침 때문이다. 그는 학생들한테 교양교육 일환으로 고전 100권을 읽도록 했다. 시공간을 초월하는 독서로 진리를 발견하고 그 속에서 롤모델을 찾도록 했다. 그 결과 수많은 노벨상 수상자를 배출하는 대학으로 발전할 수 있었다. 허친스 총장은 학생들한테 고기 잡는 법을 가르쳐 스스로 설 수 있게 한 위대한 스승이었다.

중국 송나라 때 장세남이 쓴 《유환기문》에 기록된 내용을 보면 책읽기가 왜 필요한지 알 수 있다. 이 책은 주로 약물이나 술 등에 대한 기록인데, 다음에 나오는 문장은 눈앞에 놓인 어려움을 돕는 것보다 자립할 수 있는 기회를 주는 게 훨씬 낫다는 뜻을 내포하고 있어 소개한다.

남송시대 도교 전진파의 북오조 가운데 한 사람인 여동빈이 득도한 다음 자신의 도술을 전수할 사람을 찾고 있었다. 그러던 어느 날 젊은 나무꾼을 만나 작은 돌멩이를 금으로 바꾸어 보이며 가지겠냐고 물었더니 나무꾼은 고개를 저었다. 여동빈이 욕심 없는 젊은이한테 감동해 도술을 전수하려고 마음먹고 "어째서 황금을 원치 않는가?"하고 물었다. 나무꾼은 "금이 아니라 돌을 금으로 바꾼 당신의 그 손가락을 가지고 싶습니다."하고 답했다.

당신이라면 어떤 선택을 하겠는가? 결과물을 갖겠는가 아니면 결과물을 얻을 수 있는 손가락을 선택하겠는가. 나는 두 가지 모두를 얻고 싶다. 그러기 위해선 자립하는 책읽기로 평생공부를 해야만 한다. 그래야 기회가 왔을 때 붙잡을 수 있고, 기회가 오지 않아도 기회를 만들 수 있는 역량을 키울 수 있다. 내가 책을 읽기만 하던 소비자에서 책을 쓰는 생산자로 자립할 수 있었던 것도 자립할 수 있는 책읽기가 바탕이 되었기 때문이다.

05

서서 하는 독서와
앉아서 하는 여행

··· 서로 달랐던 두 여행

곰곰이 생각해보니 결혼한 지 27년이 지났어도 여행이라곤 세 번이 전부인 것 같다. 첫 번째가 아내와 신혼여행이고, 두 번째는 온가족 강원도여행, 그리고 세 번째가 네 식구 동해안을 거쳐 서울에서 1박한 추억여행이다. 살면서 특별하게 이룬 것도 없으면서 왜 그렇게 쫓기듯 숨 가쁘게 살아왔는지 한심하다.

여행이란 새로운 걸 경험하기 위해 가보지 않은 길을 나서는 일이다. 그래서 무엇을 보게 될지, 누구를 만날지, 어떤 일을 경험할지 알 수가 없다. 소나기를 만날 수도 있고 아름다운 풍경을 보기도 하고 힘든 일을 겪을 수도 있다.

병원에서 퇴원한 지 1년쯤 지나고 겨울방학이 시작될 무렵, 우리 식구는 여동생들 식구와 부모님을 모시고 강원도여행을 떠났다. 아내가 동의해서 결정했지만 나는 썩 내키지 않았다. 대가족이 움직이면 도와줄 사람이 많을 거라 생각하는데 그들도 책임질 식구가 있어 쉽지 않다는 걸 잘 안다. 그래도 걱정할 필요 없다는 아내 말만 믿고 따라나섰다.

고속도로를 한참 달리다 점심밥을 먹기 위해 휴게소로 들어갔다. 추운 날씨 탓에 나는 뜨끈뜨끈한 설렁탕을 주문했다. 한두 시간 뒤 벌어질 일은 상상도 하지 못하고. 무슨 말인가 하면 척수장애인은 감각신경과 운동신경을 상실했기 때문에 여행할 땐 기름진 음식을 조심해야 하는데 그걸 몰랐던 것이다.

국도를 달리는데 뱃속에서 갑자기 '부글부글' 끓더니 '꼬르륵꼬르륵' 요란한 소리가 났다. 휴게소를 찾기도 전에 설사를 했다. 설상가상 한참을 달려도 휴게소가 나오지 않았다. 할 수 없어 갓길에 차를 세우고 신문지로 엉덩이 주변을 둘러싼 뒤 30분을 더 달려 휴게소에 내렸다. 아내가 차 트렁크에서 휠체어를 가져오더니 신문지를 두껍게 깔고 조수석에서 나를 들어 휠체어에 앉힌 뒤 화장실로 내달렸다.

그런데 수돗물이 안 나왔다. 하는 수 없어 아내는 매제와 함께 나를 들어 바닥에 눕혔다. 곧바로 바지를 벗기고 똥칠한 몸을 신문지로 닦은 뒤 물티슈로 마무리했다. 그러는 동안 내 곁엔 아내만 있었다. 팔을 걷어붙이고 아내를 도운 사람은 없었다. 도울 방법을 잘 몰라 그럴 수도 있겠거니 이해했지만, 내심 서운했다. 그랬다. 장애로 겪는 고통은 오롯이 식구들 몫이었던 거다.

숙소에 도착해서도 욕실 바닥에 눕히는 것 빼고 고스란히 아내 몫이었다. 아내는 똥으로 얼룩진 몸을 씻기고 새 옷을 입힌 뒤 겨우 한숨 돌릴 수 있었다. 밖으로 나가보니 모두가 즐거운 얼굴을 하고 있었다. 우리 식구만 이방인이었다. 세상 어느 누구도 내 등에 진 짐을 대신할 수 없었다. 그게 장애였다.

그러고는 한동안 여행을 가지 않았다. 2~3년이 지나 기억이 흐려져 여행에 대한 두려움이 사라졌다. 어느 겨울날, 아내가 조심스럽게 네

　　　　　휠체어 북코치의 삶을 바꾼 독서 이야기

식구 가족여행을 제안했다. 주변 지인들이 가족여행 가는 게 많이 부러웠던 모양이다. 하긴 우리 식구도 탈출구가 필요했다. 장애를 돌보느라 에너지가 고갈됐으니 재충전이 필요했다.

요즘은 밥숟가락 들 형편만 돼도 해외여행을 떠난다고 한다. 징검다리 연휴가 되면 텔레비전 뉴스에서 인천공항이 사람들로 붐벼 발 디딜 틈 없다고 소식을 전한다. 그럼에도 내겐 아주 먼 나라 이야기로만 들렸다. 여우의 '신포도 이야기'처럼 '집 나서면 개고생한다.'는 말로 갈 수 없는 상황을 합리화했던 것이다.

드디어 그날이 왔다. 아내는 애들을 깨우고, 다시 방으로 들어와 내 팔다리를 운동시킨 뒤 휠체어에 앉혔다. 애들이 씻고 나오자 나를 데리고 욕실로 들어가 머릴 감기고 얼굴을 씻겼다. 식구들 아침밥을 챙기고 아내가 다시 욕실로 들어가 씻는다. 그리고 짐 보따리를 챙겨 들고 집을 나섰다. 자식들 때문에 큰맘 먹고 나섰지만, 우리에게 1박 2일은 대단한 도전이고 아내에겐 고행길이었다.

해돋이 명소로 유명한 포항 호미곶을 찾았다. 가랑비가 내렸지만 그래도 좋았다. 탁 트인 동해바다를 배경으로 상생의 손 앞에서 아이들과 사진을 찍었다. 길거리 포장마차에서 구룡포 명물 과메기도 먹었다. 그리고 다시 차를 달려 영덕에 도착했다. 애들이 먹고 싶다고 노래 부르던 대게를 실컷 먹이고 싶었다.

바다가 보이는 식당에 자리를 잡았다. 주문하고 기다리는 동안 아이들은 수족관 대게를 구경했다. 그러는 동안 잘 삶겨진 대게가 나왔고, 일하는 이모님이 아이들 먹기 좋게 잘랐다. 등껍데기에 밥을 넣어 내장하고 비벼먹는 맛이 최고였다. 희고 선홍빛 도는 게살을 먹으며 깔깔깔 웃는 새끼들 얼굴 보는 것만으로 행복했다.

해가 산마루에 걸칠 무렵 서울로 향했다. 초행길을 내비게이션이 알려주는 대로 갔더니 굽이굽이 산길이 나오고 짙은 안개와 어둠이 시야를 가려 아내는 운전하느라 애먹었다. 차량통행이 뜸한 산길이라 마치 귀신이 나올 것처럼 스산했다. 그래도 웃고 이야기하는 사이 어느새 서울에 도착했다.

이번엔 모텔을 찾느라 한참 헤맸다. 휠체어 타는 장애인이 있다고 하면 입실을 거부하는 곳도 몇 군데 있었다. 10년도 더 된 일인지라 그때는 그랬다. 짐을 풀고 저녁밥을 먹으러 나왔더니 입구가 계단인 곳과 좌식 테이블이 놓인 식당이 많아 휠체어 타는 나는 이용할 수 없어 또 애먹었다.

아이들이 얼마나 배가 고팠던지 고기가 익자마자 허겁지겁 집어먹었다. 돌아오는 길에 편의점에 들러 군것질거리와 맥주를 샀다. 아내와 나는 피로를 풀기 위해 맥주를, 애들은 과자를 먹으면서 수다를 떨었다. 놀이공원 간다는 생각에 밤이 깊도록 쉽사리 잠들지 못하더니 어느새 곯아떨어졌다.

다음 날 날이 밝자마자 딸이 그토록 가고 싶어 하던 롯데월드로 갔다. 아내는 여태껏 못다 한 사랑을 한꺼번에 보상하려는 듯 애들이 원하는 것이면 뭐든지 했다. 나는 아이들과 놀아주진 못해도 아내와 자식들이 웃는 얼굴만 봐도 기분이 좋았다. 그 순간만큼은 힘든 것도 잊을 수 있어서 늘 이랬으면 좋겠다 싶었다.

네 시간을 달려서 집에 도착했다. 결국 아내는 드러눕고 말았다. 사지마비 남편과 어린 자식들을 데리고 장거리여행을 했으니 몸이 견디질 못했다. 그래도 얼굴은 밝았다. 자식위해 남편위해 떠난 여행이라서 몸은 비록 힘들어도 마음이 행복하다고 말했다. 아내가 잠자리에 누워

　휠체어 북코치의 삶을 바꾼 독서 이야기

속삭이듯 말했다. "당신이 우리 곁에 살아있으니, 이런 행복도 느낄 수 있는 거야." 그 말에 고마운 마음이 들어 뭉클했다. 오늘처럼 서로를 위로하며 산다면 앞으로 아무 문제 없을 것만 같았다.

여행으로 식구들은 자신감이 생겼다. 아무것도 할 수 없을 것 같던 아내는 여행 내내 모든 걸 혼자서 해결하며 한계를 극복했고, 애들은 엄마를 도와 자기한테 주어진 일을 잘해냈고, 나는 탈 없이 여행을 견뎠다. 단 한 번 여행으로 우리는 하나가 됐고 행복했다. 그 순간만큼은 과거를 잊고 미래도 걱정할 필요 없었다. 그냥 순간마다 즐거웠다. 그랬는데 더 이상 그런 즐거운 여행을 할 수 없게 되었다.

주식실패로 쫄딱 망해 가진 것이 없어서 13년을 여행 한 번 가지 못했다. 아니 이기적이게 나 혼자만 여행하고 살았다. 아프리카와 중동, 중앙아시아를 여행하고 싶을 땐《바람의 딸 걸어서 지구 세 바퀴 반 1》을 읽었고, 중남아메리카에 가고 싶을 땐 2편을, 인도차이나와 중국을 여행하고 싶으면 3, 4편으로 여행했다. 그러면 가본 적 없어도 머릿속에 그림이 그려져 마치 그곳에 있는 착각이 들 정도였다.

인도의 신비로움을 알고 싶어《하늘호수로 떠난 여행》을 읽고 여유로움을 배웠고, 《장애인 복지 천국을 가다》에서 미국과 유럽, 일본을 경험하고 우리나라 장애인복지를 비교분석할 수 있었다. 앉아서 하는 여행으로도 새로운 세계에 눈을 떠 예전에 알지 못했던 것을 발견하는 즐거움을 맛볼 수 있었다.

더구나 괴테가 1786년 9월부터 1788년 6월까지 20개월 동안 이탈리아를 여행하며 썼던《이탈리아 여행기》는 세상 밖으로 나를 나가게끔 부추겼다. 그가 로마와 베니스, 나폴리와 시칠리아 등을 유랑하면서 이탈리아의 예술과 역사, 풍습을 관찰하고 기록한 여행기는 꼭 한 번 가보고 싶다는 욕망을 갖게 했다. 내가 죽기 전 가보고 싶은 버킷리스트에 1순위에 드는 항목이다.

나는 이 책을 쓰고 나면 나 자신을 보상하기 위해 전라도 강진을 여행할 생각이다. 책에서 만나본 다산 정약용 선생이 유배지에서 어떤 삶을 살다 갔는지 직접 보고 싶어서다. 그리고 여유가 생기면 중국여행을 통해 사마천이 나고 자란 곳과 《사기》 속에 등장하는 인물들이 뜻을 품고 활동했던 무대를 온몸으로 느끼고 싶다. 이미 앉아서 여행한 경험이지만 서서 하는 책읽기는 또 다른 느낌을 줄 거라 믿는다. 그래서 벌써부터 중국에 대한 갖가지 정보를 메모하고 자료수집 하고 있다.

여행은 새로운 감각으로 삶을 느끼게 하는 최고의 기회다. 실제로 체험하기 위해 떠나는 여행도 좋지만, 형편이 안 되면 책 속으로 떠나는 상상여행도 의미가 있다. 어차피 우리는 시간과 공간에 제약이 따르기 때문에 모든 걸 경험하고 살 수 없으니까. 하지만 책이라면 아무 때나 어디든지 갈 수가 있다. 더구나 장애가 있는 사람이라면 이보다 더 좋은 여행도 없다. 하지만 식구들을 위해 서서 하는 독서도 해야지 싶다.

06

삶을 바꾼 한 권의 책

••• 살아야 하는 까닭을 찾다

19세기 러시아 문학을 대표한 톨스토이에게 한 청년이 찾아와 물었다. "선생님, 어떻게 하면 인생의 변화가 생길까요?" 톨스토이가 곰곰이 생각하고 말했다. "좋은 사람을 만나보세요. 그러면 당신의 인생이 바뀔 것입니다." 청년은 "제 주위에 좋은 사람이 없는 것 같습니다."고 했더니, "그러면 단 한 권의 책을 만나십시오. 그러면 당신의 인생이 바뀔 것입니다."하고 톨스토이는 답했다.

당신도 이 청년처럼 삶을 변화시키고 싶은가. 그러면 훌륭한 스승을 주변에서 찾지 말고 책에서 찾아라. 내가 책에서 만나본 사람들 대부분은 단 한 권의 책으로 인생을 바꿔 성공한 사람이 많았다. 내 삶을 바꾼 단 한 권의 책은 단연 인간학 최고봉이라 불리는 사마천이 쓴 《사기》다. 더구나 〈열전〉에 나오는 인물들은 내가 처한 상황을 견디는 데 큰 힘이 됐으며, 도전정신과 열정을 불사르게 만들었다.

그는 한나라 무제 때 역사학자다. 어릴 적부터 고전을 공부했고, 스무 살 무렵엔 견문을 넓히려고 전국을 여행했다. 그러다 서른여덟 살 때 사관이 되어 역사서를 편찬하는 일에 전념했다. 그러다 기원전 99

년, 가혹한 운명이 그를 두고 보지 않았다. 마흔일곱 살 되던 해, 이른
바 '이릉의 화'라 불리는 전환점을 맞는다.

흉노 토벌에 나섰던 이릉이 중과부적으로 항복했는데, 그 일로 무제
는 사마천 생각을 듣고 싶었다. 누군가는 패배를 책임질 희생양이 필요
했으니까. 그는 황제의 불편한 심기를 풀어주기 위해 자기생각을 솔직
하게 말하며 이릉을 변호했다. 그랬더니 역적을 옹호했다는 죄목으로
사형을 받게 된다.

사마천은 이대로 억울한 죽음을 받아들일지 아니면 다른 방법을 연
구해 목숨을 부지해야 할지 고민하고 또 고민했다. 그 당시 한나라 법
엔 사형수가 죽음을 면하는 방법이 두 가지 있었다. 하나는 50만 전을
목숨값 대신 내는 것이고, 다른 하나는 성기를 절단하는 궁형이었다.

가난한 사마천은 거금을 마련할 수 없었다. 그렇다고 죽을 수도 없었
다. 그는 《사기》를 완성해야 하는 사명이 있었다. 그래서 할 수 없이 두
번째 방법인 궁형을 택했다. 죽음보다 더 치욕스런 형벌이지만 어쩔 도
리 없었다. 그때 사마천 나이 49세였다. 그는 다음 해에 사면을 받고
감옥에서 풀려났다. 그때부터 치열하게 《사기》 완성에 열중했다. 더 이
상 어떤 치욕도 그가 가는 길을 막지 못했다.

《사기》는 〈본기〉 12편, 〈표〉 10편, 〈서〉 8편, 〈세가〉 30편, 〈열전〉
70편으로 돼 있으며, 나는 〈열전〉을 여러 번 반복해서 읽었다. 70열전
에는 실제 등장인물이 2천 명을 넘는 다양한 인간군상이 등장한다. 고
결한 인품과 위대한 업적을 남긴 사람과 권력에 빌붙은 환관과 장사꾼
이야기, 포악한 관리, 보잘것없는 외모지만 기지가 넘쳤던 식객들. 대
부분은 사마천과 같은 굴곡진 삶을 경험한 사람들이 많았다.

나는 이 책으로 '사람 공부'를 하면서 인간관계로 고민할 일이 줄었

 휠체어 북코치의 삶을 바꾼 독서 이야기

다. 뿐만 아니라 그들이 걸어온 삶과 경험으로 어떻게 세상을 살아야 할지 깨달을 수 있었다. 아마도 그래서 〈열전〉을 《사기》의 백미라 하는지 모르겠다. 아무튼 내 삶을 견디게 해준 위대한 책이다. 그가 51세 때 친구 임안에게 보내는 편지에 보면 치욕스런 궁형을 당하고도 왜 살아야 했는지 그 까닭을 적었다.

"제가 법에 불복하여 죽임을 당한다 해도 아홉 마리 소에서 털 한 오라기가 없어지는 것과 같고, 땅강아지나 개미 같은 미물들과도 하등 다른 것이 없습니다. 게다가 세상은 절개를 위해 죽은 사람으로 취급하기는커녕 죄가 너무 커서 어쩔 수 없이 죽었다고 여길 것입니다. 왜 그렇겠습니까? 평소에 제가 해놓은 것이 그렇게 만들기 때문입니다."

그렇다. 나도 살아야 할 이유가 필요해서 이 글을 인용했다. 모든 걸 잃고 빚더미에 앉았을 때 나쁜 선택을 했더라면 지금쯤 나는 어찌 됐을까? 아마 남겨진 식구들 고생시킬 짓만 하고 갔다고 저승에서 원망만 듣고 있을지 모르겠다. 사마천이 했던 말처럼 내가 평소에 해놓은 게 없었으니까.

《사기》 "어떻게 살아가야 할까?"라는 물음에 다양한 답을 내놓았다. 잘 살펴보면 실패한 사람, 소외된 사람, 소수자들에 대한 성공과 실패를 다룬 이야기가 대부분이다. 우리가 살면서 겪을 수 있는 고충을 역사 속 인물을 통해 간접경험으로 배울 수 있었다. 마지막에 '인간은 이런 존재다'하고 자기 생각을 달았는데, 간절함이 극에 달하니 이루지 못할 게 없었다고 한다. 그러니 한 번 더 살려고 발버둥 쳐보자.

책 한 권이 인생을 바꾼 사례는 많았다. 세계 최고 부자인 워렌 버핏이 19살 때 근대 주식투자 아버지로 불리는 벤저민 그레이엄 교수가 쓴 《현명한 투자자》란 책을 읽고 인생을 바꾸게 되었고, 헬렌 켈러는 독서로 눈을 떠 풍성한 삶을 누렸으며, 노무현 전 대통령도 데이비드 허버트 도날드가 쓴 《링컨 1, 2》를 읽고 세상 보는 눈을 바꾸었으며, 링컨을 롤모델이자 멘토로 삼았다.

내가 사마천에게 배운 건 인간이다. 《사기》를 집필한 의도가 '하늘과 인간의 도리를 탐구하여 고금의 변화를 관통하는 학술을 완성하겠다는 집념'이라고 밝혔듯이, 나도 그를 통해 인간을 자세히 탐구해 이해하고 싶었다. 인간본성을 알고부터 먹구름이 서서히 걷히더니 원망하던 마음도 사라졌다. 의미 있는 변화는 삶을 더 여유롭게 했다.

일례로 주식으로 쫄딱 망했을 때, 내 자신이 부끄러워 바깥출입을 못했다. 어쩌다 보니 피를 나눈 형제도 발길이 끊어지고, 친구들도 멀어졌다. 한솥밥 먹는 식구도 싸늘했다. 물론 내가 잘한 행동은 아니지만, '큰 수익을 냈어도 그랬을까' 하는 마음에 서운했던 적도 여러 번 있었다. 그러다가 맹상군 일화를 읽고서 '그럴 수도 있겠구나' 했다.

3천 명이 넘는 식객을 거느린 맹상군이 어느 날 누명을 쓰고 관직을 잃었다. 그러자 그 많던 식객들은 한순간에 발길을 끊었다. 맹상군이 신세 한탄을 하는데 그때 풍환이 다가와 "귀하면 인재가 많이 모이고, 가난하고 천하면 친구가 적어지는 것이 사물의 이치입니다."하고 말한다. 하긴 남을 충족시켜줄 게 없으니 떠나는 건 당연했다. 나는 이 한 문장으로 사람을 이해하고 나를 돌아보는 계기가 됐다.

기원전 202년 겨울, 유방이 항우를 포위해 벼랑 끝으로 몰았다. 사면 초가에 몰린 항우는 자기 처지를 이렇게 말했다. "힘은 산을 뽑을 수 있고 기개는 세상을 덮을 만한데, 때가 불리하여 추가 나아가지 않는 구나." 항우는 모든 일을 자기 생각대로 처리했고 실수에서 배움을 얻 으려고 하지 않았다.

나도 그리 살았다. 앰뷸런스 기사가 내 앞길을 막았다고 원망했다. 자기연민에 빠져 허우적대느라 아내와 자식들을 이해할 줄 몰랐고, 아 무리 사소한 것이라도 아내와 상의 없이 내 생각대로 하는 바람에 식 구들을 구렁텅이에 빠트렸다. 나를 망하게 한 건 나 자신인데 그것도 모르고 오히려 식구들 가슴에 생채기만 냈다. 항우가 행한 태도는 나 를 돌아보고 반성하기에 충분했다.

이 글을 쓰는 것도 〈열전〉을 읽고 깨달은 바 있어서다. '와신상담'이 란 사자성어가 있다. 월나라와 오나라 전쟁에서 오나라 왕 부차에게 볼 모로 잡혀갔던 월나라 왕 구천이 절망하고 있을 때 재상 범려가 한 말 인데 살펴보자.

"죽지 말고 살아남아야 미래도 있는 것입니다. 죽으면 모든 것이 끝 납니다. 정말 패배하고 마는 것이지요. 어떤 상황에서도 살아남아 고국 으로 돌아가셔야 됩니다."

내가 저지른 잘못으로 사는 게 지옥 같아 현실에서 도망치고 싶었다. 하지만 넥타이로 매듭짓는 것조차 내 맘대로 할 수 없었다. 그래서 한 달에 한 번 병원진료를 받는 날이면 잠이 안 온다는 핑계를 대고 수면 제를 조금씩 모았다. 그리고 한 움큼 입에 넣었지만 죽는 게 무섭고 두 려워서 다시 뱉었다.

지금 생각하면 잘한 선택이었다. 솔직히 나 하나 죽는다고 해결될 문제도 아니었다. 차라리 삶을 이어가면서 달마다 나오는 연금으로 자식들 키우고, 지은 죄 속죄하며 사는 게 도리라고 여겼다. 그리고 삶이 계속되어야 앞날도 기대할 수 있는 거니까. 물론 잘 된다는 보장은 없지만, 내가 살아야 할 까닭은 그것밖에 없었다. 그렇게라도 자기변명을 하지 않으면 존재할 이유를 찾을 길이 없었기 때문이다.

사마천은 말한다. 사람이 어려운 때을 만나면 근본을 돌아보는 게 인간 본성이라고. 《사기》는 절박했던 현실을 똑바로 보게 했고, 나는 그것에서 해답을 찾았다. 절망과 고통에 사는 인간일지라도 포기하지 않고 끊임없이 노력해 때를 잡으면 또다시 결실을 맺는다고 가르쳤다. 《사기》를 읽고 나서 삶에 저항할 용기가 생겼다. 사마천은 내 인생의 스승이요, 정신적 지주다.

 휠체어 북코치의 삶을 바꾼 독서 이야기

07

길을 잃었다면
책에서 길을 찾자

∙∙∙ 책에서 새로운 길을 찾다

나는 내비게이션 없이 함부로 길을 나서지 못한다. 워낙 길치라서 두세 번 가본 길도 찾지 못해 헤맨다. 지난 35년 인생길이 그랬다. 초중고를 다니던 학창시절이 그랬고, 수능점수에 맞춰 들어간 대학생활도 그랬고, 단기사병으로 복무하던 18개월도 그랬고, 결혼생활도, 직장생활도 그랬다. 도무지 어디로 가야 할지 목적지를 찾지 못해 남들이 가는 대로 이리저리 무작정 걸었다.

그러다 걸을 수 없게 되자 가던 길을 멈추고 주저앉아서 누군가 도와주기를 기다렸다. 하지만 아무리 기다려도 내 문제를 해결해줄 사람은 없었다. 그건 평소에 나만이 갈 수 있는 길을 닦아놓지 못했기 때문에 가는 곳마다 차별과 냉대만 있었다. 그런 사회현상이 불안해서 또다시 남들이 가는 길을 무조건 따라나섰다. 하지만 내 방식으로는 도저히 그들을 잡을 수 없어 또 한 번 길을 잃고 주저앉았다.

내가 왜 이렇게 된 것일까. 그건 한때 잘 나갈 때, 사지가 멀쩡할 때 준비하는 삶을 살지 못했기 때문이다. 사마천이 쓴 《사기》에 보면 맹상군 식객 풍환의 세 가지 활약에서 유래한 '교토삼굴'이란 사자성어가 나온다. 꾀 많은 토끼가 굴을 세 개나 가지고 있었기 때문에 죽음을 면할 수 있었다는 뜻인데, 나는 그것도 미처 알지 못했다. 그래서 일이 터지고서 곤란함을 알았다.

알다시피 내가 책 읽기를 시작한 건 40대 후반이다. 그때는 목적 있어 읽은 게 아니라 단순히 시간 때우기였다. 그러다 양질의 변화가 일어나면서 의식에도 변화가 왔다. 그때서야 남은 인생 제대로 살고 싶어 조용히 굴을 파기 시작했다. 투자왕 짐 로저스가 그랬다. "사람은 두 가지 방식으로 배운다. 하나는 다른 사람을 통해, 다른 하나는 책을 통해서다."고. 그래서 내가 선택할 수 있는 건 책밖에 없었다.

장석주 시인이 쓴 《글쓰기는 스타일이다》에서 '하루에 한 권, 책읽기'를 하는 어느 독서광은 책읽기에 대해 이렇게 고백한다. "나 자신을 저자가 창조한 세계에 푹 담그고, 삶의 변화와 전환을 다루는 새로운 방식을 목격했고, 유머와 감정이입과 연결의 도구를 발견했다."고. 이런 방식으로 읽으면 그들이 살아온 삶의 방식을 통해 내 삶을 둘러싼 문제를 해결하는 데 도움이 된다는 것이다.

더구나 장애와 차별, 가난을 견디고 새로운 인생길을 개척한 사람들이 쓴 책은 내 삶에 변화를 이끌었다. 열정과 의지, 포기하지 않는 인내로 살아온 사람들의 삶은 감정이입 되어 위로와 동기부여에 충분했다. 나태한 삶에 자극이 되고 통찰력을 키웠다. 이건 책으로 얻은 값진 경험 중 일부다.

치유를 목적으로 심리학과 종교서적을 읽고서 마음에 씨앗을 뿌렸

   휠체어 북코치의 삶을 바꾼 독서 이야기

고, 서서히 열정에 불타면서 꺼져가던 불씨가 되살아 식구들을 이해하고 배려하기 위해 상대방 창으로 바라보는 책읽기를 했다. 가정에 웃음꽃이 피어나면서 식구들을 위해 어떻게 살 것인지 생각하는 책읽기를 하면서 좋은 습관을 들여 운명을 바꾸기로 결심했다. 이제 내공이 차곡차곡 쌓여 나도 모르는 사이 책 쓰기를 하면서 자립할 수 있는 토대를 마련했다.

뿐만 아니라 이미 2년 전 서울에서 장애인활동가 교육을 받고 병원에 입원한 동료장애인을 찾아가 정보를 전달하는 메신저 일을 하고 있다. 《불편해도 괜찮아》 같은 인권 책이나 《온파이어》처럼 역경을 견딘 사람들이 쓴 책, 그리고 유연한 관계를 끌어내기 위해 《데일카네기 인간관계론》 등을 읽고 길을 나섰다. 다양한 정보가 있어야 상처 입은 사람을 위로하고 동기부여 할 수 있다고 생각했기 때문이다.

이처럼 내가 미처 생각하지 못한 것, 겪지 못한 것들을 미루어 짐작하면 그들의 고통도 이해할 수 있었다. 게다가 대부분이 자신의 약점을 강점으로 바꾸어 한 분야에서 성공했기 때문에 '나도 할 수 있다'는 자신감을 주기에 충분했다. 그렇다고 모두한테 유익한 건 아니었다. 상대가 주어진 운명을 어떻게 받아들이느냐에 따라 장애 수용과 사회 복귀할 의지에 차이가 났다.

나는 생각한다. 만약 절망적 상황에서 책을 읽지 않았더라면 지금쯤 무엇을 하고 있을까? 아마도 장애와 가난이라는 이중고에서 빠져 허우적대면서 두려움에 떨거나, 주식중독에서 헤어나지 못해 무슨 수를 써서라도 다시 할 생각에 사고를 쳤을지 모른다. 어쨌든 책읽기는 장애와 결핍으로 몸부림치는 나를 충족시켜준 그 무엇임에 틀림없었다. 책을 통해 보이지 않던 길도 새로 찾았으니.

삶의 전환점은 대부분 위기에 찾아왔다. 그러나 그 시기를 기회로 삼아 새로운 변화를 시도했다. 대부분 절망적인 상황과 어려움을 견디고 '나'다움을 찾았다. 자신이 겪었던 고난을 인생의 터닝포인트로 삼은 것이다. 나는 삶이 녹아든 그들의 책을 읽는 것만으로 용기를 얻고 열정이 솟았다. 책이 가져다준 가치가 이런데도 우리는 늘 시간 타령만 하고 있다.

반면에 텔레비전이나 게임, 스마트폰 하는 시간은 넘쳐난다. 왜 그럴까? 그건 책이 영상매체에서 얻는 즐거움에 미치지 못할 것이라는 생각 때문인데, 책 읽는 즐거움을 잘 몰라서 하는 소리다. 습관을 들여 한 번 빠져들면 책 읽는 것만큼 가치 있고 생산적인 건 찾아보기 힘들다. 무엇보다 중요한 건 언어가 사고하는 힘을 길러주기 때문에 삶을 바꾸는 데 힘이 된 점이다. 그렇다면 어떤 책을 읽어야 할까?

독일 철학자 니체가 답했다. "우리가 읽어야 할 책은 읽기 전과 읽은 후 세상이 완전히 달라 보이는 책, 우리들을 이 세상의 저편으로 데려다주는 책, 읽는 것만으로도 우리의 마음이 맑게 정화되는 책, 새로운 지혜와 용기를 주는 책, 사랑과 미에 대해 새로운 인식, 새로운 관점을 제시하는 책이다."고. 나는 독서를 통해 다섯 가지를 경험했다. 그럼 책을 읽고 지혜와 용기를 얻은 여성을 먼저 만나보자.

그는 사생아로 태어난 것도 모자라 가난의 굴레에서도 자유롭지 못했다. 어린 시절부터 부모사랑을 받지 못하고 길가에 구르는 돌멩이처럼 기구한 운명을 살았다. 14살엔 임신을 하고 20대엔 마약에 빠져 암울한 시절을 보냈다. 그러다 우연히 흑인 여성들의 삶을 다룬 소설《새장에 갇힌 새가 왜 노래하는지 나는 아네》를 읽고서 용기를 얻었다. 그는 책을 통해 비로소 자신이 나아갈 길을 찾은 것이다.

그리고 어떤 시련이 와도 절망하지 않았다. 그는 흑인 여성으로 살아온 삶을 솔직하게 털어놓은 성장소설을 읽고, 나만이 겪는 고통과 시련이 아니란 걸 깨달았다. 거기다 타인을 이해하는 능력까지 겸비했다. 그리고 모든 것을 받아들여 새로운 삶을 위해 늘 탐구하고 노력했다. 그는 성공해 토크쇼의 여왕이 되었으며, 세계적으로 가장 영향력 있는 여성이 된 오프라 윈프리다.

'가장 안 좋을 때가 가장 좋을 때'라는 말을 생각나게 하는 인물이 있다. 바로 《민들레영토 희망스토리》를 쓴 지승룡 사장이다. 그는 두 번 이혼하고 교회에서도 배척당하는 시련을 겪고 밑바닥으로 떨어져 방황하는 시간을 보냈다. 그러다 책읽기를 하면서 3년 동안 2천 권을 읽었다. 그는 집중하는 독서로 사고와 의식을 확장할 수 있었고, 다시 세상에 도전할 용기를 얻었다고 한다.

3년 독서법을 실천한 또 한 사람은 소프트뱅크 CEO 손정의 회장이다. 1983년 B형 간염으로 경영 일선에서 물러난 그는 병원에 입원해 3년 넘게 병마와 싸웠는데, 그 기간에 책을 무려 4천 권이나 읽었다고 한다. 그리고 1986년 5월에 다시 사장으로 복귀해 회사를 초고속 성장으로 이끌었다. 사람은 힘들고 어려울수록 잠재력이 나타난다더니, 이들은 고난을 성장의 기회로 만들어 절망에서 희망을 발견했다.

작가이자 편집자인 앤 패디먼은 "독서는 약 처방처럼 당장 효과가 나타나거나 행복을 만들어주지 않는다. 그러나 한 권 한 권 읽어가는 동안에 내가 무엇을 알고 무엇을 모르고 있다는 것을 스스로 깨닫게 하는 데 도움이 됨에 틀림이 없다."고 말했다. 사고로 입은 장애, 주식 실패로 밑바닥에서 허우적거릴 때, 주변에 사람이 없어 외롭고 쓸쓸할 때, 내게 손 내민 건 책이다. 당장 행복하진 않았어도 충분한 위로가 됐다. 독서량이 한 권씩 늘면서 어떻게 해야 삶을 바꿀 수 있을지 방법까지 자세히 알려줬다.

삶은 열심히 산다고 되는 게 아니라 어디로 가고 있는지 방향을 살피는 게 더 중요했다. 내가 가길 바라는 곳이 북쪽인데 방향을 몰라 남쪽으로 부지런히 달려간다면 무슨 소용인가. 그럴 때는 잠깐 멈추어 서서 제대로 가고 있는지 한 번쯤 살펴볼 필요가 있다. 그때 필요한 게 책이다. 책에는 어제까지 보이지 않았던 길도 안내하고, 어디로 가야 할지를 알려준다. 그러니 책에서 길을 찾자.

<u>08</u>

가치 있는 삶을 살게 한 책읽기

··· 쓸모없음으로 사는 존재가치

나는 책을 읽다가 '실존이 본질에 앞선다'고 얘기한 사람이 실존주의 철학자 사르트르였다는 걸 공부했다. 처음엔 뜻을 제대로 이해하지 못한 채 단순히 문장에 마음이 갔다. 말 그대로 인간은 정해진 쓸모가 있는 존재가 아니라는 것, 무엇이 되기 위한 존재가 아니라는 것으로 알고 있었다. 중요한 건 내가 여기 존재한다는 것이고 존재하는 것으로 가치 있는 존재라고 받아들였다.

얼마나 위로가 되는 말인가. 경추 5번 골절로 인해 젖가슴 아래로 감각이 없고, 운동신경도 마비되어 걸을 수 없으며, 똥오줌을 못 가려도 존재만으로 가치 있다고 하니. 성기능장애로 의학의 힘을 빌리지 않으면 기본적 욕구도 충족시켜주지 못하는 남편일지라도 가치 있는 존재라니 말이다. 어쨌든 내 몸뚱이를 지배하는 중추신경이 더는 변화를 보이지 않아도 괜찮다고 하니 말이다.

그래도 펜 홀더 보조기를 손에 끼고 글쓰기를 하고, 손에 스틱을 끼우고 키보드를 두드리며 본질을 다듬느라 애쓰고 있다. 비록 할 수 없는 게 많아 다른 사람 도움 없이는 살 수 없는 몸이 되었지만, 그래도 둘러보면 고마운 사람이 많아 참 다행이다. 최고로 고마운 이는 아내와 식구다. 그리고 사회약자를 돕는 활동보조인과 이동을 돕는 휠체어택시 기사가 있다. 이들은 내 쓸모없음으로 일자리가 생겼지만 지금은 소금 같은 존재가 되었다.

과거에 중증장애인은 도움 주는 사람이 없어서 무권리 상태에 있었다. 그러다 2006년 정부는 장애인의 사회참여와 이동지원을 돕기 위해 활동보조인제도와 교통약자휠체어택시를 도입했다. 활동보조인은 식사나 외출을 돕거나 옷 입히기, 씻기, 용변보기, 휠체어 오르내리기, 전화 응대 등 일상에서 어려움이 있는 중증장애인한테 손발이 되어준다. 그리고 휠체어택시는 장애인과 노약자, 임산부 등 교통약자를 위해 전동 리프트가 장착된 중형승합차인데 이동지원을 돕고 있다.

아내에겐 내 존재가 고통이었다. 사고 이후 머리가 자주 아프더니 고혈압이 생겼고, 몇 년 지나 스트레스로 자궁에 혹이 생겨 적출술을 받았고, 4년 전엔 백내장 수술을 했다. 그리고 내 몸뚱이를 옮길 때마다 힘을 써 목과 허리엔 디스크 증상이, 손목엔 터널 증후군이, 팔꿈치는 테니스 엘보가, 손가락과 무릎엔 관절염이, 귀엔 이명까지 찾아왔다. 멀쩡했던 사람이 한 사람으로 인해 걸어 다니는 종합병원이 되고 말았다.

그래도 내가 있어야 할 자리와 내가 해야 할 역할은 있었다. 부모에겐 자식으로, 아내에겐 남편으로, 자식에겐 아버지로 쓸모가 있었다. 그러고 보면 세상에 쓸모없는 물건 없고, 쓸모없는 사람이 없다는 말이 진리다. 나는 나대로 활동보조인은 활동보조인대로 휠체어택시는 택시대로 연결고리 되어 서로를 쓸모 있게 했다. 그러다 하루는 《장자》를 읽었는데, 어떻게 쓰이느냐에 따라 삶도 바뀔 수 있다는 예화를 읽게 되었다.

송나라에 손이 안 트는 약을 잘 만드는 사람이 있었다. 집안이 대대로 솜을 빠는 일을 했는데, 어느 날 한 사람이 찾아와 그 비법을 사겠다고 했다. 대대로 솜 빠는 일을 해왔지만 수입이 별로였던 그는 100금을 준다는 말에 그 기술을 팔았다. 기술을 전수받은 사람은 오나라 왕에게 가서 손이 트지 않는 약을 수전에 활용해보라고 했고, 오나라 왕은 그를 장수로 삼아 월나라와 수전을 펼쳐 큰 승리를 했다고 한다.

똑같은 약인데 한 사람은 솜 빠는 일에 사용했고, 다른 사람은 전쟁에 활용해서 영웅이 됐다. 그 까닭은 기술을 어떻게 사용하느냐에 달린 것이다. 다시 말해 어떤 관점으로 사용할지를 궁리했던 것이다. 나도 마찬가지다. 쓰일 곳을 찾지 못해서 시간만 흘려보냈다, 잃어버린 한 가지에 집착하면서. 그건 삶을 제대로 살아갈 이유가 아니었다.

사르트르가 말한 '실존이 본질에 앞선다'는 명제를 그때서야 정확히 이해했다. 나 스스로 쓰임을 찾아 본질을 하나씩 채워가는 잠재력을 가진 존재였다는 걸 뒤늦게 깨달았다. 그것이 사르트르의 실존철학이었다. 동서양 철학을 공부하면서 하나의 연결점을 찾아 세상을 바라보는 통찰력을 조금씩 키워 나갔다.

인생을 살다 보면 반드시 시련과 고통을 겪는다. 삶이 불완전하니 그럴 수밖에 없다. 그래도 가치 있는 삶을 살려면 관점을 바꿔야 한다. 토마스 칼라일이 그랬다. "길을 가다가 돌이 나타나면, 약자는 걸림돌이라 말하고 강자는 디딤돌이라 말한다."고. 자신을 가치 있는 존재로 만들려면 자신에게 주어진 혹독한 삶을 디딤돌로 만들 수 있도록 공부해야 한다.

이제는 목적 있는 삶을 살아야 할 때다. 당신은 당신만의 인생 스토리가 있는가. 내겐 아무나 흉내 낼 수 없는 유별난 인생 스토리가 있다. 나만이 가진 이야기는 누군가에게 위로가 되고, 반면교사 될 수 있다. 당신도 당신만이 가진 이야기를 엮어 가치 있는 삶을 살아보는 건 어떨까?

··· 쓸모있음으로 사는 존재가치

나는 날마다 반복되는 인생을 살던 사람이었다. 집과 장애인복지관을 오가며 다람쥐 쳇바퀴 돌듯 살았으니 무슨 낙이 있었겠는가. 무의미한 삶은 결국 자신감과 자존감마저 떨어트렸다. 40대가 되면 남들은 매슬로우의 욕구 5단계 가운데 가장 위 자아실현을 하느라 더욱 치열하게 산다는데, 나는 기본적 생리욕구나 안전 욕구에만 열중하느라 낙을 찾을 수 없었다.

실존주의 선구자인 키르케고르가 "의미 없는 삶 그것은 죽음이다."하고 말했는데, 어두컴컴한 동굴에 갇혀 살던 내 삶도 그랬다. '묻지 마' 투자를 하는 바람에 죄책감에 살았다. 그때는 산다는 게 무의미했다. 의미 있는 일이란 '어떻게 하면 고통 없이 삶을 끝낼까' 하는 생각뿐이었다.

그러다 1991년 미국에서 가장 영향력 있는 책 10위에 올랐던 빅터 프랭클이 쓴 《죽음의 수용소에서》를 만났다. 나는 책에서 '내일은 고사하고 한 치 앞도 볼 수 없는 지옥 같은 죽음의 수용소 아우슈비츠에서 날마다 어떻게 견딜 수 있었을까?'에 집중했다. 그는 자신이 쓴 책에서 니체의 말을 인용해서 "왜 살아야 하는지를 아는 사람은 그 어떤 상황도 견뎌낼 수 있다."고 했다.

　　　　　　　　휠체어 북코치의 삶을 바꾼 독서 이야기

그에겐 살아야 할 이유 두 가지가 있었다. 하나는 '사랑'이었고, 다른 하나는 '소명'이었다. 그는 아내를 향한 사랑 때문에 처한 상황을 잊을 수 있었고, 전쟁이 끝나고 강의실에서 학생들한테 참혹한 전쟁의 실상을 알리기 위해 논문을 남겨야 한다는 '소명'이 살아야 할 이유라고 말했다.

그가 겪었던 삶에 비하면 내가 겪는 고통은 아무것도 아니었다. 그런데도 내가 가진 장애가 가장 힘들다고, 돈 한 푼 없는 내가 제일 불쌍하다고 생각해서 일없이 인생을 되는대로 대충 살았다. 그뿐인가. 더 이상 내게 삶은 의미가 없다고 여겨져 생명줄마저 놓으려고 했었다. 마음은 과거로 향했고 닥치지도 않은 미래가 두려워서 두 눈은 초점을 잃고 현실을 외면하고 살았다.

도무지 앞으로 나아갈 수 없었다. 그래도 하나는 선택해야 했다. 좌절한 채 죽기를 기다릴 것인지, 아니면 빅터처럼 최악의 상황을 딛고 일어나 살아야 할 것인지. 이미 바닥까지 내려간 상태라서 선택은 의외로 쉬웠다. 살기 위해 후자를 택하는 수밖에. 그래도 힘찬 날갯짓엔 도움이 필요했다.

나는 그 도움을 책에서 찾기로 했다. "우리가 수천 년 동안 물고기 대가리를 찾아다녔지만, 그러나 지금 우리는 살아야 할 이유를 가지고 있습니다. 즉, 배우고 발견하고 자유롭게 될 이유를 가지고 있습니다." 리처드 바크가 쓴 《갈매기의 꿈》에서 갈매기 조나단이 밝힌 살아갈 이유다. 다른 갈매기들은 그냥 '먹이를 위해서' 날갯짓하는데, 조나단은 먹고사는 것보다는 위대한 꿈을 좇으며 그 안에서 자신의 능력을 찾으려고 애썼다. 나도 위대한 꿈을 좇기 위해 미친 듯이 책을 읽었는지 모른다.

리더십 분야의 권위자 릭 워런이 쓴 《목적이 이끄는 삶》에 보면 "삶에 의미가 있다면 인간은 거의 모든 것을 견딜 수 있지만, 반대로 삶에 의미가 없으면 그 어떤 것도 참을 수 없다."고 했다. 결국 생존을 가능하게 하는 건 미래를 향한 비전, 이뤄야 할 꿈이 있어야 우리 삶도 가치 있게 된다는 것이다.

그대여! 잉여로 남을까 봐 불안에 떠는가. 그래서 새벽이면 학원으로 내달려 공부하고 스펙 쌓기에 열 올리는가. 그렇게 해서 취업이 되더라도 쓸모가 있고 없고는 결국 물질을 손에 쥔 사람이 결정하기 때문에 기준에 못 미치면 또 잉여인간이 되기 십상이다. 그럴 바엔 차라리 자신의 쓸모를 차분히 찾아보는 게 어떨까. 쓸모없어져 버려지기 전에. 나는 쓸모가 없어진 뒤에야 진정 쓸모 있는 삶을 되찾긴 했지만.

이제라도 천천히 가는 것을 무서워 말고 뒤로 가는 것을 두려워하자. 인생은 마라톤처럼 가치와 의미를 만들어가는 아름다운 여행길이다. 가다 보면 이렇게 될 수도 있고 저렇게 될 수도 있음을 각오하고 날마다 새로운 방향을 찾는 데 열중하자. 결정론에 주저앉지 말고 불안 속에서 가치를 만들어보자. 내 생애 첫 책을 낼 수 있었던 것도 어쩌면 낙오된 삶이 있었기에 가능했는지 모른다.

요즘 그가 애정과 에너지를 쏟고 있는

'**찾아가는 정보메신저**' 활동!

재활병원에 있는 척수손상 환자를 찾아가

다양한 정보와 상담 제공!

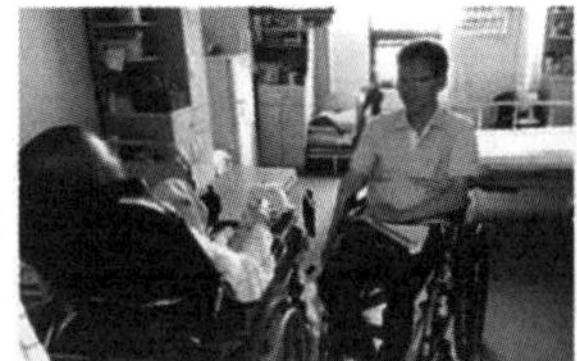
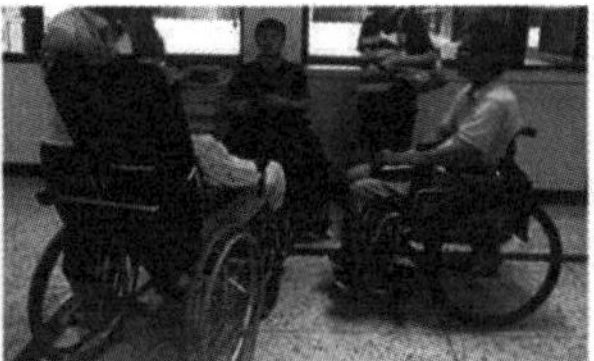

"교육과 경험을 통해 쌓은 지식을

다른 척수장애인에게 알려준다는 것은

보람되고 가치 있는 일이죠"

활동가 박홍서!

우리는 그를 응원합니다!!

사진출처: 박홍서님 Facebook

Part 4

당신을 위한 책읽기가 답이다

01

진작 '1만 시간의 법칙'을
알았더라면

··· 상황별 독서로 선택하고 집중하라

동방오현 가운데 한 사람인 이언적이 말했다. "거백옥은 나이 오십에 49년의 잘못을 깨닫고, 나이 60이 될 때까지 60번 변화하였다. 옛날의 군자는 잘못을 고치는데 인색하지 않았으므로 나이가 들수록 덕이 높아졌다." 나도 나이 오십에 지난날을 돌아보고 49년을 반성했다. 책을 읽고 깨달아 글을 쓰는 동안 조각난 기억들이 하나씩 되살아났기 때문이다. 진작 '1만 시간의 법칙'을 알았더라면.

학창 시절에 공부해야 한다는 건 누구나 다 안다. 그래도 나는 놀기만 했다. 그래서 알아주는 대학에 들어가진 못했어도 부지런히 공부해서 학점을 잘 받으면 좋은 직장에 취업할 수 있을 거라 생각했다. 그러면서 또 놀기만 했다. 직장생활도 자기계발을 해야 경쟁사회에서 도태되지 않음을 안다. 그런데도 놀기만 했다. 새로운 일을 시작할 때는 먼저 책을 통해 배우고 익혀서 행동해야 하는데 무턱대고 뛰어들었다. 그래서 돌이킬 수 없는 상황에 처해져 나는 아무것도 할 수 없는 벌레로 살아야 했다.

불교경전 《인과경》에 보면 "전생을 알고 싶거든 현재 내가 받는 것을 보라. 내생의 일을 알고 싶거든 현재 내가 짓고 있는 것들을 보라."는 잠언이 나온다. 내게 일어난 모든 현상은 나 스스로 씨를 뿌려서 그 열매를 거둔 것이며, 앞으로 수확할 열매도 지금 뿌리는 씨앗에 달렸다는 뜻이다. 이런 것들을 진작 알고 실천했더라면 내 인생은 아주 많이 달라졌을지 모른다.

내가 4장에서 상황별 독서법에 대해 쓰는 까닭도 지난 삶을 돌아보니 너무 나태하게 살았다는 생각이 들어 많은 후회와 반성을 했다. 그래서 10대를 사는 청소년부터 은퇴로 남은 인생을 새롭게 살아갈 사람들한테 조금이나마 도움이 됐으면 하는 바람이다. 그리고 50대 이후 남은 인생을 어떻게 살 것인지 많은 고민을 했으며, 새로운 인생을 살기 위해 노후설계를 계획했다.

정신의학자 아들러는 '인간의 운명이 선택과 의지에 달렸다'고 주장했다. 인간은 의식하든 못 하든, 자기가 선택한 목표를 향해 움직인다고 했다. 잘못된 선택으로 운명이 뒤바뀌는 경험을 한 나는 그가 주장한 말에 수긍했다. 실제로 우리는 아침에 눈을 뜨는 순간부터 저녁에 자기 전까지 자신이 선택한 결과로 하루를 마무리하는 과정을 되풀이하고 있다. 선택이 의식이든 무의식이든 그 결과로 우리네 운명도 결정됐다.

성공한 사람들은 대부분 어릴 때부터 책읽기를 선택한 독서광이었다. 10대 때부터 책벌레로 살았기 때문에 20대에 재능을 발견해 자기 분야에서 독보적인 존재로 우뚝 섰다. 중간에 가혹한 운명이 닥쳐도 잘 견디고 탄탄대로를 걸었다. 그리고 은퇴 이후 늦은 나이에 책읽기를 시작한 사람들도 3년 뒤, 혹은 5년 뒤 남부러울 게 없을 정도로 성공

 휠체어 북코치의 삶을 바꾼 독서 이야기

한 인생을 살았다.

독일의 대문호 마르틴 발저가 "사람은 읽는 대로 만들어진다."고 하더니 틀린 말이 아니다. 책은 새로운 세상으로 안내하는 나침반이라더니, 자신이 원하는 걸 집중해 읽어서 그리된 것 같다. 이것만 보더라도 독서가 교양이나 취미가 되어선 안 된다는 걸 알 수 있다. 아무 목적 없는 책읽기는 어디로 가야 할지 방향을 잃고 만다. 때문에 어떻게 살아갈 것인지 늘 고민해야 한다.

다음에 나오는 사례를 보면 목적지가 있고 없고가 얼마나 중요한지 알 수 있다. 영국 작가 루이스 캐럴이 쓴 《이상한 나라의 앨리스》를 보면 주인공 앨리스가 어느 날 두 개의 갈라진 길에 도착한다. 길을 모르는 앨리스가 나무 위 고양이 한 마리에게 "어느 길로 가야 해?" 하고 물었더니, 고양이는 "어느 길로 가고 싶은 건데?" 하고 되물었다. 다시 앨리스가 "모르겠어."라고 하자, 고양이가 "그럼 어느 쪽이든지 상관없잖아." 하고 말했다. 이처럼 어디로 갈지도 모르는 책읽기는 하나마나다.

몽테뉴가 "바람은 목적지가 없는 배를 밀어주지 않는다."고 했다. 책도 생각 없이 그냥 읽다 보면 나중에 아무 생각이 나지 않았다. 독서 초보일 때 그렇게 읽었더니 생각나는 게 없어 다시 재독하고 있다. 독서도 속도보다는 목적지로 나아갈 방향이 중요했다. 독서광들은 하나같이 정확한 목적을 가지고 책읽기를 했기 때문에 성공할 수 있었다. 취미로 100권을 읽는 것보다 목적을 두고 10권을 읽는 게 더 가치 있다는 말이다.

••• 이제는 우유부단함에서 졸업할 때

"일을 어정쩡하게 하면 끝장나는 겁니다. 말도 어정쩡하게 하고 선행도 어정쩡하게 하는 것. 세상이 이 모양 이 꼴이 된 건 다 그 어정쩡한 것 때문입니다. 할 때는 화끈하게 하는 겁니다. 못 하나 박을 때마다 우리는 승리해 나가는 것입니다. 하나님은 악마 대장보다 반거충이 악마를 더 미워하십니다."

이 글은 《그리스인 조르바》에 나오는 대목이다. 40년 넘도록 참말로 어정쩡하게 살아온 인생을 깨닫게 한 문장이다. 늦게라도 뉘우치고 어정쩡한 삶을 깨끗이 청산했으니 얼마나 다행한 일인지 모르겠다. 이제 더는 무엇을 배우다가 중간에 그만두는 반거충이가 되긴 싫다. 40년을 그렇게 살았으면 충분했다.

간혹 오십을 넘긴 지인이나 인생 선배들을 만나면 삶에 만족하는지 물어본다. 그러면 잠깐 생각하다가 이내 아쉬움을 토해냈다. 그들이 가장 아쉬워하는 건 '그때 그걸 알았더라면'하는 후회하는 마음이었다. 우리는 무엇을 알아야 하는 것일까? 나는 그 답을 책에서 찾아야 한다고 생각한다.

유럽에선 생애주기를 네 단계로 나눈다고 한다. 《서드 에이지, 마흔 이후 30년》에 보면 퍼스트 에이지는 20대까지로 배움 단계, 세컨드 에이지는 일과 가정을 이루는 단계로 생산과 출산을 통해 지역사회에 정착하는 시기, 서드 에이지는 생활을 위한 단계로 자기실현을 추구하는 과정, 포스 에이지는 노화 단계로 성공적 나이 듦을 실현해 가는 시기로 인식했다. 삶은 동서양이 똑같다.

다만, 우리나라는 기계식 주기를 산다는 거다. 초등학교에 입학하면 학원 다니기 바쁘다. 3학년만 돼도 교과서를 제외한 책은 거의 보지 않는다고 한다. 중학생도 마찬가지다. 학교에서 배우는 공부는 대학이 목표라서 스스로 학습할 시간이 없다. 고등학교에 진학하면 잠자는 것도 사치일 정도로 바쁘다. 3년 동안 네모난 콘크리트에 갇혀 죽으라고 외우기만 하다 세월을 다 보낸다.

대학이라고 다른가. 첫해는 해방감에 물들어 자유롭다. 하지만 2학년만 돼도 취업준비 때문에 학점관리나 어학연수 등 스펙 쌓느라 정신 없다. 그렇게 해서 간신히 취직하고 나면 결혼이다. 이때부터는 처자식 먹여 살리느라 더 이를 악물고 죽도록 일해야 한다. 그러다 마흔을 넘기면 차츰 쓸모가 없어져 은퇴절벽으로 내몰리게 되고 머릿속은 안개다. 자기실현은 꿈도 못 꾸고 산다.

우리가 사는 현실이다. 출세해야 사람 대접받는다고 생각하는 부모의 강요로 시작된 인생에서 자기 삶을 가꾸지 못한 결과다. 자신을 특별하게 만드는 힘은 오로지 자신한테 달려 있다는 걸 알아야 한다. 영국 정치가 벤저민 디즈레일리가 "우리는 스스로 행운과 불운을 만든다. 그리고 그것을 운명이라고 부른다."고 했듯이, 내 운명은 스스로 만들어가는 것이 올바른 삶이다.

무작정 빨리 가는 것보다 천천히 가더라도 어디로 갈 것인지 더 중요하다. 높이 날기 위해 새는 날개를 추스르고, 멀리 뛰기 위해 개구리는 몸을 한껏 움츠리듯, 자기 재능을 찾을 준비기간이 필요하다. 1만 시간을 들이면서 흘린 땀과 노력은 당신을 행복한 세상으로 안내할 것이 틀림없다.

02

10대는 꿈을 찾는
책읽기가 답이다

••• 평생 갖고 갈 참교육이 시작된다

《논어》〈위정〉편에 공자가 "나는 열다섯에 배움에 뜻을 두었고, 서른에 제자리를 찾았으며, 마흔에 현혹되지 않았고, 쉰이 되어 천명을 알았고, 예순에 어떤 소리에도 순응했으며, 일흔에 마음이 내키는 대로 하더라도 법도를 어기지 않았다."고 말했다. 열다섯 살이면 겨우 중학교 2학년 나이인데.

그 나이에 나는 뭘 했을까. 초등학교 시절엔 동네 아이들과 구슬치기나 딱지치기, 자치기, 땅따먹기, 뒷산에 올라가 개구리 잡아먹고 노느라 배움에 뜻이 없었다. 중학교에 입학하고는 친구들과 공차기, 오락실가기, 남강에서 물고기 잡고 온종일 만화방에 틀어박혀 만화삼매경에 빠져 사느라 공부와 거리가 멀었다.

그러다 보니 학업성적이 좋게 나올 리 없었다. 공부하는 학생이 책과 담쌓고 살았으니 그럴 수밖에. 결국 고등학교는 진주에서 조금 떨어진 시골고등학교로 진학했다. 남녀공학인데다 통학버스까지 있어 등하교 때 연애장소로 그만이었다. 마음이 딴 곳에 가 있으니 공부가 될 리 없었다. 이번엔 대학시험에 떨어져 재수를 했는데 책하고 인연이 없는 인생이라 어쩔 수 없이 간호보건전문대학에 들어갔다.

그렇게 십대가 끝났다. 시절이 70~80년대였으니, 부모님은 먹고살기 바빠 자식들 공부에 신경 쓸 겨를도 없었다. 새벽에 아버지는 알루미늄 새시 일을 나가셨고, 어머니는 가게를 얻어 옹기를 파셨다. 두 분이 일 나가시면 늦은 저녁이 다 돼서야 들어오셨다. 아무도 간섭하는 사람이 없으니 온종일 내 세상이었다. 그 덕에 공부는 안 해도 육체와 정신만큼은 건강하게 컸으니 어쩌면 다행인지도 모를 일이다.

요즘 아이들은 놀 시간이 없다. 하루를 학교와 학원에서 다 보내고 자투리시간엔 게임을 하거나 스마트폰에 푹 빠져 산다. 그러니 사회성도 약해져 참을성이 없고, 도전의식도 부족해, 조그만 일에도 쉽게 화를 낸다. 소아청소년을 대상으로 한 정신장애 유병률을 보면 사태의 심각성을 알아차릴 수 있다. 다음은 2006년 서울시 소아청소년광역정신보건센터가 서울대병원과 함께 조사한 결과다.

초중고생 가운데 36%가 정신장애, 특정 공포증(16%), 주의력결핍과잉행동장애(13%), 적대적 반항장애(11%), 틱장애(3.89%)를 보였다. 중복장애를 겪는 소아청소년도 13%나 됐다고 한다. 10년이 훨씬 지난 지금은 어떨까? 그 뒤 자료를 찾지 못했으나 특정 정신장애 수치는 계속 증가하는 걸 확인할 수 있었다. 왜 이런 장애가 자꾸 증가하는 걸까. 아마도 자식의 출세를 통해 대리만족을 느끼고 싶은 부모들 욕심 때문이지 싶다.

헌데 요즘은 한 해에 배출되는 박사가 1만 명, 석사는 7만 명인 시대가 됐다. 이러니 명문대학을 나와도 비정규직을 면하기 어려운 게 우리 현실이다. 그런데도 우리 아이들은 닭장 같은 공간에 갇혀 교과서에 나오는 지식을 외우느라 청춘을 다 보낸다. 정말 필요한 건 대학 졸업장이 아니라 나만의 역량을 강화하는 게 더 중요한데 말이다. 이제 어떤 직업을 선택해도 성공할 수 있는 능력을 갖춰야 살아남을 수 있는 세상이 됐다. 왜냐하면 100세 시대에 한 번 선택한 직업으로 평생 살아갈 수 없기 때문이다.

그래서 주입식이 아니라 사고하는 법을 배워야 한다. 지식보다는 다양한 사고를 통해 판단과 행동이 하나로 연결되어 새로운 가치를 만들어내야 한다. 그래야 대체 불가능한 사람으로 성장할 수 있다. 그러기 위해선 먼저 학생과 교사, 학부모가 함께 책을 읽고 토론하는 학습문화가 형성돼야 개개인의 개성을 최대한 살리는 교육이 될 수 있다.

이제 그런 교육의 시대가 왔다. 2018년 3월부터는 초중고 교육과정이 달라진다. 초등학교 3~4학년과 중학교 1학년, 고등학교 1학년은 교과서만이 유일한 책이 아니라 '한 학기 한 권 읽기'를 통해 다양한 사고를 얻을 수 있는 참교육을 받게 된다. 내용을 보니 한 학기 한 권 읽기는 초등학교 3학년부터 고등학교까지 10년간 실시하는 교육이다.

국어시간에 책을 읽고 학생들이 토론하는 방식이다. 수학은 실생활 속 다양한 예시를 활용해서 수학의 유용성을 강조했다. 통합사회는 중학교 사회, 도덕을 70~80% 반영해 사회현상에 대한 사고력을 키워 문제해결과 정보 활용능력을 강화할 목적이라고 한다. 그래서 부모들은 벌써부터 걱정이다.

하지만 책읽기에 무엇보다 중요한 건 습관들이기다. 내가 좋아하고 관심 있는 분야를 먼저 생각한 뒤 그 분야를 읽어야 독서하는 즐거움을 맛볼 수 있다. 쉽게 말해 세상에 반드시 읽어야 할 책은 없다는 것이다. 만화책이든, 무협지든, 동화책이든, 과학도서든, 소설이든 원하는 대로 읽는 게 중요하다. 무슨 책이든 읽어서 감동을 받을 수 있는 책이면 상관없다. 습관들이기가 먼저니까.

··· 호기심을 자극하는 책읽기를 하라

아인슈타인이 독서에서 "가장 중요한 것은 질문을 멈추지 않는 것이다."고 말했다. 그는 어릴 때부터 호기심을 참을 수 없어 답을 찾느라 책을 읽었다고 했다. 그런데 우리나라 부모들은 아이들이 호기심으로 이것저것 물으면 '나중에 크면 알게 돼' 하고 말문을 막는다. 이러면 창의성 있는 아이로 키울 수가 없다. 오히려 질문에 답할 수 있는 책을 아이와 함께 골라 답을 찾는 과정을 함께 경험하는 것이 중요하다.

올해부터 수업시간에 책을 읽고 토론하는 방식이 도입된다. 중요한 건 어떤 제한도 없이 편안하고 자유롭게 읽을 수 있는 교육이 돼야 한다. 그래야 습관들이기 쉽고 책 읽는 즐거움을 제대로 느낄 수 있다. 독서능력이 향상되면 국어성적은 저절로 좋아진다. 국어를 잘하면 핵심을 파악하는 능력이 생겨 다른 과목도 성적이 좋아진다. 실제로 일본은 '아침독서운동'을 통해 그 효과를 입증했다.

이 운동은 1988년 일본에 있는 여자고등학교에서 시작했는데, 수업 10분 전에 모든 학생들이 책을 읽었다. 책은 선생님이 골라주지 않고 학생이 직접 고르게 했다. 다 읽고 나서 독후감을 쓸 필요도 없다. 읽다가 힘들면 다른 책을 읽어도 된다. 그냥 아침마다 책을 읽기만 하면 된다. 그러면 나중엔 애쓰지 않아도 책 읽는 삶을 살게 되어 차츰 인생도 바뀌는 걸 느낄 수 있다고 한다.

아무튼 우리나라 교육도 스스로 생각하고 창의력을 키우는 시대가 왔다. 조급한 부모들은 벌써부터 어떤 책을 읽게 할지 고민할 것이다. 그래서 대학이나 기관에서 추천하는 책이면 무조건 사들일지 모른다. 하지만 책읽기가 습관이 안 된 학생들은 부담스러워 지레 겁먹고 하품할지 모른다. 이럴 땐 책을 가까이하고 자주 볼 수 있도록 환경을 만드는 게 무엇보다 중요하다.

그리고 기다려야 한다. 빨리 자라게 하려고 피기도 전에 뿌리를 잡아당기면 어떻게 될까. 아름다운 꽃을 구경하려면 때가 될 때까지 기다려야 한다. 더 좋은 방법은 자녀와 함께 책읽기를 하거나 부모가 먼저 책 읽는 모습을 보이면 자식들은 저절로 따라가게 된다. 그렇게 해서 책 읽는 습관을 들이면 적성을 찾는 데 도움이 되고 다양성을 이해하는 힘도 생긴다.

그럼 내가 읽어본 책 가운데 학생들한테 도움이 될 만한 책을 살펴보자. 먼저 초등학생은 《초등 적기독서》라는 책이 좋을 듯싶다. 이 책은 저자가 학년별 초등학생이 읽었으면 을 소개한다. 이 책에는 저자가 학년별 초등학생이 읽었으면 하는 책에 대한 정보를 담았다. 그리고 2학년 교실에서 펼쳐지는 이야기를 담은 《가방 들어주는 아이》를 읽으면 나와 '다름'을 통해 어려운 친구들을 어떻게 대하고, 무엇을 도와야 할지 배려하는 마음을 배울 수 있다. 초등학생들을 위한 《명심보감》도 읽어보길 권한다. 예절을 알게 하는 데 이보다 좋은 책은 없다.

시간이 부족한 중고등학생들은 현실적인 접근법이 필요하다. 교과서와 연관된 책을 골라 읽으면 된다. 예를 들어 국어는 문학 작품을 읽고, 사회와 과학탐구는 사회과학과 예술분야 책을 읽으면 된다. 우리나라 근대사를 알고 싶으면 《태백산맥》과 《토지》를 읽고, 사회공부는

《먼나라 이웃나라》가 보탬이 될 수 있다. 방황하며 성장통을 겪는 청소년들이 《데미안》을 읽으면, 싱클레어가 질서와 혼돈, 빛과 어둠 사이에서 '나'를 찾아가듯 자기발견 하는데 안내자 역할이 돼 줄 것이다.

폭넓은 독서를 하면 '다양성'과 '다름'을 이해하는 인격체로 성장할 수 있다. 어느 날 노벨상을 수상한 학자가 공부만 열심히 하는 학생들한테 "공부만 하고 도대체 생각은 언제 하느냐?"고 물었다. 공부보다 생각을 더 중시하라는 뜻으로 한 말인데, 나는 이보다 공자 말씀이 와 닿는다. "배우고 생각하지 않으면 어두우며, 생각하고 배우지 않으면 위태롭다." 두 가지를 조화롭게 섞어 공부하면 20대 인생은 걱정할 필요가 없다.

끝으로 독서는 왜 어릴 때부터 해야 하는지 《책 읽어주는 남자》를 읽으면 답을 찾을 수 있다. 책 읽어주는 10대 소년이 연상인 30대 여인을 사랑하는 스토리인데, 여기서 내가 말하고 싶은 건 사랑보다 문맹을 탈피하면서 여인이 깨닫게 되는 과정이다. 여인은 무지해서 나치였을 때 행했던 것들이 잘못된 걸 모르다가 글을 익히고서 결국 삶의 무게를 견디지 못했다는 점이다.

03

20대는 도전을 향한
책읽기가 답이다

··· 20대를 바꿀 터닝포인트를 찾자

세상이 극단적 행동을 하는 사람들 때문에 갈수록 험해지고 있다. 부모재산을 노리고 상해를 입히는 패륜아, 한순간에 재산을 날리고 자살하는 사람, 수능시험을 못 봤다고 옥상에서 투신하는 청소년들. 이들은 한 가지를 얻지 못해 인생이 끝났다고 생각하고 해서는 안 될 일을 저지른다. 오직 얻을 것에만 초점을 맞추고 살아서 그렇다.

나도 그랬다. 명문대학에 진학해서 좋은 친구를 사귀고 낭만 있는 캠퍼스에서 4년을 보내다가 대기업에 취직하는 게 꿈이었다. 하지만 노력 없는 꿈은 쉽게 깨지고 말았다. 그래서 점수에 맞춰 전문대학을 갔고, 적성에 맞지 않아 공부를 등한시하고 당구장에 살았다. 그러다 졸업을 앞두고 먹고살 일이 걱정돼 공부해서 간신히 국가고시에 붙었다.

대학을 졸업하고는 국가의 부름을 받아 18개월간 단기사병으로 복무했다. 소집해제를 받고는 사귀던 여자 친구와 약혼해서 6개월 뒤 결혼했다. 직장도 구하지 못한 처지에 입 하나 늘린 게 눈치 보여 집 짓는 일을 하시는 아버지를 따라다니며 공사판에서 1년 남짓 잡일을 도

왔다. 월급 대신 용돈을 받고 생활했기에 커피 마시고 담배 사면 남는
게 없었다. 그러는 사이 뱃속에서 자라던 아기가 세상으로 나왔다.

그때서야 '이렇게 살아선 안 되겠다' 싶어 직장을 구하러 다녔다. 결
국 대학 때 전공했던 기술로 먹고살기 위해 경남 통영으로 갔다. 당시
개인병원 임상병리사 월급이 그리 많지 않았다. 늦게까지 일해도 아이
키우고 먹고살기 빠듯했다. 그때까지 내가 이룬 거라곤 아내와 자식을
빼면 아무것도 없었다.

'목구멍이 포도청'이라 꿈이 있을 턱없고, 꿈이 없었으니 열정이 있을
리 만무했다. H. W.아놀드가 "가장 큰 파산은 열정을 잃어버린 것이
다. 모든 것을 다 잃어도 열정만은 잃지 말라. 그러면 언제든 다시 일어
설 수 있다."고 했지만, 먹고 살기 빠듯해 열정 없는 삶을 이어왔다. 그
까닭이 무엇인지 아는가. 십대를 어영부영 보냈기에 경쟁력이 없었던
것이다. 30대는 어땠을 것 같은가.

요즘 20대를 '꿈이 없는 세대'라고 한다. 청년실업 100만 명 시대라서
우리 주변엔 '이태백'이 가득하다. 어쩌다 취업에 성공해도 비정규직이
대부분이라 《88만원 세대》라는 책까지 나와서 시대를 풍자했다. 그래
도 살아남기 위해 꿈꿀 시간 없이 노예처럼 일하는 20대를 보면 마음
이 짠하다. 내게도 아들딸이 있어서다.

오죽하면 연애와 결혼, 출산을 포기한 '3포 세대'가 옛말이 되고, 5포
(대인관계, 내 집 마련)를 넘어 7포(희망과 꿈)라는 말까지 생겨났을까. 이 나
라를 희망 없는 전근대사회라는 뜻으로 '헬조선'이라 부르는 것이 과장
된 표현이 아닌 것 같다. 다행히 아들은 건축공학과를 나와 건설회사
에 다니고, 딸은 간호과를 졸업하고 오랫동안 직장생활을 해내기 위해
자기관리 중이다.

그런데 몇 개월 전 가슴이 출렁하는 일이 있었다. 일 년쯤 지났을 때 직장생활을 잘하던 아들이 갑자기 그만두고 싶다고 했다. 까닭을 물었더니, 직장상사가 사람을 대하면서 차별이 심해 힘들다고 했다. 아들 성격이 모났다면 사회성을 걱정했을 텐데, 쉬는 날이면 휴대폰에 불이 날 만큼 찾는 전화가 올 정도로 관계성도 좋은 편인데 이해가 안 됐다. 그래도 어쩌겠는가, 아들을 설득할 수밖에.

직장인이 다니던 직장을 그만두는 이유가 대부분 인간관계 때문이라고 한다. 그런데 주어진 환경에 적응하지 못하는 사람은 이직해도 마찬가지라는 것이다. 그래도 이직을 해야겠다면 먼저 실무능력을 기르라고 말하고 싶다. 그럴 자신이 없으면 어딜 가더라도 마찬가지다. 그러니 이직을 원한다면 반드시 역량을 키워야 한다.

무턱대고 회사를 뛰쳐나오면 공무원시험을 준비하는 사람들이 많은데 그래선 안 된다. 공부하는 습관이 되어 있는지 먼저 곰곰이 생각하고 따져봐야 한다. 내가 선택한 공부를 위해서라면 누릴 수 있는 걸 다 버리고 골방에 틀어박혀 죽지 않을 만큼 공부할 수 있는지 자신한테 물어야 한다. 지금 하는 일이 힘들다고 무작정 도피하면 나중에 더 힘들어지는 경우가 생기기 때문이다.

내가 20대를 별 볼일 없이 살았던 까닭은 10대에 씨 뿌릴 생각 없이 그저 놀기만 해서 그렇다. 나카지마 다카시가 쓴 《20대, 공부에 미쳐라》를 읽으면 꿈이 없는 청춘은 먼저 "도대체 무엇이 되고 싶은가", "어떤 일을 하고 싶은가", "장래 무엇을 하며 살고 싶은가"를 스스로에게 물어야 한다고 했다. 당신은 자신한테 질문한 적 있는가.

다시 말해 자신을 알아야 한다는 것이다. 자신이 누구인지 알아야 어떻게 살 것인지 정할 수 있다. 그리고 자신을 아는 데는 책만 한 게 없다. 그런데도 주변을 돌아보면 일 년에 한두 권도 안 읽는 사람들이 참 많다. 더구나 20대는 볼거리와 놀거리가 많아 책읽기를 더 기피한다. 게다가 사회구조적 문제로 삶이 고단해 자신을 돌아볼 여유도 없다.

장 앙리 파브르가 쓴 《파브르 곤충기》에 보면 목적 없이 무리를 따라가다 굶어 죽는 날벌레 이야기가 있다. 목적 없는 삶에 대한 경고인 동시에 삶의 의미를 찾으라는 충고다. 그 충고를 받아들이기 위해 20대는 어떤 책을 읽어야 할까. 《헤르만 헤세의 독서의 기술》을 읽으면 답을 찾을 수 있다. 자기 삶에 도움이 되는 책, 지적 호기심을 불러일으키는 책, 이해할 수 있고 깨달음을 주는 책을 읽으라고 권한다.

지금 당장 20대 삶에 도움될 만한 책을 꼽으라면 나는 제롬 데이비드 샐린저가 쓴 《호밀밭의 파수꾼》과 깨달음을 주는 책으로 리처드 바크가 쓴 《갈매기의 꿈》, 그리고 지적 호기심을 일으키는 리처드 도킨스의 《이기적 유전자》, 거기다 무언가를 이루기 위해 온 마음을 다하면 반드시 이루어진다는 메시지를 담은 파울로 코엘료가 쓴 소설 《연금술사》를 일독하길 권한다.

도전정신이 필요한 사람한테 도움을 줄 만한 책으로는 스튜어트 에이버리 골드가 쓴 《Ping 열망하고 움켜잡고 유영하라》도 괜찮다. 자기 인생을 개척해 가는 핑이라는 개구리를 통해 현재를 직시하고 극복하는 과정을 다룬 우화다. 살던 연못이 말라버리자 개구리 핑은 더 나은 삶을 찾아 길을 떠나 멘토인 부엉이를 만나 행복한 삶을 사는 방법을 깨우친다. '삶은 내가 의도한 대로 살 수 있을 때 비로소 내 것이 된다.'는 교훈은 아직도 내게 큰 울림으로 남아있다.

사회에 첫발을 내딛는 사람한테는 《아들아, 머뭇거리기에는 인생이 너무 짧다》도 인생에 지침이 될 만한 책이다. 만약 직장인이라면 세계적인 석학이나 위대한 지도자들이 쓴 책을 탐독하면 열정과 도전정신을 키울 수 있다. 그 사람이 어떻게 살아왔고, 어떻게 문제를 해결했는지 구체적으로 배울 수 있어서다. 역사서와 소설을 탐독하면 목적 있는 삶을 사는 데 도움을 받을 수 있다. 지금부터 소개하는 사람들도 열정과 도전정신으로 고난과 역경을 견디고 위대한 삶을 살았다.

21세기 최고의 펀드매니저 조지 소로스. 그는 제2차 세계대전 때 조국 헝가리가 독일에 점령당했을 때, 히틀러의 박해를 피해 영국으로 갔다. 그곳에서 웨이터로 일해 돈을 벌어 런던경제대학에 입학했다. 이후로도 세일즈맨, 노동자로 일하면서 쉬지 않고 공부했다. 성공할 수 있는 길은 죽을 각오로 공부하는 것밖에 달리 길이 없었다. 조지 소로스는 20대를 그렇게 해서 자신과의 싸움에서 승리했다.

남아프리카공화국 최초로 흑인 대통령을 지낸 넬슨 만델라는 20대부터 자신이 가진 모든 걸 포기하고 자유와 평화, 인권회복을 위해 평생을 바쳤다. 그로 인해 27년간을 차디찬 감옥에서 고독과 외로움하고 싸웠다. 그가 그리할 수 있었던 건 자신이 선택한 길이 정의롭다고 생

 휠체어 북코치의 삶을 바꾼 독서 이야기

각했기에 시련과 고통을 참아내며 그 길을 걸어갔던 것이다.

《올리버 트위스트》, 《위대한 유산》을 쓴 찰스 디킨스는 19세기 영국을 대표하는 소설가다. 그도 20대가 되기 전엔 고통과 시련이 계속됐다. 그럼에도 좌절하거나 절망하지 않고 끝없이 도전해 셰익스피어에 버금가는 명성을 누렸다. 그러니 지금 어렵다고 한탄만 하지 말고 부딪치고 또 부딪쳐라. 저절로 이루어지는 성공은 없다. 원하는 목표에 도달하는 길은 오로지 도전하는 길뿐이다.

20대는 도전하면서 재능을 발견해도 늦지 않다. 여러 곳에 씨를 뿌리며 행동하는 시기라서 경험을 쌓기 위해 일단 도전해보는 것이 중요하다. 피터 드러커는 "꿈과 목표와 신념을 실천하는 일, 즉 성공을 이루는 유일한 방법은 행동이다."고 하면서 실천을 강조했다. 그러니 혈기왕성한 20대 청춘이여! 목표를 두고 도전하라.

나이 스물이면 이제 스스로 생각하고 스스로 결정할 시기다. 어둠 속을 누군가가 밝혀주는 등불에만 의지해 걷지 말고 스스로를 밝힐 수 있는 등불이 되어야 한다. 그래야 작은 돌부리에 걸려도 언제든지 다시 일어날 수가 있다.

04

30대는 열정을 위한
책읽기가 답이다

··· 가보지 않은 길은 누구라도 두려운 법이다

2000년 12월, 나는 한 번도 가본 적 없고 아무나 갈 수 없는 길을 걸었다. 그 길은 내가 원해서 갈 수 있는 길도 아니고, 원치 않는다고 해서 갈 수 없는 길도 아니다. 그냥 따를 수밖에 없어 묵묵히 걸어갈 수밖에 없었다. 처음에는 벌레처럼 기어서, 나중엔 네 바퀴에 올라앉아 간신히 세상으로 나올 수 있었다. 얼마나 무섭고 두려웠는지 겪어보지 않은 사람은 모른다.

그랬다. 가혹한 운명은 뭐가 급해서 35살에 일에서 강제 은퇴시켰다. 가장 힘들었던 건 출근할 직장이 없고, 해야 할 일이 없어 혼자 우두커니 지내는 거였다. 사람은 일을 하면서 꿈을 꾸고 살아있음을 느낀다는데, 일 없이 사는 건 고통이었다. 교황 요한 바오르 2세가 "일은 인간의 존엄성을 표현하므로 인간에게 선한 것"이라 했는데, 생산성이 사라진 인간은 사회에서 투명인간 취급을 받고 살았다.

국토교통부에 따르면 우리나라 교통사고 사망률은 인구 10만 명당 8.5명꼴로, 이는 OECD 회원국 중 2위 수준이라고 한다. 해마다 감소하지만 그래도 높은 수치다. 이렇게 날마다 누군가는 교통사고로 삶 전체가 바뀌지만, 우리는 이런 현실에 무감각하다. 까닭은 자신한테 직접 닥치지 않으면 느끼지 못하는 존재라서 그렇다. 나도 그리될 거라곤 미처 생각하지 못했으니까.

30대 중반에 아무것도 준비한 것 없이 앞만 보고 달리다가 갑자기 외부 충격을 받고 대처능력을 상실했다. 그래서 활동영역을 제한하고 열등감을 느낄 수 있는 상황도 피해 다녔다. 까닭은 사지마비장애가 있었기 때문이다. 집 밖으로 나가면 무시당할까 봐 무섭고 두려웠다. 그러다 보니 24시간 동안 곁에서 보살피는 아내와 식구들만 괴로웠다. 그럼에도 삶을 포기 못해 이어갔다.단지 열등감을 회피하기 위해 활동영역을 제한했더니 삶에서 경험할 수 있는 다양한 즐거움은 누리지 못했다. 결과적으로 나뿐만 아니라 아내 인생까지 갉아먹는 백해무익한 삶을 살았다. 주어진 환경을 개선하려고 노력하지 않고, 열등감에서 벗어나려는 태도만으로 상황은 결코 나아지지 않았다. 육체적 상실을 대면하지 않고 등한시한다고 해서 문제로부터 자유로울 수 없었다.

'외상 후 스트레스 장애'라는 심리학 용어가 있다. 생명을 위협할 정도로 극심한 스트레스를 경험하면 생기는 현상이다. 자존감이 더 높아지는 '외상 후 성장'과는 정반대되는 개념으로 생명을 위협받을 정도로 극심한 스트레스를 경험하면 생기는 현상이다. 이렇게 똑같은 경험을 하고도 열등감을 갖는 사람과 성장하는 사람의 차이는 생각과 의지에 달린 것이다. 나는 육체와 정신적 장애를 받아들이지 못해 심리학에서 말하는 절망의 감옥과 과거지향의 감옥, 선망과 질투의 감옥에 갇혀 하루하루를 보냈다.

'조명 효과'도 한몫했다. 내가 마치 연극 무대 주인공이 된 것처럼 착각해서 밖에 나가면 사람들이 나만 쳐다볼 거라 생각했다. 하지만 세상은 나 같은 사람한테 아무 관심 없었다. 지금 남들 눈길이 두려워 집에 틀어박혀 인생을 허비하는 사람들이 있다면, 이제라도 조명 효과에서 벗어나 자신의 행복을 찾길 바란다.

어찌 됐든 뚜렷한 목적지 없이 바다 위를 항해하다 좌초하고 말았다. 20대에 시간 관리만 잘했더라도 30대를 그리 보내진 않았을 텐데. 먹고살기 바빠 목적 없이 살았더니 30대는 일과 삶에서 늘 쫓기고 살았다. 철학자 토머스 칼라일은 "목적이 없는 사람은 방향타 없는 배와 같다."고 했다. 그날도 돈 한 푼 더 벌겠다고 이리저리 뛰어다니다 느닷없이 불어오는 바람에 좌초되고 말았다.

배를 인양해줄 사람은 어디에도 없었다. 장애를 입었을 때 누군가 도와줄 사람이 곁에 있었다면 어땠을까? 고비마다 고민을 들어주고, 가르침을 줄 스승만 있었다면 40대에 무모한 도전을 안 했을지 모른다. 아니, 병원 침대에 누워 책이라도 틈틈이 읽었더라면 더 큰 고통을 겪지 않았을지 모른다. 나는 그러지 못했기에 인생을 의도한 대로 살지 못했고, 삶은 자꾸만 꼬여갔다.

1차 세계대전 때 비행사였던 에디 리켄배커가 태평양에 떨어져 21일간 뗏목을 타고 표류한 적이 있다. 누군가가 그 경험을 통해 무엇을 배웠냐고 묻자 그는 "내가 그 경험을 통해 배운 최고의 교훈은 목이 마를 때 마실 물이 있고, 배가 고플 때 먹을 것이 있다면, 어떤 일에도 결코 불평을 해서는 안 된다는 것이다."고 답했다. 나도 내가 가진 것에 늘 감사하는 태도를 가지고 살았더라면 좋았을 텐데.

 휠체어 북코치의 삶을 바꾼 독서 이야기

'왜 하필 나야!' 하고 생각하면 할수록 고통도 더했다. 상실에서 오는 절망보다 현실을 받아들이지 못하는 마음에서 오는 고통이 더 심했다. 살다 보면 누구나 감당할 수 없는 시련을 겪는데도 나는 그걸 이해하지 못했다. 그렇지만 현실을 겸허히 받아들이고, 삶의 의미를 찾은 나탈리 뒤 투아는 달랐다.

남아프리카공화국 여자 수영선수였던 그는 열네 살 때부터 국제대회에 출전했다. 그러다 2001년 열일곱 살 되던 해, 왼쪽 다리를 잃는 교통사고를 당했다. 하지만 좌절하지 않고 재활에 성공해 수영을 다시 했고, 2008년 베이징 올림픽에 비장애인과 겨루는 10Km 마라톤 수영선수로 출전했다.

두 다리로 서있는 선수 옆에 한 다리로 서있는 뒤 투아가 안쓰럽기도 하고 자랑스러웠다. 그는 말한다. "스스로의 꿈에 도달하는 사람이 진정한 챔피언이다. 내 꿈은 올림픽 출전이었고 나는 그 꿈을 이뤘다. 인생의 비극은 목표를 달성하지 못하는 게 아니라 달성할 목표가 없는 것이다." 그는 다리를 잃어도 꿈은 잃지 않았다.

사람들은 상실감을 경험하면 대개 주저앉게 된다. 가진 것보다 잃은 것에 집착하느라 인생을 낭비하고 산다. 뒤 투아도 그럴 뻔했다. 그런데 자신을 치료한 의사가 이제 수영장에 가도 된다는 말을 듣고 곧바로 수영장으로 갔고, 다시 물살을 갈랐다. 그때야 다리 하나 없다고 수영을 못하는 게 아니란 걸 깨달았다. 그래서 다시 일어설 수 있었고, 꿈을 이룰 수 있었다.

사람들이 인생에서 선택받지 못했을 때 두 가지로 반응한다. 가혹한

운명을 받아들이지 못하고 주저앉는 경우와 포기하지 않고 실력으로
벽을 뛰어넘는 경우다. 또 다른 각도에서 보면 주변인도 한몫했다. 뒤
투아에겐 수영장에 가도 된다는 훌륭한 의사가 있었고, 나는 '평생 휠
체어에서 살아야 한다'는 사람이 있었다. 무엇보다 중요한 건 그에겐 분
명한 목표가 있어 삶을 열정으로 살았다.

요즘 직장인들을 보면 정말 열심히 산다. 언제 퇴출당할지 몰라 퇴근
하면 학원으로 달려가는 '샐러던트(샐러리맨과 스튜던트)'가 생겨날 정도다.
새벽엔 영어회화를 배우고, 퇴근하면 자기계발을 위해 또 뭔가를 배운
다. '오륙도'에서 '사오정'을 거쳐 '삼팔선'까지 은퇴연령이 낮아졌으니 어
쩔 수 없는 사회현상이다.

짐 콜린스가 쓴 《좋은 기업을 넘어 위대한 기업으로》를 보면 '사람
이 가장 중요한 자산'임을 일깨우는 대목이 있다. 기업을 버스에 비유
해 어디로 몰고 갈지 생각하고 사람을 태우는 게 아니라 적합한 사람
을 먼저 버스에 태운 뒤 부적합한 사람은 내리게 한 다음에 버스를 어
디로 몰고 갈지 생각했다.

기업에 적합한 사람이 되려면 기업이 필요로 하는 업무능력을 길러
야 한다는 것이다. 그러기 위해서 관련 분야 책을 꼼꼼히 읽는 수밖에
없다. 연차가 쌓일수록 마케팅이나 리더십, 경영에 관계되는 전문서적
을 집중해서 읽고 역량을 갖춰야 버스에 올라타게 된다. 이때는 무엇을
하는 것보다 어떻게 하느냐가 더 중요한 시기다. 때문에 자신이 몸담고
있는 분야 책을 찾아 읽는 맞춤형 독서를 해야 한다.

피터 드러커는 '지식근로자가 일을 잘하려면 그가 가진 지식을 지속
적으로 갱신해야 한다'고 했는데, 이러려면 계속해서 책읽기를 해 트렌
드를 읽는 통찰력을 가져야 한다. 단 한 권의 책을 읽더라도 자신한테

　　　　　휠체어 북코치의 삶을 바꾼 독서 이야기

깨달음을 줄 수 있고, 업무에 적용할 수 있는 유익한 책읽기를 해야 한다. 단 한 줄의 문장이 인생을 통째로 바꿀 수 있기 때문이다.

내가 독서를 통해 삶을 가꿀 수 있었던 건 지금 겪는 절망이 지속되지 않고 한때라는 것을 깨달았기 때문이다. 그리고 노력하면 위기를 기회로 바꿀 수 있다는 것이다. 불 꺼진 재라고 해서 어찌 타지 않겠는가? 인생이 완전히 끝나지 않는 한 작은 불씨에도 타오를 수 있다. 그러니 답이 없더라도 준비하고 기다리자.

중국공산당 총서기로 재선출된 지도자 시진핑이 당 간부 교육기관인 중앙당교 개교 80주년 기념식에 참석해 다음과 같이 말했다. "지금까지 당이 성장한 것은 끊임없는 학습 때문이었다. 항상 공부하고 또 공부하여 학습한 것은 반드시 실천에 옮기라. 능력을 키운다는 것은 곧 공부를 한다는 것이며 지식을 배운 뒤엔 반드시 이를 써보고 실천해야 하며 이런 과정을 통해 문제해결 능력을 습득할 수 있다."

끊임없이 공부하면 언젠가 성장이라는 열매를 얻을 수 있다. 그러니 책읽기를 통해 배우고 실천하라. 나만이 갈 수 있는 길을 찾으면 그 길이 곧 내 길이 된다. 그러면 또다시 인생이 뒤통수를 때려도 결코 좌절하는 일이 생기지 않는다.

05

40대는 삶을 위한
책읽기가 답이다

・・・ 인생에 한 방은 절대로 없다

이의수의 《아플 수도 없는 마흔이다》는 우리나라 40대 남자가 겪는 어려움을 에피소드별로 담아 문제해결을 찾는 구성으로 썼다. 읽어 보면 '40대 머릿속에 오롯이 자리 잡고 있는 것은 자녀들의 교육과 불안한 미래, 그리고 돈'이다. 또 '외로움과 쓸쓸함'이 수시로 찾아들어, '부양할 가족과 직장에서 쫓겨나지 않을까'하는 불안한 마음이 살아가는 마흔을 대변하고 있다.

내 마흔도 그랬다. 나이가 들수록 앞날이 불안해서 초조해서 조바심이 났다. 주식에 눈을 돌린 것도 그 때문이다. 처음엔 적은 돈으로 시작했는데, 운 좋게 상한가 행진을 해 큰 수익이 났다. 나는 그게 실력인 줄 착각해서 욕심을 냈고, 내가 가진 돈 전부를 투자했다. 주식에 '주' 자도 모르면서 빠져들어 끝내 깡통을 찼다. 잃은 돈을 찾으려고 아파트 담보대출에 카드론 대출까지 받았다.

    휠체어 북코치의 삶을 바꾼 독서 이야기

40대 후반, 한창 돈 들어갈 시기에 나는 돈 한 푼 없는 거지꼴이 됐다. 당장 처자식과 어디서 살지 걱정이 앞섰고, 아이들 학원비와 대학 등록금은 어떻게 마련할지, 쌓인 빚은 어떻게 갚나 싶어 날이 갈수록 초조한 마음은 더했다. 《맹자》에 이르기를 '항산이 없으면 항심도 없다'더니, 할 수 있는 게 없고 가진 것도 없어 속은 타들어가 잿더미가 되었다. 그저 멍하니 하늘만 보며 하루를 살았다.

어떤 사람은 인생을 한 방이라고 한다. 그래서 로또복권을 여러 장 사기도 하고, 주식에 손을 대면 큰돈을 벌 것이라 생각하고, 하늘에서 눈먼 돈이 뚝 떨어졌으면 하는 허황된 꿈을 꾼다. 나중에 그 한 방이 힘든 인생을 끝낼지, 아니면 나락으로 떨어질지 생각도 못한 채 당장 사는 게 힘들어서 한 방에 기대를 건다. 내가 오늘날 이렇게 된 것도 그놈에 한 방 때문이다.

2차 세계대전에서 영국을 승리로 이끈 처칠도 재운이 지독하게 없었다. 평생 돈에 쪼들려 살았던 처칠이 영국 재무장관에서 퇴임한 뒤 미국 주식시장에 투자했는데 하필이면 1929년 주가 대폭락 전야였다. 55세에 빚까지 얻어가며 산 주식 20억 원어치는 하루아침에 휴지조각이 됐다. 그때 친구가 도와주지 않았다면 처칠은 영국 수상이 안 됐을지도 모른다. 처칠의 주식투자는 한 방으로 인생을 바꾸려고 한 결과였다.

나도 40대 후반에 주식투자로 4억을 휴지조각으로 만들고 앞날이 걱정돼 잠을 잘 수 없었다. 마음 한구석엔 남은 인생을 어떻게 살지 몰라 고민이 먼지처럼 쌓여갔다. 동트기 전 새벽이 가장 어둡다고 했던가. 그때가 내 인생에 가장 어두운 시기였다. 도저히 나아갈 길을 찾을 수 없었는데, 저 멀리서 한줄기 빛이 보였다. 벼랑 끝에 서있는 내게 살아보라고 책 한 권이 왔던 것이다.

당신은 아는가. 가난이 얼마나 무서운지. 중증장애가 있어도 살아갈 수 있었던 건 돈이 뒷받침되었기에 가능했다. 장애보다 무서운 가난으로 인생 최대의 위기를 만났을 때 나는 비로소 내 처지를 제대로 알게 됐다. 더는 좌절하고 있을 시간이 없었다. 내게 없는 것에 집착할 게 아니라 가진 것들로 다시 시작해야 했다. 이미 닫혀버린 문에 미련을 버리고 다른 문을 두드려야만 했다.

헬렌 켈러는 "행복의 문 하나가 닫히면 다른 문이 열린다. 그런데 우리는 닫힌 문을 바라보느라 새로 열린 문을 보지 못하곤 한다."고 했다. 우리에겐 하나의 문만 있는 게 아니다. 단지 열려있는 문만 바라보고 있었을 뿐. 하나가 막히면 다른 하나를 찾아야 한다. 두드리기만 하면 문은 언제든 열릴 준비를 하고 있기에.

살면서 두 가지 깨달은 것이 있다. 사람은 하고 싶다는 욕심만으로 할 수 없는 일을 해 나중에 후회할 일을 남긴다는 것. 이런 일을 겪지 않으려면 욕망을 잠재우고 할 수 있는 일을 해야 한다는 걸 알았다. 다른 하나는 더 이상 나갈 수 없는 막다른 길에 이르더라도 그 길이 끝을 의미하는 건 아니라는 것이다. 자신이 어떻게 받아들이느냐에 따라 삶도 바꿀 수 있다는 걸 확신했다.

어느 날 자로가 물었다. "선생님이 삼군 참모총장으로 전군을 지휘한다면 누구랑 함께하시겠습니까?" 이에 공자는 "맨손으로 호랑이를 때려 잡으려다 물려죽거나 맨몸으로 강을 건너다가 허무하게 빠져 죽어도 후회하지 않을 사람과 나는 함께하고 싶지 않다. 반드시 할 일을 앞에 두고 두려워하고 미리 꾀를 내서 일을 잘하려는 이와 함께 할 것이다."고 말했다. 당신은 인생 후반을 후자와 같은 사람과 함께 하기를 바란다.

     휠체어 북코치의 삶을 바꾼 독서 이야기

••• 40대는 삶을 위한 책읽기가 필요하다

자신이 살아온 삶을 한 번쯤 돌아볼 시기가 40대다. 평균수명 80에 40대는 인생에서 반환점을 도는 구간이다. 더구나 후회 남는 시간만 살았거나, 새로운 일을 준비하는 사람한테 중요한 시점이다. 당신이 더 나은 삶을 살고 싶다면 1만 시간을 투자하기에 이보다 좋은 때는 다시 없다. 알다시피 세상에 공짜는 없고, 인생에 한 방은 없는 법이니까.

2015년 취업포탈 잡코리아가 직장인을 대상으로 체감정년퇴직 연령을 조사한 적 있다. 그 결과 우리나라 직장인 10명 중 7명은 50세 전 퇴직을 생각하고 있었다. 평균 연령이 48.8세로 나타났지만 갈수록 빨라지는 추세다. 그런데도 정작 은퇴 뒤를 준비하는 사람은 많지 않은 걸로 나타났다.

찰스 핸디가 《코끼리와 벼룩》을 통해 세상은 기업이나 조직에 의해 고용되는 문화에서 개인이 스스로를 고용하는 문화로 변하고 있다고 했다. 하루는 퇴직 걱정을 하는 광고회사 중역에게 자기 집 배관을 손보던 전기공을 미래 직장의 모습이라고 소개하면서 이제 시간을 회사에 팔고 고용을 보장받는 직장문화는 점점 사라지게 될 거라고 말했다. 여기서 코끼리는 대기업을, 벼룩은 자기 힘으로 사는 사람을 뜻한다.

우리도 언젠가 직장을 떠나야 한다. 그걸 알면서도 떠나길 두려워하는 까닭은 무얼까? 아마도 무엇을 하고 살아야 할지 마음의 준비가 안 됐기 때문이다. 이제부터라도 직장생활을 하는 동안 자투리 시간을 잘 활용해서 자기가 좋아하는 일을 찾아 평생 현역으로 활동할 수 있는 역량을 갖춰야 한다. 그래야 당당하고 거침없는 직장생활을 할 수 있다.

이제 똑같은 방식으로 더 나은 삶을 살 수 없다. 그동안 해왔던 삶의 태도를 접고 새로운 방식을 취해야 한다. 마치 물이 수증기로 바뀌는 것처럼, 얼음이 녹아 물로 변하는 것처럼 마흔에 하는 공부는 완전히 달라야 했다. 아무런 희망도 보이지 않았던 칠흑 같은 어둠에서 내가 변할 수 있었던 것도 다르게 행동했기 때문이다. 실제로 최악의 상황에서 삶을 바꾼 사람이 여럿 있었다.

이들도 삶의 전환점은 절망적인 상황에서 찾아왔다. 자신이 처한 위기를 인생의 터닝포인트로 만들어 자신의 꿈을 실현했다. 《위대한 유산》을 쓴 디킨스는 실연의 상처를 딛고 세계적인 작가의 길로 들어섰고, 《실락원》을 쓴 영국 시인 밀턴은 눈이 보이지 않는 상황이었고, 《마지막 잎새》로 알려진 O.헨리는 3년간 지하 감옥생활을 통해 진정한 자신을 만날 수 있었다.

그들에 비하면 내 처지가 미약할지 모르나 나 역시 절망적인 상황에서 지난 5년간 1,500권 정도의 책을 읽었다. 가난에서 벗어날 수만 있다면 뭐든지 할 각오가 돼 있었다. 《구약성서》에 나오는 욥이 그랬던가. 하나님이 "가난과 육신의 고통 중 한 가지에서 벗어날 수 있다면 어떤 것을 택하겠느냐"고 물었더니, 욥은 "가난에서 벗어날 수 있다면 이 세상의 어떤 고통도 받아들이겠습니다."고 답했다.

죽음에 이르는 병에 시달리고 있음에도 불구하고 욥은 질병의 고통보다 가난에서 벗어나는 길을 택했다. 나는 욥의 마음을 충분히 이해한다. 장애로 인한 절망과 고통보다 가난이 가져다주는 아픔이 훨씬 컸다. 이런 상황을 겪어보지 않은 사람은 아무리 설명해도 이해할 수 없다. 질병은 혼자 견디면 되지만 돈이 떨어지니 가족과 친구도 자연히 멀어지고 냉대 속에서 외롭고 쓸쓸히 살아야 했다.

에리히 프롬이 《소유와 존재》에서 "어떻게 사느냐보다 어떻게 되느냐가 더 중요하다."고 위로했다. 프롬은 '소유냐 존재냐'라는 명제를 두고 "이 세상에는 무엇을 가짐으로써 인생의 가치를 찾으려는 소유 양식의 인간과 베풀고 공유함으로써 인생의 가치를 찾으려는 존재 양식의 인간이 있는데 후자가 중요하다"고 역설했다. 가진 것이 없으니 소유보다는 존재하는 것으로 만족해야 했다.

그러다 책읽기를 하고부터 베풀고 공유함으로써 인간가치를 찾으려고 했다. 그러기 위해선 견딜 수 없을 만큼 심한 고통이 동반돼야 한다는 걸 깨달았다. 고통을 최고로 생생하게 느낄 때 변한다는 걸 알았다. 새로운 길을 가고자 할 때는 간절함이 있어야 했다. 결핍을 뼈저리게 느낄 때 새로운 무언가를 할 수 있는 기회를 찾았기 때문이다. 그래서 가끔 결핍을 즐겨야 할 이유가 있는 것이다.

06

50대는 거듭나는
책읽기가 답이다

세대 간 장벽을 뛰어넘는 동화, 생텍쥐페리가 쓴 《어린 왕자》는 1931년에 출판돼 같은 해 페미나상을 받은 작품이다. 실제 항공우편회사에서 조종사로 일했던 작가가 경험에 바탕을 두고 쓴 우화형식인데, 작품에서 핵심은 '어떻게 살 것인가'라는 삶의 질문에 우리 스스로 답을 찾을 수 있게 도와준다는 점이다. 어떻게 살아야 인간다운 삶의 가치를 누릴 수 있을지 묻는다.

어린 왕자가 여행한 별이 모두 7개인데, 나는 네 번째까지만 소개하고자 한다. 첫 번째 별에 있는 왕은 자신이 가진 권력을 이용해 사람들을 다스리고 명령하는 어른을 상징한다. 따르는 사람이 없어도 지위나 권력만으로 사람을 대한다. 두 번째 별엔 허영심 많은 왕자가 사는데, 자신이 가장 잘난 줄 알고 다른 사람들한테 인정받기만 원하는 어른이다. 세 번째 별엔 자신의 삶을 회의하면서 창피함을 잊기 위해 술만 마시는 술꾼이 살고, 네 번째 별은 자기 이익만 생각하는 상인이 살고 있다.

 휠체어 북코치의 삶을 바꾼 독서 이야기

당신은 어떤 별에서 살고 있는가? 나는 20대부터 40대까지 사는 동안 네 군데를 모두 거쳤다. 20~30대엔 가정에서 군림하고, 직장에서 인정받길 원했고, 30~40대엔 삶을 회의하면서 탐욕에 눈이 멀어 인생을 망쳤다. 50대마저 인생을 낭비하며 살고 싶진 않았다. 평균수명이 80이라서 앞으로 30년을 더 살아야 하는데, 인생 이모작은 새로운 삶을 살아보고 싶었다.

그러려면 목적 있는 삶을 살아야 했다. 무조건 열심히 사는 것도 중요하지만, 이왕이면 목적지를 두고 선택과 집중하는 시간이 필요했다. 목적지가 있다면 아무리 멀고 긴 여행일지라도 걷다 보면 언젠가 목표에 다다를 테니. 천빙랑이 쓴 《나를 이끄는 목적의 힘》을 보면 이를 증명하는 우화가 나온다.

중국 당태종 때, 장안의 한 방앗간에 말과 당나귀가 살았다. 말은 밖에서 수레를 끌고, 나귀는 안에서 곡식을 갈며, 일했다. 그러던 어느 날, 삼장법사가 서역 인도로 불경을 얻으러 떠나면서 말을 타고 갔다. 삼장법사가 불경을 얻고 말은 17년 만에 장안으로 돌아와 당나귀를 만났다. 말은 여행하면서 보았던 여러 가지 풍경을 자세히 들려주었고, 당나귀는 감탄하며 말했다. "우와! 정말 대단해! 그렇게 긴 여행을 하다니, 난 감히 상상조차 할 수 없는걸!" 그러자 말이 말했다. "우리가 걸은 거리는 비슷해. 단지 나와 삼장법사는 목표가 있었기 때문에 오로지 한 방향으로 나아갔고, 넌 맷돌을 끌며 뱅글뱅글 같은 자리를 돌기만 했다는 게 다를 뿐이야."

말과 당나귀가 들려주는 교훈은 '목표가 없으면 헛된 인생을 산다.'는 것이다. 사람은 앞만 보고 달려가는 존재여서, 뚜렷한 목표가 없으면 똑같은 하루를 반복하고 산다. 마치 당나귀처럼, 아니 내가 살아온 것처럼. 그렇지만 아무리 고통스러운 삶일지라도 한줄기 빛을 향해 달려 간다면 원하는 삶을 살 수도 있다.

나도 30대 중반에 운명 앞에 무릎 꿇고 일자리를 잃어 아무런 목표 없이 1년 365일을 놀고먹기만 했다. 그러다 40대에 또 한 번 좌절해 어 디로 가야 할지 몰라 하늘만 멍하니 바라보고 살았다. 17년을 당나귀 처럼 같은 자리만 뱅글뱅글 도느라 단 한 번도 앞으로 나아가지 못했 다. 그건 평생을 비전 없이 살았기 때문이다. 남은 인생을 멋있게 살고 싶었는데, 어디로 갈지 판단이 안 섰다.

다행히 주식실패로 밑바닥에서 허우적거릴 때, 더 이상 내게 남은 것 이 없어 낙담하고 있을 때, 인생은 아직 살아볼 만하다며 책이 비전을 제시했다. 어떻게 살아야 할지 방법을 알려 주었다. 그래서 배움이 있 는 곳이면 천 리도 마다하지 않고 달렸고, 내가 할 수 있는 일이면 뭐 든지 했다. 그래서 지금은 장애인활동가로, 하모니카 연주로 재능기부 를 하고, 이 순간에도 책 쓰기를 한다.

혹독한 현실에서 잘될 거라는 신념 하나로 견뎠다. 경영학자인 짐 콜 린스가 《좋은 기업을 넘어 위대한 기업으로》에서 '스톡데일 패러독스' 개념을 소개했는데, 나도 그런 마음으로 버티고 살았다. '스톡데일 패 러독스'는 베트남 전쟁이 한창일 때, 8년간 모진 고문과 비참한 포로생 활을 견디고 무사히 귀환한 미국 장군 이름에서 따왔다. 당시 살아온 사람들은 언젠가 풀려날 수 있을 거란 희망으로 참혹한 8년 세월을 묵 묵히 참아낸 '현실주의자들'이었다고 전해지고 있다.

책읽기도 마찬가지다. "독서는 약 처방처럼 당장 효과가 나타나거나 행복을 만들어 주지 않는다. 하지만 한 권 한 권 읽어가는 동안에 내 가 무엇을 알고 무엇을 모르고 있는지를 스스로 깨닫게 하는 데 도움

   휠체어 북코치의 삶을 바꾼 독서 이야기

이 되는 것은 틀림없다."고 말한 앤 패디먼처럼 꾸준히 읽다 보면 무언가 깨닫게 되는 경험을 할 수 있다.

"길이 없으면 길을 찾고, 찾아도 없으면 만들면 된다."

우리나라 경제 역사를 새롭게 써 기적을 이룬 현대그룹 고 정주영 회장이 쓴 《시련은 있어도 실패는 없다》에 나오는 문장이다. 그는 아무것도 없는 상황에서 끊임없이 도전해 무에서 유를 창조한 입지전적 인물이다. 더구나 "장애란 뛰어넘으라고 있는 것이지 걸려 엎어지라고 있는 것이 아니다."는 어록은 식어버린 가슴을 열정으로 불타오르게 만들었다.

그래서 자기계발서와 고전소설, 철학 서적을 닥치는 대로 읽었다. 그러면서 '어떻게 살아야 할지' 끊임없이 질문했다. 반드시 답을 찾기 위해 위대한 사람들이 남기고 간 삶에서 배우고 익혔다. 그러자 새로운 정체성이 형성되어 저녁이 아름다운 길로 들어서게 되었다.

이제 평생 현역시대다. 대학을 졸업하면 공부가 끝나는 게 아니라, 3~40대는 물론 50대가 되어도 책상 앞에 앉아야 한다. 그리고 얼마든지 새로운 직장생활을 구할 용기와 배짱이 있어야 한다. 나이가 많다고 미리 포기하거나 낙담해서 안 된다. 작가 앤 모로 린드버그는 자신이 쓴 책 《바다의 선물》에서 50번째 생일을 맞아 바닷가에서 인생을 사색하며 "오늘부터 내 인생의 오후가 시작된다."고 했다.

내 삶을 아름다운 저녁이 되게 하느냐, 아니면 재앙으로 끝내느냐는 내게 주어진 시간을 어떻게 활용하느냐에 달려있다. 전반부 인생을 낭비하고 살았기 때문에 후반부는 더 이상 허투루 보낼 수 없었다. 그래서 고전 읽기로 질문을 던져가며 진짜 공부를 하고 있다. 고전을 읽으

면 사색을 하게 되고 실천으로 이어져 목적 있는 삶을 살기 위해 거듭
날 수 있기 때문이다.

그래도 주위를 둘러보면 동료들과 술잔을 기울이거나 TV를 보며 시
간을 허비하는 사람들이 많다. 하루에 자투리로 두 시간만 확보해도 1
년이면 700시간 넘는 여유시간을 만들 수 있다. 이 시간만 독서해도
30권은 읽을 수 있는 시간이다. 5년이면 150권인데, 이 정도면 한 분
야에 전문가로 거듭나기 충분한 시간이다.

재일 한국인 강상중 교수가 쓴 《살아야 하는 이유》에 보면 다시 살아
가려면 '거듭나기'가 중요하다고 한다. 세상에는 다시 태어나는 것과 거
듭나는 두 부류의 사람이 있다고 한다. 전자는 삶에 문제가 있어도 죽
는 그 순간까지 그대로 나아가는 사람이고, 후자는 문제에 부딪치면
새로운 삶의 가치를 깨닫고 변신하는 사람을 말한다. 전반전을 큰 변
화 없이 살아왔다면 후반전은 거듭나기로 새로운 가치를 찾아야 한다.

남은 인생을 죽지 못해 고통으로 살 게 게 아니라 가슴 뛰는 삶으
로 채워야 한다. 그렇다면 비결은 무엇일까? 영국 조각가 헨리 무어
는 "당신의 모든 것을 바칠만한 일을 찾는 것이 삶의 비결이다"고 했
다. 내가 지금 이 상황에서 모든 걸 바쳐서 할 수 있는 일은 책읽기와
책 쓰기로 '장애인식개선'을 하는 데 앞장서는 게 최선이라 생각했다.
그래서 손에서 책을 놓지 않았고, 틈나는 대로 키보드를 두드렸다. 이
것이 나를 대변할 수 있는 길이고 나만이 할 수 있는 브랜드를 가지는
것이라 믿었다.

실제로 중년 이후에 새로운 인생을 개척한 사람들이 많다. 조각가 프
레데리크 오귀스트 바르톨디는 52세에 미국의 상징인 '자유의 여신상'
을 완성했고, 레오나르도 다 빈치는 54세 때 '모나리자'를 그렸다. 공자

　　　　　　　휠체어 북코치의 삶을 바꾼 독서 이야기

는 51세 때 벼슬길에 올라 활동했고 나중에 후배양성에 자신의 모든 열정을 쏟았다. 조선 후기 북학파인 박제가, 박지원, 유득공도 50대 중반에 책을 저술하고 정치활동을 했다.

이런 사례를 보면서 이미 살았던 과거는 바꿀 수 없어도 앞으로 다가올 내일은 얼마든지 바꿀 수 있다고 여겼다. 어떻게 20대를 보내느냐에 따라서 향후 20년 삶이 결정되듯, 50대를 어떻게 준비하느냐에 따라 남은 30년 인생도 바꿀 수 있으리라.

10년 뒤 어느 날, 누군가는 또 절벽 앞에 설 것이고, 누군가는 절벽 앞에서 날개를 달지 모른다. 당신도 날개를 단 주인공이 되고 싶지 않은가. 그러려면 기회를 기다리지 마라. 기회를 기다리는 사람보다 기회를 얻을 수 있는 능력을 갖춰야 한다. 그러면 기회가 오지 않더라도 기회를 붙잡을 수 있다. 50대는 나만을 위한 삶을 준비하는 인생을 살자.

07

은퇴를 준비하는
책읽기를 하라

••• 노년엔 '나만의 무기'가 있어야 한다

우리나라 은퇴 나이가 평균 57.7세라고 한다. 하지만 대부분 64.2세까지 일하고 싶다는데, 이들은 왜 은퇴를 미루고 싶을까? 그 까닭은 은퇴 뒤를 제대로 준비하지 않았기 때문이다. 돈 걱정 없이 노후를 편안히 보낼 수만 있다면 은퇴를 두려워할 까닭이 없다. 오히려 은퇴를 반길 거라 생각한다.

모든 건 평균수명이 늘면서 빚어진 현상이다. 100세 시대가 됐는데, 벌어놓은 돈이 없으니 수명연장은 축복이 아니라 재앙이 됐다. 그렇지만 방법이 전혀 없는 것도 아니다. 노후를 행복하게 사느냐, 고통으로 사느냐는 오롯이 자신한테 달렸다. '인생지사 새옹지마'라는 말도 있지 않는가. 40년 남은 인생을 누가 예측하겠는가.

옛날 중국 변방에 노인이 살았다. 어느 날 자신이 기르던 말이 멀리 달아나 낙심했더니, 몇 달 지나 그 말이 준마 한 필을 데리고 와 기뻐했다. 그런데 노인의 아들이 말을 타다가 떨어져서 다리가 부러져 한탄했다. 하지만 그 덕분에 전장에 나가지 않은 아들은 죽음을 면할 수 있었다는 얘기에서 유래된 사자성어다.

우리 인생도 다르지 않다. 나쁜 일 뒤에 좋은 일이 생기고, 좋은 일 뒤에 나쁜 일이 올 수 있다. 그러니 나쁜 일이 있다고 마냥 슬퍼하지 말자. 나중에 복이 될지 누가 알겠는가. 좋은 일이 생겼다고 너무 좋아할 것도 없다. 도리어 화가 될지 누가 알겠는가. 중요한 건 언제 닥칠지 모를 세상일에 항상 준비하는 태도다. 그래야 좌절하는 순간이 오더라도 현명하게 대처할 수 있다.

2000년 교통사고로 한 가정은 절망했다. 그래도 네 식구는 똘똘 뭉쳐서 잘 견뎠고, 위기는 가족의 소중함을 깨닫는 기회가 됐다. 2008년 미국발 금융위기가 왔을 때 또 한 번 풍비박산할 처지에 놓였으나 지옥 같은 환경에서 미친 듯이 책을 읽었다. 내 생애 일어날 수 없는 기적 같은 일이 일어난 것이다.

미래학자 다니엘 번즈가 "미래는 끊임없이 재교육을 받을 수 있는 사람들의 것이다."고 했다. 이제 퇴직하면 적어도 20~30년은 더 일해야 하는 세상이 됐다. 노후파산을 막으려면 끊임없이 배우고 익혀야 미래를 살 수 있다. 다시 말해 전문성과 기술로 '나만의 무기'를 만들어야 대체할 수 없는 사람으로 노후를 당당하게 살 수 있게 됐다.

1인 1기술로 100세 시대를 살자는 주제로 《1인 1기》 책을 낸 김경록 저자도 3년을 투자해 20년 이상 써먹을 수 있는 기술을 배우라고 권한다. 기계화와 인공지능이 발달할수록 사람들은 사람 냄새가 나는 것에 끌린다면서 사람만이 할 수 있는 인적자본을 확보하라고 한다. 단, 자신이 좋아하는 것에서 그 일을 찾아야 한다.

그럼에도 사례나 주변 사람들을 보면 재취업하기 힘들다고 퇴직금으로 창업하는 사람이 많다. 대개 손쉽게 할 수 있는 프랜차이즈나 음식점을 하는데 충분히 준비하지 않고 조급한 마음에 시작해서 열에 여덟은 실패한다는 통계가 있다. 그러고 나면 이혼을 하고, 1인가구가 늘면서 생계를 위한 아르바이트로 살 수밖에 없는 시니어가 증가한다고 말한다.

미래학자들은 앞으로 우리가 120세까지 일하게 될 것이고, 평생 여덟 번 직업을 바꾸는 시대가 올 거라고 애견했다. 이 경우 직업선택보다 어떤 직업을 갖더라도 성공할 수 있는 역량이 있어야 한다. 그러려면 자신한테 필요한 분야의 책을 선택해 거듭나는 책읽기로 공부해야 한다.

다시 말해 발상의 전환이 필요한 시대가 됐다. 이제 단 한 번 선택으로 100세까지 먹고사는 건 불가능한 시대다. 정보화 시대를 넘어 기계가 사람을 대신하는 인공지능 시대라서 차별화가 없으면 살아남기 힘들다. 미래학자 토머스 프레이는 컴퓨터와 로봇, 인공지능이 발전하면서 2030년에 약 20억 개나 되는 일자리가 사라지고 새로운 직업이 생겨난다고 하니 우리는 이때를 준비해야 한다.

그러지 못하면 그리스 신화에 나오는 프로크루스테스의 침대 위에 놓이는 처지가 될지도 모른다. 지나가는 행인을 붙잡아 침대에 누인 다음 침대보다 크면 그 길이만큼 잘라내고, 작으면 늘려서 죽이는 것처럼 일자리에 자신을 맞추고 살아야 할지도 모른다. 이런 비극을 맞지 않으려면 은퇴 전에 무엇을 어떻게 준비할 것인지 궁리해야 한다. 경제활동을 지속할 수 있도록 '나만의 무기'를 가지고 있어야 한다.

언제 비가 내릴지는 아무도 모른다. 우리는 그때를 대비해 항상 우산을 준비해야 한다. 오늘에 절망도 하지 말고. 오늘에 안주도 하지 말고 남들이 가지 않는 길을 찾아 나설 용기가 있어야 한다. 멋지고 품위 있는 노후를 살아가려면.

    휠체어 북코치의 삶을 바꾼 독서 이야기

어느 날 갑자기 생각도 못한 사고로 일자리를 잃고 17년간 일 없이 살았다. 3년쯤 지나자 미칠 지경이었다. 다행히 장애인복지관이 개관하는 바람에 날마다 그곳을 왔다 갔다 했다. 하지만 연휴가 끼는 날이면 갈 곳 없어 온종일 방구석에 처박혀 TV를 보거나 인터넷만 했다. 그러다 보니 삼시세끼 챙겨주는 아내도 힘들어하는 눈치다. '왜 이렇게 살아야 하나' 싶어 회의가 들곤 했다.

갈수록 친구들이 하나둘씩 떨어져 나갔다. 이제 내 곁엔 아내만 있을뿐이다. 아내는 언제나 자신보다 나를 먼저 챙긴다. 우리는 아주 오래된 사이라서 눈빛만 봐도 서로를 잘 안다. 나도 죽는 순간까지 손잡고 늙어갈 사람은 아내뿐이란 걸 안다. 이 글을 쓰는데 갑자기 아내가 안쓰럽다는 생각에 눈물이 난다.

2016년 법률이 개정됐다. 일명 '정년연장법'이 생겨 우리나라 법적 정년이 60세가 됐다. 회사를 나오면 이때부터 새로운 8만 시간을 일해야 한다. 김병숙의 《은퇴 후 8만 시간》을 보면 25세에 직장생활을 시작해서 60세에 정년퇴직하면 84,000시간(8시간*25일*12*35년)을 일한다고 한다. 그리고 은퇴 후 100세까지 산다고 가정할 때 수면과 식사, 가사노동 등을 빼고 여가시간만 계산하면 160,160시간(11시간*365일*40년)이 된다고 한다.

이러면 재취업을 하거나 새로운 일을 하는데 5시간을 사용할 경우 다시 8만 시간을 일해야 한다는 계산이 나온다. 다시 말해 은퇴하고도 8만 시간이 우릴 기다리고 있다는 애기다. 첫 번째 인생에서 35년간 일하고 살아온 시간과 똑같은 8만 시간이 두 번째 인생을 기다리고 있는 것이다. 그렇기 때문에 은퇴 뒤 어떻게 살 것인지 준비하지 않으면 남은 인생을 아무도 장담할 수 없게 됐다. 95세 노인이 올린 수기를 소개하니 곰곰이 생각해보길 바란다.

"저는 젊었을 시절 정말 열심히 살았습니다. 회사에서는 누구보다 열심히 일했기 때문에 꾸준히 승진할 수 있었고 덕분에 60세에 정년퇴직할 수 있었습니다. 그랬던 제가 은퇴 30년이 된 지난 90세 생일날에 눈물을 흘렸습니다. 태어나서 60년은 성공적인 인생을 살았지만 직장 퇴직 후 30년을 돌이켜보면 한없이 후회가 되기 때문입니다. 직장생활 35년을 열심히 살았고 성공적인 인생이었기에 '남은 인생은 덤이다.' 라고 지내온 30년이었습니다. 더 이루어야 할 목표가 없었고 인생을 정리하며 죽음을 기다리면 되었기에 특별한 일을 하지 않았지요. 그런데 90세 생일에 깨닫게 된 거지요. 허송세월로 지내온 지난 30년은 인생 90년의 1/3이나 된다는 것을요. 아마도 제가 퇴직한 이후 30년을 더 살줄 알았다면 이렇게 살지 않았을 것입니다. 제 스스로 늙었다고, 뭔가 시작하기에는 너무 늦었다고 생각한 게 잘못이었습니다. 지금 저는 아직 건강하고 정신도 뚜렷합니다. 그러기에 더 늦기 전에 하고 싶었던 어학공부를 시작하려고 합니다. 그 이유는 10년이 지난 내 100세 생일 때 지나온 10년의 세월을 후회하지 않기 위해서입니다."

또 한 번 새로운 삶이 대기하고 있다. 버트런트 러셀은 "행복하다는 사람들을 자세히 살펴보면 공통적으로 지닌 것이 있다. 그중 가장 중요한 것은 그들이 하는 일이다. 일은 그 자체로도 즐거울 뿐 아니라 그것이 쌓여 점차 우리 존재를 완성하는 기쁨의 근원이 된다."고 말했다. 목표 있는 삶이 행복을 가져오며, 삶은 일을 떠나서는 행복할 수 없음을 말해주고 있다.

　　　　　휠체어 북코치의 삶을 바꾼 독서 이야기

그렇다. 소득이 많고 적음보다 오랫동안 일할 수 있는 환경이 중요하다. 행복한 노후를 살려면 돈도 중요하지만 일이 있어야 한다. 일을 해야만 무기력도 견딜 수 있다. 그런데 가만 보면 재취업하기 힘들다고 창업하는 사람들이 많다. 그 길을 갈 수밖에 없는 까닭은 생계가 달려 있기 때문인데, 제대로 준비하지 않고 뛰어들어 성공률은 채 20%도 안 된다는 게 문제다.

이런 사람들을 위해 프랭클린 루즈벨트는 "선박 없이 해전에서 이길 수 없는 것 이상으로, 책 없이 세상과의 전쟁에서 이길 수는 없다."고 했다. 평균수명이 늘면서 일할 수 있는 정년나이도 늘고 있다. 그로 인해 한 직장에서 평생 일한다는 건 이제 옛말이다. 그렇기 때문에 새로운 일에 도전하려면 먼저 공부를 해야 한다. 평생학습 하는 마음으로 자기만의 브랜드 가치를 만들어야 한다.

브랜드란 인지도를 높이고 무엇이 되기 위해 스스로를 다듬는 일이다. 이를 위해 목표와 비전을 세우고, 자기 분석에 들어가는 작업을 해야 한다. 그래야 자기만이 가진 경험과 지식, 열정으로 누구도 대체할 수 없는 특별한 존재가 될 수 있다. 당신은 어떤 브랜드 가치를 가지고 있는가.

08

독서로 자기경영에 도전하라

··· 자신에게 꼭 필요한 책을 선택하라

사람은 모든 걸 경험할 수 없다. 그래서 시간과 노력을 들여 책을 읽고 간접경험을 한다. 더구나 따라잡을 수 없을 만큼 급격하게 변화하는 요즘에는 책을 통해 그때그때 흐름을 잡아내고 대처할 수 있는 순발력을 키워야 한다. 그래서 자기가 전공하는 분야와 접목시켜 창의력을 발휘해야만 살아남을 수 있다.

더구나 평범한 사람들이 자신을 가치 있게 만들려면 책만 한 게 없다. 그렇다고 무작정 많이 읽으라는 말은 아니다. 자기분야를 개척해 성공한 사람들이 쓴 책을 읽고 반드시 실천하라는 것이다. 《니코마코스 윤리학》에서 아리스토텔레스는 "아는 것만으로 실천적 지혜가 있는 사람이 될 수 없다. 자신이 아는 바를 실행에까지 옮겨야 실천적 지혜가 있는 사람이다."고 했다.

　　　　　　　휠체어 북코치의 삶을 바꾼 독서 이야기

이제는 책을 읽고 지식을 얻거나 교양을 쌓는 데 그쳐서는 안 된다. 지식과 정보로 업무에 어떻게 업무에 활용할 것인지 곰곰이 생각해서 행동으로 옮길 수 있어야 한다. 더구나 직장인이라면 업무관리와 생산성 향상에도 연결시킬 수 있는 능력을 갖춰야 한다. 한마디로 자아실현을 위한 도구가 돼야지 고상한 취미가 되어서는 안 된다는 것이다.

4차 산업혁명시대는 노동현장에서 지능형 기계가 사람을 대신하기 때문에 지식으로 먹고살아야 하는 시대다. 앞으로 직장인이든, 자영업자든 살기 위해서 차별화로 자신의 가치를 만들어가야 한다. 여기서 차별화란 '나도 이런 것을 할 수 있다'가 아니라, '나는 이런 것만 한다'는 특별함이다. 그러한 가치를 만드는 가장 빠른 길은 독서뿐이다. 당신은 지금 당신만의 차별화된 콘텐츠가 있는가.

머지않아 특별한 시대가 올 것이다. 그때를 대비해 다소 부족하더라도 혁신적이고 도저히 흉내 낼 수 없는 나만의 가치를 개발해야 한다. 한마디로 예외적인 사람이 더 주목받는 시대가 오기 때문이다. 평범한 경력보다 독특한 경력을 가진 사람을 더 선호하는 시대 말이다. 이제 자신을 대체할 수 없는 능력만 키운다면 굳이 수많은 경쟁자들과 피터지게 싸우지 않아도 된다.

그러기 위해 지금부터 준비해야 한다. 다른 사람이 아닌 '나' 자신에서 출발해야 한다. 남과 다르다는 것을 부끄럽게 생각할 게 아니라 긍정의 아이콘으로 삼아 더 큰 차이를 만들기 위해 끊임없이 노력해야 한다. 우리는 지금이 위기라는 것을 잘 안다. 지금을 혁신의 출발점으로 삼아 위기를 기회로 바꿔야 한다.

나폴레옹은 위기가 왔을 때 자신이 위기에 처했다는 걸 몰랐다. 그래서 "실패와 몰락에 대해서 책망할 사람은 나 자신 이외는 없다. 내가 내 자신의 최대 적이며, 내 비참한 운명의 원인이었다."고 후회했다. 하지만 우리는 지금이 위기라는 사실을 분명히 안다. 그렇기 때문에 위기를 기회로 바꿀 수 있다. 성공한 사람들도 어려운 때일수록 독서로 성찰하는 힘을 키웠기에 멀리 내다볼 수가 있었다.

잭 웰치는 어릴 때부터 신문읽기를 좋아했고, 그때부터 생긴 독서습관으로 엄청난 지식과 정보를 수집했다. 그가 쓴 《끝없는 도전과 용기》에 인생여정을 담았는데, 시장가치 120억 달러였던 GE를 20년 만에 4,500억 달러 규모로 키울 수 있었던 것도 멀리 내다보는 안목이 있었기 때문이다. 우리도 자신을 가치 있는 존재로 거듭나기 위해서는 스스로 목표를 정하고 도전과 열정으로 자신의 존재가치를 키워야 한다.

한국에서 창업한 지 100년을 넘긴 기업은 불과 9개에 불과하다고 한다. 케빈 케네디는 자신이 쓴 《100년 기업의 조건》에서 세계 기업의 평균수명이 13년이라고 하면서 '창업'보다 '살아남기'가 훨씬 힘들다고 했다. 그렇다면 평균수명 100년을 넘긴 기업과 13년인 기업의 차이는 무엇일까? 그는 리더의 '경영위기 대처능력'을 차이로 꼽았다.

개인도 기업과 마찬가지다. 리더의 지혜로운 생각이 기업을 살리는 중요한 요소이듯, 개개인도 굴곡진 인생을 겪지 않으려면 지혜로운 생각으로 올바른 선택을 해야 한다. '무엇'을 선택할까보다는 '왜' 선택해야 하는지 먼저 고민한 뒤, 거기에 대해 책을 읽고 공부해야 했다. 나는 그러지 못해서 주식중독에 빠져 4년을 허비했고, 다시 제자리를 찾기 위해 5년을 준비했다. 진작 5년을 준비해서 시작했더라면 혹여 잘못된 길로 들어섰더라도 중독에 빠져드는 일은 막을 수 있었을 것이다.

독서로 자기경영 한다는 건 자신을 변화시키는 일이다. 생각이 바뀌고 행동이 변하기 때문에 이미 같은 사람이 아닌 것이다. 그로 인해 변

 휠체어 북코치의 삶을 바꾼 독서 이야기

화에 대처하는 힘이 생겨 운명까지 바꾸게 된다. 내가 주식중독에서 해방될 수 있었던 것도 다른 사람이 경험했던 삶에서 배움이 있었기에 더 이상 실수를 반복하지 않았다. 그러니 독서로 자신을 경영하라. 3년 뒤, 5년 뒤 모습은 당신이 오늘 어떤 책을 읽느냐에 달렸다.

··· 독서로 자기경영 전후 이야기

세상에는 책을 읽는 사람과 책을 읽지 않는 두 부류가 있다. 책을 읽는 사람은 생각하고 메모하는 사람으로 살고, 책을 읽지 않는 사람은 사는 대로 생각하기에 앞으로 어떻게 살지 살짝 걱정이다. 단재 신채호 선생이 "역사를 잊은 민족에게 미래가 없다"고 했듯이, 책을 읽지 않는 사람은 자신을 똑바로 바라볼 수가 없다. 이제부터 내가 독서로 자기경영 하면서 변화된 삶이 무엇인지 되짚어볼까 한다.

먼저 책을 읽기 전 이야기다. 앞에서 말했듯이, 10대는 동네 친구들과 어울려 다니면서 놀기 바빠 공부하거나 책 읽을 시간이 없었다. 그러다 보니 뚜렷한 목표나 그럴듯한 꿈도 없이 되는대로 살았다. 그래서 대학은 점수에 맞춰 간신히 전문대학에 갈 수 있을 정도였고, 졸업한 뒤 직장생활은 먹고살기 바빴다.

그러다 35살에 교통사고로 사지마비장애인이 되었을 때, 나는 아무 것도 할 수 없는 존재가 되고 말았다. 그때라도 정신을 차려 병상에서 책을 읽고 앞으로 어떻게 살지 궁리했다면 달라졌을 텐데, 잃은 것에 집착하고 사느라 허송세월했다. 한참 지나 40대에 겨우 정신을 차려보니 미래가 불투명해 아무런 준비도 없이 무작정 주식시장에 뛰어들었다. 결과는 불빛을 보고 달려드는 불나방 꼴이 되어 불행을 자초했다.

더 이상 처박을 곳도 없었다. 건강과 돈, 그리고 친구를 잃고 주변을 둘러봤더니 철저히 혼자였다. 건강만 잃었을 땐 잘 몰랐는데, 살림살이가 궁색해지자 가족과 친구도 멀어져 갔다. 신뢰를 져버린 무책임한 행동으로 가정은 분노와 냉기로 가득했다. 산다는 게 하루하루가 지옥 같았다. 그럴 때마다 다시 일어서고 싶은 오기가 생겨 살고 싶은 마음이 간절했다.

시간은 또 흘러갔다. 넋 놓고 사는 내가 딱했던지 하루는 아내가 책한 권 던져주며 읽어보라고 했다. 그때만 해도 책 한 권이 내 삶을 바꿀 것이라고 상상도 못했다. 지금 크게 성공했다는 말이 아니다. 지나온 인생을 반성하고 현재를 가꾸면서 앞날을 준비하는 태도로 삶의 방식이 바뀌었다는 얘기다.

책을 읽고부터 나 자신이 모르는 게 많다는 걸 깨달아 겸손함을 배웠다. 그러다 아는 것이 늘면서 더 알고 싶은 욕구가 솟구쳐 자꾸 책을 읽었다. 하나씩 새로운 걸 알아가는 즐거움을 나이 오십이 되고서야 나는 몸으로 느낄 수 있었다. 이제 책읽기로 내 삶이 어떻게 변신했는지 정리하고자 한다.

40대 후반, 내 인생 최악의 상황이 왔을 때 내게 한 가닥 희망이 돼준 건 '책읽기'였다. 30년이 넘도록 책을 손에 잡아본 적 없었지만 닥치는 대로 읽었다. 자기계발서와 종교서적, 심리학책들을 하루에 한 권이상 읽었다. 다른 이유는 없었다. 오직 살고 싶은 간절함뿐이었다.

나이 오십이 되어서는 철학과 역사, 고전소설로 옮겨갔다. 한동안은 장애인복지관에서 시 쓰기 프로그램에 참여하면서 시에 빠지기도 했고, 장애인단체에서 주체하는 장애인활동가교육도 받았다. 배움이 있

　　　　　　　휠체어 북코치의 삶을 바꾼 독서 이야기

는 곳이면 어디든 마다하지 않았다. 그리고 용기를 내어 하모니카를 배우기 시작했다. 해마다 20회씩 2년을 배워 지난해에는 요양병원을 찾아 재능기부로 나눔을 실천하기도 했다.

그뿐 아니다. 지역사회에서 공모한 장애인문예대상에서 여러 차례 입상하기도 했다. 결정적인 변화는 책 쓰기 교실을 알게 되어 책 쓰기를 시작한 것이다. 내 생애 첫 책을 통해 사회참여를 할 수 있다는 기대감이 가장 큰 동력이 됐다. 이제 머지않아 강사라는 직업으로 인생 후반부를 멋지게 살아갈 수 있으리라 기대된다.

지금 당신은 자기경영에 만족하는가. 만약 불만족스럽다면 당신의 부족함을 인정하고 새로운 변화를 위해 책부터 읽어라. 책속에서 앞으로 어떻게 살 것인지 치열하게 고민하는 일에서 변화는 시작된다. 당신이 더 나은 삶을 살아가기 위한다면 지금부터라도 자신한테 필요한 책을 골라 읽기를 바란다.

Part 5

책읽기의 마지막은 글쓰기

01

글은 왜 써야 하는가

··· 자기 삶을 가꾸는 일이다

　나는 새로운 삶을 살기 위해 지난 5년간 꾸준한 책읽기를 해왔다. 책을 읽는 것 자체도 의미가 컸지만 글을 쓰면서 더 많은 변화가 있었다. 글이란 자기생각을 표현하는 것이라지만 책에서 얻은 지식과 경험을 바탕으로 글을 쓰면서 많은 생각을 정리하는 시간이 됐다. 바로 내가 살아온 인생주기였다.

　세계 경제가 10년, 혹은 50년을 주기로 고비가 오듯이 내 인생주기도 그랬다. 10대까지는 큰 고비 없이 순탄하게 상승해 20대에 결혼을 맞이해 절정에 달했다. 물론 입시 때문에 한두 차례 쓴 잔을 마신 적이 있지만 큰 탈은 없었다. 그러다가 30대에 한 차례 크게 꺾이더니 40대에 완전히 바닥에 처박혔다. 더 이상 내려갈 곳이 없자, 서서히 방향을 바꾸기 시작하더니 50대에 들어 저녁이 아름다운 시간을 가질 수 있었다.

요즘은 아침 10시만 되면 노트북 앞에 앉는다. 무슨 일이 있어도 하루에 한 줄 이상 글쓰기를 하면서 삶을 가꾸기 위해서. 여태껏 작정하고 글을 써본 적은 없지만, 간절함이 그렇게 하도록 했다. 무언가 하지 않으면 안 될 '절박함'이 글쓰기 동력이 됐던 것이다. 소설가 김탁한 씨가 EBS 방송에서 말한 "백 권의 걸작을 읽는 것보다 한 편의 졸작을 쓰는 것이 더 낫다."는 말도 큰 힘이 됐다.

나는 이 책을 쓰면서 글이 세상을 보는 눈을 갖게 하고 표현하는 힘을 준다는 걸 배웠다. 뿐만 아니라 내 생각을 전달하고 소통할 수 있는 최고의 도구란 것도. 그래서 아침에 한 시간, 오후에 한 시간, 저녁에 한 시간을 정해두고 글쓰기를 한다. 소재가 생각나지 않을 때는 옮겨 쓰기와 베껴 쓰기를 했다.

내가 경험한 글쓰기는 자신을 인정하고 반성하는 일이다. 내 과거를 돌아보고 잘못을 인정하고 남 탓을 하지 않는 시간이 되었다. 글쓰기를 하면서 내 인생에서 원하는 것과 중요한 것, 어떻게 되고 싶은지에 대한 삶의 통찰을 얻을 수 있었다. 단, 내 생각을 거짓 없이 솔직하게 쓸 때만 그랬다.

글이란 내 생각을 표현하고, 내 경험을 쓰면 된다. 울분과 분노를 표현하면 된다. 내면 깊이 숨은 자아를 모두 드러내고 내 인생길을 막은 사건들을 하나씩 불러들여 이해와 용서를 구하면 어떻게 다룰지도 알게 된다. 자신의 삶과 경험을 한 가닥씩 풀어내는 일이기에 살아온 만큼 쓸 수 있다는 것이다.

흔히들 글은 배운 사람만 쓰는 것이라 생각했는데 그렇지 않았다. 옛날에 집현전 학자인 최만리가 한글반포를 반대한 것도 사실은 숨은 뜻이 있었다. 무식한 백성들이 언어를 깨우치면 저항할까 두려워해서

  휠체어 북코치의 삶을 바꾼 독서 이야기

다. 지금도 그 생각엔 변함이 없다.

그래서 통합교육 대신에 분리교육을 시키고 퍼주기식 시혜만 베푸는지 모른다. 소수자가 글을 배워 어둠을 밝히길 싫어하기 때문이다. 글쓰기를 통해 세상을 보는 눈을 뜨고 저항할까 봐 두려운 것이다. 다시 말해 장애인당사자가 사회 곳곳에서 발생하는 인권침해나 차별사례를 찾아 《도가니》 같은 책을 출간할까 봐.

이 책은 2005년 시사고발 프로그램을 통해 세상에 알려진 장애인 성폭력 사건을 바탕으로 쓴 소설이다. 그냥 조용히 묻힐 수도 있었는데 한 권의 책으로 출간되면서 사회이슈가 됐다. 그리고 영화로 재조명되면서 더 큰 사회적 관심을 받고 본격적으로 장애인 인권을 다루는 계기가 됐다.

글이 가진 힘은 이렇다. 내 생각과 감정이 여러 사람한테 공감을 얻으면 힘들어하는 사람한테 용기가 되고 고통에서 벗어날 기회가 된다는 걸 알았다. 자신감을 가지고 스스로 가치를 만들면 세상을 당당하게 살아가게 있다는 걸 배웠다. 그래서 이 순간도 누군가에게 작은 도움이 되고 싶어 엉덩이를 붙이고 글을 쓴다.

이오덕 선생은 ‘글은 곧 사람’이라는 말을 했다. “삶에 뿌리내리지 않은 글은 아무리 그럴듯하게 쓰여도 말장난에 지나지 않다.”고 했다. 나는 여태껏 삶을 이야기했다. 비록 독서이야기로 자기계발서를 쓰고 있지만 삶에 뿌리를 두고 있다. 평소 하던 대로 생각나는 대로 마음에 있던 것들을 끄집어냈다.

《춘추좌씨전》에 '언이족지 문이족언'이란 사자성어가 나온다. 즉 말로써 뜻을 나타낼 수 있어야 하고 글로써 말을 표현할 수 있어야 한다는 뜻이다. 프란시스 베이컨이 "독서는 완전한 인간을 만들고, 토론은 부드러운 사람을 만들고, 논술은 정확한 인간을 만든다."고 한 말에서 나는 글을 써야 하는 까닭을 찾았다.

알다시피 내가 책을 읽게 된 동기는 불순했다. 상황이 좋지 않아 도피성 책읽기로 시작했으니까. 주식 실패로 가정이 뿌리째 흔들려서 내일을 장담할 수 없을 때였다. 그런데도 책을 가까이할 수 있었던 건 끌림이라고밖에 설명할 길이 없다. 마음이 움직여서 읽은 것도 아니고 강압에 못 이겨 읽은 것도 아니다. 그냥 벼랑 끝에 서있는 내가 불쌍해서 책이 찾아왔던 것이다.

그때만 해도 세상이 무서웠다. 혼자라는 생각에 외롭고 쓸쓸했다. 사는 게 힘들고 괴로워 어디론가 도망치고 싶었다. 그런데 책을 읽으면 희한하게 두려움이 사라지고 외로움도 잊을 수 있었다. 도리어 근거 없는 자신감이 생겨 다시 시작해도 늦지 않다는 한 가닥 희망이 꿈틀거렸다. 이런 작용이 책읽기로 나를 끌어들인 게 아닌가 싶다.

책을 읽다가 어떤 상황과 마주치면 내 처지와 연관된 일들이 떠올라 자연스레 글쓰기로 이어졌다. 그러다 4년 만에 복지관에 다시 나갔을 때, 지역사회 봉사단체에서 공모하는 장애인문예대상에 수필을 써내 장원에 뽑히는 행운도 맛봤다. 뒤로도 해마다 상을 받으면서 '글쓰기를 한 번 해볼까' 하는 자신감이 생겼다. 누구보다 글쓰기 자산이 많기 때문에 승산이 있다고 생각했다.

'척수장애'라는 특별한 개성도 그렇고, 잘못한 선택으로 가정이 해체될 위기를 겪었던 일, 비장애인과 장애인의 삶에서 느낀 온도 차를 글로 표현하면 장애인식개선에 보탬이 될 거라 여겼다. 내가 경험한 책읽기를 여러 사람들과 공유하면 꿈과 희망 없이 사는 사람들 한테 동기 부여가 될 거라 생각했다.

〈전국장애인문학 시상식〉

서강대 영문과 교수를 지낸 고 장영희 교수도 그랬다. 자신이 쓴 《살아온 기적 살아갈 기적》에서 견디기 힘들었던 고통을 희망으로 풀어냈다. 암울해지기 쉬운 암 투병과 장애 같은 소재를 가지고 긍정적인 유머와 위트를 섞어서 자신만의 문체로 펼쳐내는 에세이는 동기부여 하기에 충분했다.

독일 철학자 에른스트 카시러가 《인간이란 무엇인가》에서 "인간은 자기 삶을 표현하지 않고는 살아갈 수 없다"고 말했듯, 나 자신을 드러내고 싶었다. 비록 잘난 것 없고 실수한 인생만 살아왔어도 반면교사 역할이라도 하고 싶었다. 내가 경험한 것들로 세상과 소통하고 싶었다. 어차피 산다는 건 자신을 표현하는 일이고 존재를 드러내는 일이라서 글로 표현하고 싶었다.

《지식인의 서재》 김용택 편을 보면 "자기분야에서 앞서가는 사람들은 모두 글을 써. 글을 쓰기 때문에 앞서가는 거야." 하면서 '글쓰기는 사람을 귀하게 만드는 것'이라고 말했다. 글을 쓰면 정신이 풍요로워진다고 하더니 많은 생각을 하게 했다. 그 생각을 글로 풀어내면 또 다른 생각이 엮여 나오는 경험도 했다.

정신력도 강하게 만들었다. 나처럼 가진 것 없고 '장애인' 꼬리표까지 붙은 사람을 세상에 다시 나갈 수 있도록 용기를 준 것도 글쓰기였다. 못난 '나'를 인정하고 사랑하게 해주었으니까. 나는 소중하고, 나는 할 수 있고, 나는 이 세상에서 유일한 존재라서 사랑받아 마땅한 사람이라는 생각을 들게 했다. 섬진강 시인 말처럼 글쓰기는 스스로를 귀하게 만드는 것이 분명했다.

그밖에도 참 많은 것을 배웠다. 글쓰기를 하면서 내 삶을 진지하게 돌아보는 시간을 가졌고, 식구들을 이해하고 배려할 수 있었으며, 자존감을 높아졌다. 갈등의 소용돌이에서 벗어나 삶을 여유 있게 바라보는 풍족함을 맛보고 비움이 만족하는 삶임을 다시 한 번 깨달을 수 있게 했다.

당신은 삶에 만족하는가. 어딘지 모르게 불만족스럽다면 글을 써보자. 어렵게 생각할 것도 없고 준비할 것도 없다. 펜과 종이, 아니면 컴퓨터만 있어도 된다. 그리고 내 안에 귀 기울이자. 그런 뒤 생각나는 대로 한 단어씩 채워가면 된다. 글쓰기는 '자신의 생각'을 쓰는 행위라서 아무거나 쓰면 된다. 그 자체만으로 당신은 이미 다른 삶을 살기 시작한 것이다.

사는 게 힘들어 죽고 싶은가. 그렇다면 무엇 때문에 힘들게 사는지 그 까닭을 곰곰이 생각해서 한 줄씩 써보자. 그러면 당신이 왜 힘들게 사는지 그 이유를 찾을 수 있을지 모른다. 당신 말고는 아무도 그 일을 대신해줄 수 없다.

 휠체어 북코치의 삶을 바꾼 독서 이야기

02

무엇을 어떻게 쓸 것인가

··· 주제는 무엇으로 해야 할지 고민하자

나는 남들과 다른 특별난 삶을 산다. 그런 까닭에 내가 겪은 경험을 소재로 글을 쓸까 생각했다. 내 삶이 불행했든, 행복했든 간에 누군가에겐 동기부여 될 거라 믿었다. 독자들은 자신과 비슷한 삶, 자신이 겪어보지 못한 삶을 통해 위로 받고 용기를 얻기 때문이다. 그래서 떠도는 추억들을 하나씩 불렀더니 행복했던 날보다 아픈 기억만 떠올라 눈물이 났다. 이런 것마저 글쓰기 재료가 된다고 생각하니 세상에 가치 없는 인생 없고 쓸모없는 경험 없다는 말을 이제야 깨닫는다.

참 많은 일들이 있었다. 교통사고로 절망한 채 아내와 자식들한테 폭력과 폭언을 일삼았고 장애인으로 살면서 사회구조와 사람한테 차별받고, 사지마비에도 불구하고 마음 맞는 이성과 문자를 주고받다가 아내한테 들통 나서 혼나고, 불안한 마음에 한 푼이라도 더 벌겠다고 주식해 잃은 것도 모자라 빚까지 얻어 식구들을 힘들게 하고, 이젠 책 읽기에 빠졌다. 이런 것들이 가치를 만들어낸다니 얼마나 다행스러운지.

솔직히 처음엔 많이 고민했다. 틈틈이 써둔 글을 책으로 펴낼까 했는데, 살펴보니 장애인이면 한 번쯤 겪게 되는 뻔한 이야기였다. 다시 읽어봐도 추상적인 글과 동정스런 내용이 대부분이라 내키지 않았다. 군데군데 포장하고 꾸민 글도 눈에 띄었다. 결국 글 쓰는 재능이 없다고 생각한 나는 한동안 미친 듯이 읽기만 했다. 그런데 읽으면 읽을수록 내면 깊숙이 박혔던 상처가 밖으로 하나씩 드러나면서 '척수장애인'이라는 특수 장애를 세상에 알리고 세상과 소통하고 싶었다.

간절함이 통했던 걸까? 2015년 여름날, 드디어 장애인복지관에 시 쓰기를 하는 프로그램이 생겼다. 가르치는 사람은 경남 합천에서 농사 짓고 살아가는 농부시인 서정홍 선생이다. 그는 지금도 산골 아이들한테 시를 가르치고 틈나는 대로 시를 쓰며 살아간다. 그가 쓴 시는 시골에 살면서 보고 듣고 경험한 것들을 진솔하게 표현해서 대부분 이해가 쉽고 읽으면 저절로 공감되는 글이다.

10주간 농부시인한테 참 많은 걸 배웠다. 그 가운데 자연과 사람을 섬기는 마음과 이웃을 내 몸같이 살피는 겸애, 자신을 한없이 낮추는 겸손, 가진 것이 풍족하진 못해도 늘 만족하는 태도를 배웠다. 선생과 시 쓰기 수업을 하는 동안 살아있는 글은 삶에서 나와야 사람 마음을 얻을 수 있다는 걸 배웠다.

수업은 자신이 살아온 이야기를 써와 남에게 보이고 발표하는 방식이다. 그러면 간혹 자기가 쓴 글을 읽다가 눈물을 흘린다. 올해 60살이 넘은 그는 가난한 집안 장녀로 태어났는데, 어릴 때 힘든 일을 하면서도 대우받지 못하고 자란 기억이 되살아나 울먹였다. 해서 어머니를 그리워하는 마음도 없다는데, 글 쓰면서 갑자기 어머니가 생각났다고 했다. 또 한 사람은 장애가 있기 전 남편하고 여행도 다니고 남부러울 것

 휠체어 북코치의 삶을 바꾼 독서 이야기

없이 살았다. 그러다 교통사고로 하지마비 되어 이제는 여행도 자유롭게 할 수 없고 남편을 온몸으로 사랑할 수 없다고 흐느끼는 모습이 안쓰러웠다.

글이 가진 힘은 대단했다. 약으로도 치료할 수 없었던 아픈 상처를 치유하는 약이 되었고, 이미 오래된 추억을 여행하는 타임머신이기도 했다. 비록 전업 작가도 아니고 시인도 아닌 평범하게 살아온 사람이라도 그들에게 삶이 있어서 살아있는 시가 되었다. 생활이 있었기에 거짓이 없었다. 거기에 재미와 가치를 더하면 금상첨화가 아닐까. 그러니 당신도 생활 글쓰기에 도전해보라.

평범한 사람들 이야기가 얼마든지 책이 된다는 걸 보여주는 사례가 있다. 그는 어릴 때부터 날품팔이 막노동판에서 잔뼈가 굵었다. 청년이 되고서는 20여 년 동안 버스운전 기사로 일했다. 그랬던 사람이 운전할 때 겪었던 일터 이야기를 한데 모아 《거꾸로 가는 시내버스》 수필집을 냈다. 그는 열악한 환경에서 일하는 버스기사들이 겪는 일상을 솔직하게 털어놓았다. 한마디로 사는 그대로를 글로 써서 그리됐다. 안건모 작가는 지금 〈작은책〉 편집장을 맡아 전국에 강연을 다닌다.

내용을 살펴보면 버스회사가 어떻게 운영되는지, 어떤 조건에서 일을 하는지 자세히 알렸다. 나는 그 글을 통해 기사들이 겪는 열악한 근무 조건을 이해하게 됐고, 그럴 수밖에 없는 형편에 공감했다. 물론 생각하고 판단하는 건 사람마다 다를 수 있다. 하지만 아무것도 모르는 상태에서 불평불만 하는 것보다 훨씬 낫다고 생각했다. 내 이야기를 글로 쓰고 싶다는 생각이 그래서 더 간절했는지 모른다.

그래서 글쓰기 책들을 찾아 읽었다. 대부분이 전업 작가가 쓴 책들이라 평범한 일상을 사는 내겐 맞지 않았다. 그에 반해 생활에서 경험한

것들을 옮겨 적는 글이 살아있는 글이라고 주장하는 안건모 작가가 쓴
《삐딱한 글쓰기》는 달랐다. 내가 쓰고자 하는 글도 전문지식을 전달하
는 게 아니라 경험한 이야기를 사람들과 공유하고 싶었기에 보탬이 됐
다. 더구나 평범한 사람이 쓴 책이기에.

··· 간결하면서 쉽고 재미있게 쓰자

글쓰기 책을 읽으면 마음에서 우러나오는 것을 '나답게' 표현하는 것
이 잘 쓴 글이라고 한다. 또 나만의 스타일로 쓰면 된다고 말한다. 장
석주 시인이 쓴 《글쓰기는 스타일이다》에 보면 "훌륭한 작가들은 모두
삶의 파고를 헤쳐나가며 하나의 스타일을 완성해 나갔다"고 했다. 스타
일이란 곧 "쓰는 사람의 삶, 경험, 자세, 태도"가 글로써 나타나는 것이
라 했다. 그렇다면 나는 어떤 스타일로 완성될 수 있을까.

내 삶의 파고는 무엇인가. 자랑할 것 하나 없고 이루어 놓은 것 하나
없는 내게 스타일은 있는 것일까 고민했다. 머릿속이 복잡하고 아프더
라도 삶에서 나온 경험을 하나씩 떠올려 이야기보따리에 담았다. 반드
시 정해진 틀을 따라야 하는 규칙이 있는 것도 아니라서 그냥 생각나
는 대로 적었다. 중요한 건 자기생각을 담는 거니까. 다른 사람과 소통
하는 데 아무 문제 없으면 되지 않을까 싶었다.

그리고 글쓰기 초보인 내가 지어낸다는 건 어려운 일이다. 그냥 지나
온 삶과 경험을 담아내야 쉽게 쓸 수 있을 거라 판단했다. 그래야 나중
에 읽는 사람도 진심으로 공감할 수 있을 테니까. 그렇게 쓸려면 내면
에서 말하는 소리에 귀를 기울여야 했다. 나탈리 골드버그가 쓴 《뼛속

 휠체어 북코치의 삶을 바꾼 독서 이야기

까지 내려가서 써라》에도 다음과 같은 말이 나온다.

"내 주장은 언제나 단 하나다. '자신의 마음을 믿어라!' 당신이 경험한 인생에 대한 확신을 키워라. 뼛속까지 내려가 자기 마음의 본질적인 외침을 적어내라. 내면의 목소리를 믿는 법을 체득한 뒤 글을 쓰면 그것이 사업상의 서류이든 연애편지이든 박사논문이든 그 안에는 상대방의 마음을 움직이는 에너지가 실리게 된다."

내면의 목소리를 들으려면 먼저 내가 누구인지 아는 것이다. 내 정체성도 알지 못한 채 귀를 기울여본들 무슨 소리를 듣겠는가. 그래서 미친 듯이 책을 읽었다. 글을 쓰는 데 필요한 것은 지식이나 영감이 아니라 자신을 똑바로 볼 수 있는 용기이기에. 그래야만 내가 가진 특성을 살려 사람마음을 사로잡는 글을 쓸 수 있기에. 그래야 읽는 사람도 공감하니까. 삶이 없는 글은 독자가 외면하는 걸 잘 아니까.

긴급구호활동가 한비야는 "진심을 갖고 써라. 제발 단 한 번만이라도 나에게 가슴 뛰는 일이 무엇인지를 생각해보라. 그리고 그것을 글로 써라."고 말했다. 그래서 그런지 그가 책을 출간하면 베스트셀러로 등극한다. 그가 좋아하는 여행을 하면서 보고 듣고 느낀 바를 글로 남겼다. 그리고 세상과 소통하고 싶어서 책을 출간해 자신만의 브랜드를 만들었다. 나 또한 누군가가 들어주었으면 하는 이야기를 책 한 권에 담았다.

솔직히 내게 가슴 뛰는 일은 책읽기가 전부다. 그 외는 부끄럽게 살아온 역사뿐이다. 그래도 시간 날 때마다 보고 듣고 경험한 것들을 기록했고, '자기비하'에 가까울 만큼 솔직하게 썼다. 글을 쓰는 내내 나 같은 이기적 유전자를 가진 사람이 또 있을까 싶을 정도였다. 식구들을 막대한 일, 보상받은 돈을 내 것이라고 내 마음대로 써버린 일, 아내가 맥주 한잔 먹는 것도 이해 못 해 욕하고 짜증 냈던 일들이 떠올랐다.

아이들을 가르치는 데 평생을 바친 이오
덕 선생이 '삶 속에서 겪은 것들이 나와
야 생명 있는 글'이라고 해서 따라했는
데 부끄러운 마음을 감출 수가 없었다.
선생은 40년 넘게 농촌 학교에서 아이들
을 가르치면서 삶을 가꾸는 글쓰기 교육을
했다. 퇴직하고도 어린이 문학과 우리말 살리는 일
에 힘을 썼던 선생이 남긴 책《무엇을 어떻게 쓸까》에 보면 이런 구절
이 나온다.

"살아 있는 말은 방 안에 앉아서 생각만 해서는 나올 수 없고, 책을
읽어서 많은 지식을 얻었다고 해서 쓸 수 있는 것이 아니다. 책만 읽고
몸으로 겪은 일이 없으면 도리어 죽은 말만 늘어놓게 된다. 살아 있는
말은 다만 현실 속에서, 나날이 살아가는 삶 속에서만 나올 수 있다."

나는 이제 100세 시대에 인생의 전환점을 돌아 새로운 삶을 살고자
한다. 앞으로도 40년이라는 세월을 눈앞에 두고 있다. 이전에는 잘 살
기 위해 발버둥 쳤는데, 이제는 잘 죽기 위해 사는 게 내 인생 목표다.
그러려면 내 인생스토리를 남들 앞에서 멋지게 이야기할 수 있을 정도
로 스토리가 있어야 하지 않겠는가.

     휠체어 북코치의 삶을 바꾼 독서 이야기

03

글쓰기도 습관들이기다

••• 나만의 글쓰기 훈련 방법

닥치는 대로 책읽기를 한다고 글이 저절로 써지지 않았다. 잘난 것 없어도 자존심이 강해서 솔직한 글쓰기가 서툴렀다. 그렇다고 글쓰기를 포기하진 않았다. 글로 세상과 소통하면서 살아있음을 느끼고 싶었으니까. 그래서 시립도서관을 들락거리며 글쓰기 관련 책들을 섭렵했다. 나만의 책 쓰기로 네 번째 변신을 해서 세상에 선한 영향을 끼치다가고 싶었다.

그러려면 글쓰기 강좌에서 배우는 게 가장 빠른 방법이겠지만 경제적 여건이 허락하지 않아 도리가 없었다. 그렇다고 내 주변에 훌륭한 스승이 있는 것도 아니고. 할 수 없어 글쓰기와 책 쓰기 책을 한 권씩 읽으면서 배울 수밖에 없었다. 제일 먼저 실천했던 게 정약용 선생이 했던 초서법이다.

책을 읽다가 좋은 문장이나 단락이 나오면 책장 모서리를 접었고, 간혹 문장과 연관된 생각이 떠오르면 스마트폰 메모앱에 기록했다. 다 읽고 나면 노트북 앞에 앉아서 접어둔 모서리를 펴면서 옮겨 적는다. 얼마나 책을 안 읽었던지 처음엔 문장이 다 마음에 와 닿아 분량이 A4 용지로 10장을 훌쩍 넘겼다. 그렇게 하면 책을 두 번 읽는 효과가 있어 기억에 오래 남았다.

그리고 필사를 했다. 초서는 한 문장을 베껴 쓰는 일이지만 필사는 말 그대로 책 한 권을 베껴 쓰는 작업이다. 한번 시작하면 6시간 정도는 노트북 앞에 앉았다. 그러고 나면 어깨도 아프고 허리는 끊어질 듯 통증이 왔다. 그래도 참고 견뎠다. 무엇이라도 해야만 어떻게라도 되어 식구들을 위할 수 있다고 생각했다.

필사하면 신경숙 작가가 생각 난다. 그는 일하던 공장에서 잔업을 거부할 때 컨베이어 벨트 작업대 앞에서 《난장이가 쏘아올린 작은공》을 노트에 옮겨 적었다고 했다. 서울예술전문대학에 입학하고 한동안 대학생활에 적응 못할 때는 서정인 《강》을 읽다가 노트에 옮겨 적으면서 문학수업을 했다고 한다. 그냥 눈으로 읽을 때와 한 자 한 자 노트에 옮겨 적을 때 느낌이 달랐다고 하면서.

내가 필사하는 방법도 다르지 않았다. 감명을 받았던 책을 골라 필사했다. 하는 동안 마치 내가 작가라도 된 것처럼 뿌듯했다. 책에 나오는 문장을 한 글자씩 따라가며 노트북에 옮겨 적으면 머릿속 잡념도 사라졌다. 표현력이 뛰어난 소설을 필사하면 문장구조를 이해하는 데 도움이 되었고 맞춤법, 띄어쓰기, 단락 구분 등 교정지식도 배웠다.

페이스북을 활용해서 글쓰기도 했다. 책 이야기나 일상생활, 영화감상, 맛집 후기 등 여러 소재를 가지고 글쓰기를 했다. 그러면 누군가 내 글에 공감하고 댓글을 달았다. 이제껏 경험하지 못한 소통하는 즐거움에 재미가 생겨 글솜씨도 조금씩 나아지는 듯했다. 가상공간에는 장애와 비장애 구분이 없어 좋았다.

 휠체어 북코치의 삶을 바꾼 독서 이야기

아르헨티나 작가 보르헤스는 "글쓰기에 마법 같은 비결은 없다. 다만 계속 쓸 뿐이다. 거기서 마법이 나올 때까지 계속해서 쓰는 것이 유일한 비결이다"고 하는데 초보자인 나는 무얼 쓸지 고민이다. 철학자 강신주는 할 일을 마치고 돌아오면 원고지 10장을 쓴다고 하고, 소설가 김훈은 날마다 원고지 5매가 목표라고 한다.

일본 소설가 무라카미 하루키는《달리기를 말할 때 내가 하고 싶은 이야기》에서 "글쓰기는 마라톤과 비슷해서 남과 비교하지 말고 자신의 페이스를 유지해 나가는 것이 중요하다."고 말했다. 그러면서 재능과 집중력, 지속력이 있어야 된다고 했다. 하지만 유시민은 재능이 부족해도 비문학 글은 집중력과 지속력만 있으면 얼마든지 훌륭한 작가가 될 수 있다고《유시민의 글쓰기 특강》에서 말했다.

다시 말해 글쓰기의 80%는 재료에서 나온다는 얘기가 있다. 요리할 때 식재료가 준비돼 있으면 좋은 맛을 낼 수 있는 것처럼 글쓰기도 갖가지 재료가 필요했다. 지금 이 글에도 독서를 하면서 얻은 재료들이 많이 들어갔다. 휠체어 생활을 하는 내가 온갖 것들을 경험하는 데 한계가 있기 때문이다. 그래서 책을 통해 보고 듣고 느낀 간접경험에 내 생각을 더해 다양한 양념으로 사용했다.

당신도 글은 쓰고 싶은데 시간이 없거나 쓰기가 어려워 고민하고 있다면, 먼저 남이 쓴 글을 베껴 쓰면서 습관을 들이자. 그러면 차츰 글이 눈에 들어오는 걸 느낄 수 있다. 페이스북이나 블로거에 한 줄 쓰기를 하는 것도 괜찮다. 하지만, 이 모든 건 책읽기가 바탕이 되어야 한다는 사실을 잊지 말자.

내가 책을 읽은 까닭은 나를 변화시키는 데 목적이 있었다. 그리고 글쓰기는 과거를 찬찬히 돌아보며 생각하는 좋은 수단이 됐다. 책은 생각을 열어주는 도구이고, 글은 나 자신을 객관적으로 관찰할 수 있는 현미경이었다. 타자르 그라시안이 "기록은 기억을 지배한다."고 하더니 글쓰기를 하고 있는 동안 지난 기억들을 가져올 수 있었다.

나탈리 골드버그가 《뼛속까지 내려가서 쓰라》에서 글쓰기를 육체노동에 비유했다. 글을 잘 쓰려면 오로지 앉아서 손으로 글을 쓰는 행위라서 그렇다. 눈만 뜨면 직장으로 달려가듯이 한마디로 습관이 배여 생활의 일부가 돼야 한다는 말이다. 결코 쉬운 일이 아니지만, 글쓰기 책을 수백 권 읽는 것보다 한 줄을 쓰는 게 더 나았다.

시 쓰기 수업을 하면서 나는 경험했다. 일주일에 한 번씩 시 한 편 써오는 과제를 주는데 50자 내지 100자 되는 시를 쓰는 게 너무 힘들었다. 글감을 찾지 못해 헤매기도 하고 함축된 시어를 끄집어내기가 쉽지 않아 실망이 컸다. 평소 시집을 멀리하고 소설류 같은 책만 읽다 보니 시가 산문처럼 쓰였다.

하루는 큰맘 먹고 시립도서관에 들러서 시집을 잔뜩 빌렸다. 시집은 두께가 얇아 작정하고 읽었더니 두세 번 반복해서 읽을 수 있었다. 그리고 가슴에 와 닿는 시를 여러 편 필사했다. 그제야 시의 맛을 조금씩 느낄 수 있었다. 게다가 마음속 응어리진 아픔을 글로 담아내니 상처가 치유되는 기분도 들었다.

일단 써보면 안다. 무엇이 부족한지, 알면 채우게 된다. 그래서 무조건 써야 한다. 백 마디 말보다 실천 없는 생각보다 먼저 써야 한다. 쓰다 보면 자신도 모르는 생각이 불쑥 튀어나오는 경험을 하게 된다. 평소에 생각 없이 사는 나도 책 읽을 때나 글 쓸 때는 아무 데서나 떠오른 생각이 떠오른다.

그러면 집으로 돌아와 스마트폰 앱에 기록해둔 생각을 옮겨 적는다. 내가 구상하던 책 제목도, 목차도 그렇게 하나씩 만들었다. 내 책을 읽게 될 독자들한테 전하고 싶은 메시지도 한 줄 쓰기가 모여서 완성됐다. 생각만으로 책을 쓸 수 없기에 한 줄 두 줄 써내려가면서 책으로 펴낼 원고를 작성했던 것이다.

그랬다. 지난 17년간 해 놓은 건 없어도, 책을 통해 얻은 지식과 경험, 노하우가 하나씩 쌓이고 있었다. 신영복 교수는 자신이 쓴 《담론》에서 인간의 정체성은 소비가 아니라 생산을 통해 형성된다고 말했다. 이제야 내 삶에서 빠진 것이 무엇인지 알아채고 정체성을 찾을 수 있었다. 책을 읽기만 하는 소비에서 책을 쓰는 생산자로 변신을 시도하고 있으니 말이다.

이 책은 숙성기간도 길었다. 이미 주제는 4월쯤 설정돼 있었고, 목차 만들기와 소주제를 구상하면서 한두 꼭지 쓰기 시작했다. 그러다 정체기에 들어 한동안 책만 읽고 자료 수집하느라 글쓰기를 하지 못했다. 그래도 머릿속엔 항상 주제가 박혀있었기 때문에 책에서 자료를 찾는 데 도움이 됐다.

내가 책을 써야 한다는 사실이 잠재의식에 있어 사물을 보는 것도 자세히 관찰했다. 이건 시 쓰기를 하면서 생긴 버릇인데 통찰력을 키우기 위한 훈련이었다. 그러면 저절로 아이디어가 떠올라 스마트폰 메모 앱에 바로 적었다. 단어가 떠오르지 않으면 사진을 찍기도 했다. 이런 과정이 반복되면서 처음 작성했던 문장들이 조금씩 바뀌면서 더 짜임

새 있는 구조가 되는 듯했다.

글쓰기도 책읽기처럼 몰입해서 많은 시간을 투자하는 게 효과 있었다. 이렇게 숙성기간을 거친 글을 두 달 동안 집중해서 읽고 고치기를 반복했다. 아침 11시부터 오후 2시까지 장애인복지관에 있는 시간을 빼고 아침 9시부터 저녁 8시까지 글쓰기에 시간을 쏟아 부었다. 집중력이 떨어지면 책을 읽었다.

이런 생활을 반복하니 소제목이 머릿속을 떠날 수 없었다. 잠들기 전에 생각하면 잠에서 깨면 전날 쓴 글에서 고칠 부분이 생각났다. 복지관에 나갔을 때도 좋은 사례가 떠오르면 바로 메모앱에 메모했다. 그런 생각들을 다시 정리해 고쳤더니 한참 부족했던 글이 조금씩 나아지는 듯했다. 이 책은 그렇게 써졌다.

'세상에 공짜는 없다.'는 말이 새삼 떠오른다. 무턱대고 시작했던 책읽기가 밑거름이 되더니 이젠 글을 써서 책 쓰기에 도전하는 내 모습이 대견스럽다. 아무짝에도 쓸모없다고 생각했는데 내 인생 최고로 가치 있는 일을 할 수 있다니 가슴이 뛴다. 이건 나만이 할 수 있는 일이 아니다. 여러분도 할 수 있는 일이니 도전하시라.

04

절망을 치유하는 글쓰기

••• 내 안에 상처받은 몸을 치유하는 법

치유하는 글쓰기 연구소 박미라 대표는 자신이 쓴 《치유하는 글쓰기》에서 치유하는 글쓰기 기능을 다섯 가지로 정리했다. 첫 번째는 내 밖에 보관하기, 두 번째는 내면과의 대화, 세 번째는 자기 자신을 솔직하게 만들고, 네 번째는 거리두기, 다섯 번째는 내 마음과 상태를 관찰한다는 것이다. 아무튼 그렇게 쓰는 과정을 통해 우리는 자신을 돌아보게 된다고 얘기하고 있다.

살다 보면 누구나 비를 맞을 수 있고 어두운 날도 있는 법인데, 장애인으로 사는 내 삶은 식구들 앞에 언제나 죄인이다. 아내가 걸어 다니는 종합병원이 된 것도 안쓰럽고 미안하고, 자식들이 어릴 적 부모사랑을 못 받은 것도 내 탓이라는 죄의식이 늘 한구석에 남아 있어서다. 나로 인해 식구들의 헌신과 희생이 뒤따랐기 때문에 그랬다.

　그래서 내가 필요로 했던 것도 나 자신과 대화하기와 나 자신과 거리 두기였다. 실제로 지난 2년 동안 두 번에 걸쳐 시 쓰기를 하면서 그걸 경험했다. 내면에 깊이 박혀있던 울분과 분노를 맘껏 표출하면서 내 자신과 대화하고 거리두기로 다른 사람을 이해하는 마음이 생겨났다. 또 하나는 타인의 불행을 통해 자신의 행복을 찾는 것도 치유하는 글쓰기에서 얻은 이로움이었다.

　실제로 시 쓰기 수업에 참여한 회원들이 엮은 책 《걸을 수만 있다면 1, 2》를 읽은 많은 사람들이 자신과 비슷한 처지여서 위로를 받았다고 했다. 더 큰 불편을 안고 살아가는 사람들이 삶에서 경험한 이야기를 소박하고 진솔하게 쓴 글이 누군가에겐 희망이 되었다. 때론 남의 불행이 내 행복이 되고, 나를 안심시켜주는 역설이 있지만 상처 입은 마음을 치유하는 데 큰 역할을 했다.

　시 쓰기에 참여한 회원들이 처음엔 나이가 많고 글을 써본 적 없다고 힘들어했다. 글을 쓰고 싶은 사람한테 필요한 건 '나도 쓸 수 있어.' 하는 용기다. 다음은 자신이 드러내고 싶지 않은 상처나 약점, 치부를 생각나는 대로 솔직하게 쓰면 된다. 내면 깊숙이 숨겨놓은 상처를 밖으로 드러낼 줄 알아야 자신을 용서하게 되고 아픔도 치유할 수 있다. 다친 마음을 치유하는 시작과 끝은 드러냄에 있기 때문이다.

　그러다 보면 치유 과정에서 자기정화 반응이 일어나 자신의 건강을 지키게 된다. 다시 말해 앞으로 인생을 어떻게 살아가야 할지 삶을 대하는 태도가 바뀌게 된다. 삶의 의미를 발견하면 어떤 환경에서도 견뎌 낼 힘을 갖게 되기 때문이다. 그러니 지금 자기가 느끼고 말하고 싶은 것을 한 글자 한 글자 써보자. 진정한 나를 찾을 수 있도록 하는데 글쓰기만 한 것이 없다는 걸 나는 경험했다.

　　휠체어 북코치의 삶을 바꾼 독서 이야기

글쓰기를 통해 자신을 드러낸 사람이 의외로 많았다. 신체장애나 정신장애가 원인인 경우도 있고, 실패자로 살아온 경험 때문도 있었다. 그럼에도 굴하지 않고 경험한 것들을 밑거름 삼아 역경을 딛고 우뚝 일어섰다. 좌구명은 눈이 멀고서 《국어》를 썼고, 손자는 발뒤축을 잘린 뒤에 《손자병법》을 썼다. 사마천은 궁형을 당한 뒤 인간학 최고봉인 역사서 《사기》를 저술했고, 태어나면서 말더듬이였던 한비는 《한비자》를 썼다.

어릴 적 너무 가난해서 굶기를 밥 먹듯 한 권정생 선생도 그랬다. 현실을 부정하지 않고 살길을 찾기 위해 틈틈이 책을 읽고 글을 썼다. 늑막염에 폐결핵까지 겹치는 불행이 찾아와도 글쓰기를 멈추지 않았다. 스물일곱에 어머니를 잃고 얼마 뒤 아버지마저 세상을 떠나는 고통이 있었지만 어떻게든 살아야겠다고 마음먹고 더욱 열정을 바쳐 글을 썼다. 글을 쓰는 동안은 아픔과 슬픔을 잊을 수 있었다. 그러다 작품을 공모하는 기사를 보고 《강아지 똥》을 출품해 당선되었다. 이 책은 '생산성'이 없어진 내 처지와 비슷해 많은 위로가 됐다.

나는 한쪽 문이 닫히면서 길을 잃고 헤매다가 간신히 살았기에 내 삶을 더욱 소중하게 생각한다. 그 까닭은 치유하는 글쓰기를 통해 내 삶도 가치 있다는 걸 깨달았기 때문이다. 지금 당신이 나갈 문도 닫혔는가? 그렇다면 그 문을 닫은 사람도 당신이고, 다른 문을 두드려야 할 사람도 당신인 걸 알아야 한다.

··· 삶을 위한 글쓰기

인생에서 소중한 것들을 잃고 나면 그때서야 진정 삶의 소중함을 알게 된다. 내 경험을 통해 평소 당연하게 여겨온 것들이 특별한 선물이었다는 걸 깨달아서다. 지금 내가 삶을 위한 글쓰기를 하는 것도 감사하는 마음에서 시작됐다. 그래서 잃은 것보다 가진 것에 만족하며 스스로를 위로하기로 했다.

나는 이 책을 쓰면서 앞으로 어떻게 살 것인지, 어떻게 하면 절망적인 상황에 놓인 사람들한테 조금이나마 보탬이 되는 경험을 나눌 것인지 궁리한다. 흔히들 마음에 상처가 생기면 '시간이 약이다'고 하는데, 문제가 해결되지 않으니 심각한 우울증만 찾아왔다. 하지만 글쓰기로 우울한 감옥에서 빠져나올 수 있었다.

시인 T. S.엘리엇이나 장 폴 사르트르 같은 철학자는 위기에 직면한 존재의 절망적인 상황을 글로 많이 썼다. 당신도 불행한 운명에 놓여있다면 그들의 통찰이 필요하다. 절망적인 상황에 놓인 자기 삶을 객관적 입장에서 돌아보면 남은 여정을 더 씩씩하게 견딜 수 있기 때문이다. 그러면 가혹한 운명이 들꽃 같은 생명력을 불어넣었다고 생각하게 돼 고마운 스승으로 여길지도 모른다.

나는 지난 2년간 두 번에 걸쳐 중증장애를 가진 사람들과 시 쓰기 수업을 해왔다. 그 과정에서 장애를 이겨낸 사람들이 글쓰기라는 수단을 통해 내면 깊이 숨겨둔 상처가 치유되는 현상을 지켜봤다. 진정한 치유는 과거와 현재를 있는 그대로 받아들이는 데서 시작됐다. 이런 변화는 그들의 삶을 긍정하는 큰 힘이 됐다.

내 곁엔 아직도 마음에 난 상처를 치유하고 삶을 변화시킬 한 사람이 존재한다. 그는 지난 2년 동안 내가 장애인활동가로 상담을 하면서 알게 된 동료장애인이다. 사지마비장애인이 된 지 7년이 지났어도 현실을 받아들이지 못해 걸을 수 있기만 기대하며 병원 안에서만 지낸다. 살았기에 다시 살아갈 수도 있는데, 하루하루를 비관 속에 살면서 스스로의 삶을 파괴하고 있다.

내가 처한 상황을 남들과 나눌 수는 없더라도 부정적인 마음만 버리면 얼마든지 살아갈 수 있는데도 말이다. 물론 쉽지 않은 일이지만 이러한 태도만이 나중에 치명적인 결과를 막을 수 있는 유일한 방법이기 때문에 그렇다. 여행을 하려면 내가 서있는 곳에서 출발해야 하듯 내가 원하는 세상으로 나가려면 자신을 온몸으로 받아들여야 하지 않을까.

대개 사람들이 불행과 대면하면 '왜 하필 나인가?' 하고 먼저 반문한다. 나도 17년 전엔 그랬다. 그래서 1년 동안 병원생활을 했고 퇴원하고도 쉽사리 사회에 적응하지 못했다. 그러는 동안 해결된 건 아무것도 없었다. 그럴 바엔 차라리 '나는 괜찮아!'라고 말하며 당당하게 살았더라면 더 나은 삶을 살았을 텐데.

세르반테스는 어린 시절 가난하게 살았다. 청년 시절에는 전쟁에 참가해 싸우다 한쪽 팔에 총을 맞아 장애가 있었다. 그리고 고국으로 돌아오다 해적에게 붙들려 5년 동안 노예로 살았다. 그뿐 아니다. 돈을 맡겨 놓은 사람이 배신하는 바람에 감옥에 갇히는 신세가 되었어도, 절망하지 않고 죽기 살기로 글을 썼다. 세르반테스는 쉰여섯 살에 《돈키호테》를 쓰기 시작해서 쉰여덟에 완성했다.

영국을 대표하는 작가 찰스 디킨스를 보자. 그도 해군 경리국에서 하급 관리로 일하는 아버지 밑에서 어린 시절을 가난하게 보냈다. 그래서 친구들이 학교에서 공부하는 동안 공장에서 일했다. 힘든 일을 하는 중에도 작가가 되겠다는 꿈이 있어 틈틈히 글을 썼다. 그 결과 학교라고는 4년밖에 다닌 적 없었지만 셰익스피어와 대등할 만큼 세계적인 작가가 되었다.

브라질을 대표하는 작가 파울로 코엘료 역시 자신의 삶을 혁명한 사람 중 한 사람이다. 하지만 그의 청소년기는 우울증과 분노, 심한 갈등과 스트레스로 정신병원에 세 차례나 입원하는 불행한 시기를 보냈다. 청년 시절엔 브라질 군사독재에 반대하다 두 번이나 수감되어 혹독한 고문을 당했다. 그러다 마흔한 살에 출간한 《연금술사》로 세계적인 작가의 반열에 오를 수 있었다.

세르반테스가 왼쪽 팔에 장애를 입고, 노예 생활을 하는 등 많은 어려움을 겪고도 훌륭한 작품을 쓸 수 있었던 까닭은 끝까지 포기하지 않았기 때문이다. 글은 학력이 아니라, 재능과 능력으로 쓴다던 디킨스가 성공할 수 있었던 것도 자신한테 엄격하고 치열한 삶을 살았기 때문이다. 파울로 코엘료도 마찬가지다. 이들은 절망하지 않고 자신의 운명에 저항했기 때문에 당당하게 살 수 있었다.

인생에는 돌이킬 수 없는 두 가지 후회가 있다고 한다. 하나는 기회가 왔을 때 시도하지 않은 것에 대한 후회요, 다른 하나는 시도하고 실패해버린 것에 대한 후회라고 한다. 실패하는 후회를 남기더라도 시도하는 삶이 낫지 않을까.

05

일독필서 메모로 글쓰기

··· 읽고 적고 생각하는 메모법

"옛날 사람들은 책을 읽다가 요긴한 대목을 만나면 곁에 쌓아둔 종이를 꺼내 옮겨 적었다. 이렇게 적은 쪽지들이 상자에 잔뜩 쌓인다. 그러면 어느 날 계기를 마련하여 상자를 열고 그 안의 내용을 하나하나 검토한다. 초서할 당시에 이미 주견이 서 있었으므로, 갈래별로 나누는 것은 그다지 어려운 일이 아니었다."

이 방법은 정민 교수가 쓴 《다산선생 지식경영법》에 나오는 정약용 선생 메모 방식을 옮긴 것이다. 내가 사용하는 메모 방식도 이랬다. 단지 필기도구를 손에 쥘 수 없어 노트에 옮겨 적지 못할 뿐이다. 먼저 일독할 때 중요한 문장이 있으면 모서리 부분을 접어두었다가 다 읽고 책을 처음부터 다시 넘기면서 접힌 부분을 노트북에 옮겨 적었다. 그러면 책을 반복해서 읽는 효과가 있어 기억이 오래갔다.

그게 다가 아니다. 노트북에 옮겨 적은 문장을 다시 읽으면 내 처지와 비슷한 상황에 놓인 문장을 찾게 되고, 불현듯 떠오른 내 생각까지 더했다. 이렇게 하다 보면 책 한 권 읽고 메모하는 데 꼬박 하루가 걸렸다. 처음에는 읽는 속도가 느린 데다 머릿속도 허기져 있어 모든 문장이 마음에 와 닿았기 때문이다.

그러는 동안 내 생각들이 삶의 형태를 바뀌게 했고, 어느 순간부터 밖으로 표출하고 싶은 마음이 생겼다. 글을 써서 많은 사람들한테 책 읽기가 사람을 변화시킬 수 있다는 걸 알리고 싶었다. 실제로 그렇게 적어둔 글을 고치고 다듬어서 공모전에 출품해 여러 번 입상한 경험도 있다. 지금 이 책에 나오는 정보와 지식도 그때 메모해둔 자료에서 추출해 내 생각이 더해진 결과물이다.

글을 쓰려면 자료를 수집하는 메모를 많이 해야 했다. 글쓰기 자료는 신문이나 잡지, 인터넷 검색 등 다양한 경로를 통해 수집할 수 있지만, 정확한 정보를 수집하기에는 책이 가장 효과적이었다. 그래서 읽고 나면 반드시 기록했다. 시간이 없을 때는 사진으로 찍어 보관한 뒤 나중에 옮겨 적었다.

지금 내 노트북에 저장된 내용은 책을 읽고 메모한 글이 대부분이다. 간혹 책 읽는 도중에 떠오르는 아이디어가 있으면 스마트폰 메모앱을 사용하기도 한다. 손가락을 움직일 수 없으니 노트에 메모하는 건 불가능한 일이다. 물론 녹음하면 되는데 가능하면 내 몸을 사용한다. 행동 하나하나가 내겐 재활이기 때문이다. 그런 다음 다 읽고 나면 노트에 다시 옮겨 적고 생각을 더한다.

처음엔 그냥 읽기만 했더니 금방 잊어버리고 갑자기 떠오른 생각도 나중에 기억나지 않아 여러 번 애먹었다. 뭔가가 생각났는데 기억하지 못해 정말 답답했다. 이런 불편을 경험했기 때문에 메모하는 훈련을 했던 것이다. 이제는 문득문득 생각나는 순간을 스마트폰에 바로바로 메

　휠체어 북코치의 삶을 바꾼 독서 이야기

모하거나 녹음하고 사진으로 남긴다. 행복했던 순간들은 페이스북에 글을 올려 추억이 되기도 한다.

페이스북에서 소통하는 지인이 있다. 그는 36년간 쉼 없이 일기를 써 온 일기쓰기의 장인이다. 2016년엔 62권의 일기장과 편지, 각종 기록물 199점이 대한민국 국가기록원에 국가기록물로 등재되는 경사도 있었다. 지금은 인생기록연구소를 만들어 "내 인생을 기록으로 남기자"는 캠페인을 벌이고 있으며, 《기록하는 인간》 책을 펴내 인생 2막을 강연가로 활발하게 활동하고 있다.

그는 30년 군대 생활 동안 메모를 해왔는데, 그 까닭은 나만의 방법으로 기록해서 생활에 활용하기 위해서라고 밝혔다. 날마다 일기를 쓰면서 자신과 주변 인물을 관찰하고 스스로 반성하면서 개선책을 찾는 계기가 됐다고 하면서. 그랬기 때문에 새로운 인생 2막을 여유롭게 보내는지도 모르겠다.

기록은 개인의 역사가 분명하다. 아내는 결혼하고부터 지금까지 가계부를 쓰는데, 거기에 보면 금전출납뿐 아니라 자기한테 일어난 소소한 일상까지 기록해 둔다. 남편의 장애 때문에 어떤 고통을 겪었는지, 가정이 파탄지경에 이르렀을 때 어떻게 살아냈는지, 심지어는 내가 똥 싼 날까지 기록되어 있다. 이 책을 쓸 때도 아내 도움을 많이 받았다. 기억나지 않은 일을 아내가 적어 놓은 메모로 되살릴 수 있었다.

당신은 책읽기와 메모의 공통점을 아는가. 그건 바로 자기경영이다. 책을 읽고 문장을 옮겨 적는 과정을 통해 내 부족함을 돌아보고 결점을 보완해서 장점으로 실천하는 계기가 됐다. 차츰 변해가는 내 모습을 보면서 '나도 할 수 있다'는 자신감이 생겼다. 아마 세상을 뒤흔든 위인들이 그래서 메모광이었는지도 모르겠다.

••• 기록이 기억보다 강하다

우리는 기억하려는 것을 실제로 기억할 수 있고, 망각하려는 것을 실제로 망각할 수 있을까. 나는 예전에 아무것도 기억하고 싶지 않을 때가 있었다. 하지만 망각하려 해도 잊히지 않고 기억하려 해도 잊히는 일이 다반사였다. 기억과 망각이 없는 삶은 현실적으로 있을 수 없다는 걸 알았다. 그랬다. 새로운 삶을 살기 위해서는 싫든 좋든 과거의 역사를 기억하고 성찰하는 자세가 필요했다.

나는 날마다 아침 9시쯤이면 식탁에서 책을 읽는다. 그리고 10시에는 노트북 앞에 앉아 전날 읽은 책에서 좋은 문장을 찾아 옮겨 적는다. 그러고 나면 11시쯤에 휠체어택시를 타고 장애인복지관에 간다. 그저 문장을 옮겨 적기만 했는데도 30년 허기진 영혼에 영양이 공급된 것 같아 온종일 마음이 든든했다.

독일 심리학자 헤르만 어빙하우스 망각이론에 따르면 보통 사람들은 학습하고 10분 뒤부터 망각이 진행돼, 1시간 뒤엔 50%가, 하루가 지나면 70%를 망각한다고 한다. 하물며 순간적으로 떠오른 생각은 오죽하겠는가. 우리는 하루에도 수많은 생각을 한다. 대부분은 어제 했던 쓸데없는 고민이지만 가끔은 신선한 아이디어도 떠오른다. 하지만 몇 분을 넘기지 못한다. 메모는 그래서 필요하다.

메모는 중요한 일을 잊어버리지 않도록 해줄 뿐 아니라 순간에 떠오른 창의적 발상을 기억하게 도와준다. 메모를 하는 것은 삶을 생생하게 만든다. 그래서 성공하는 사람들은 메모하는 습관으로 능력을 키운 것이다.

링컨은 항상 모자 속에 종이와 연필을 넣고 다니면서 즉시 기록하는

   휠체어 북코치의 삶을 바꾼 독서 이야기

습관이 있었고, 슈베르트는 입고 있던 옷에 떠오른 악상을 적을 정도로 메모광이었다. 1,093건이나 되는 특허를 낸 에디슨도 초등학교를 마치지 못한 청각장애인이었지만 영감을 얻기 위해 책을 읽고 메모를 했다. 역사상 가장 천재로 꼽히는 레오나르도 다빈치도 30년에 걸쳐 5천 장이나 되는 기록물을 남겼다고 한다.

자녀경영연구소를 운영하며 강연가로 활동하는 최효찬 작가가 쓴 《한국의 메모 달인들》에 성공신화를 이룬 14인의 메모광들을 소개했다. 그는 들어가는 말에도 '적는 자만이 살아남는다'를 화두로 삼았고, 10년 동안 1만 시간을 메모하면 인생이 바뀐다고 할 정도로 메모의 중요성과 필요성을 강조했다. 지금부터 공감한 두 사람을 소개할 테니 메모 습관들이기에 참고가 됐으면 좋겠다.

주로 냅킨에 메모를 하며 실리콘벨리에 사무실을 두고 한국과 미국을 오가며 바쁘게 살고 있는 이노디자인 김영세 대표도 메모광이다. 디자인계의 아카데미상으로 일컬어지는 IDEA 금·은·동상을 모두 수상하는 진기록을 남긴 그는 특이하게도 냅킨에 아이디어를 스케치한다. 더 재밌는 건 《12억 원짜리 냅킨 한 장》이라는 책도 펴냈으니 냅킨 메모의 최강자답다. 특이점은 문자가 아닌 이미지를 스케치한다.

경영컨설턴트인 윤은기는 시(時)테크를 처음 만들어낸 인물로 《정보학 특강》 책을 출간하면서 메모의 중요성을 강조해 왔다. 왜냐하면 그 책은 메모해 놓은 자료와 알고 있는 것만으로 책을 냈기 때문이다. 지금까지 그가 펴낸 책이 20권이 넘는데 이 역시 메모에서 출발했다고 한다. 확실히 메모가 차곡차곡 쌓이면 책이 될 수가 있다는 걸 증명해주는 좋은 사례다.

메모가 작고 보잘것없어 보였지만 발휘하는 힘은 강력했다. 그 까닭은 대부분의 메모 달인들이 하는 메모에는 뚜렷한 목적이 있었다. 하긴 기록만 하고 활용하지 않는다면 그냥 낙서장과 다를 게 무엇인가. 그래서 달인들은 목적의식을 갖고 메모하는 것이 무엇보다 중요하다고 한 것이다.

메모광들은 고난과 장애에도 불구하고 자신이 정한 규칙을 지키면서 목표에 한 발짝씩 접근했다. 다시 말해 메모를 하면서 더 가치 있는 삶을 살았던 것이다. 그래서 메모를 습관화 하면 내 인생도 바꿀 수 있을 것이라 믿었다. 드디어 글을 쓸 수 있게 되었고, 그로 인해 나만의 차별화된 컨텐츠가 만들어졌다. 메모가 자기경영의 출발점이 확실했던 것이다.

06

작가를 만나
고치고 다듬자

니체가 "인간은 경험한 것만큼만 쓸 수 있다."고 한 것처럼 나는 내가 삶에서 경험하고 독서를 통해 배우고 깨달은 나만의 생각을 썼다. 비록 좌절하고 절망했던 길을 걸어왔지만 그래도 세상은 살아볼 만했다. 장애와 차별, 고통, 불안한 앞날, 돈, 얼룩진 상처로 결코 순탄하지 못한 삶을 살아왔지만, 그럼에도 다시 일어설 수 있었던 건 책이 있었고 글이 있었기 때문이다.

또 다른 변화는 책이 연결고리가 되어 오프라인과 온라인에서 만나는 인간관계도 서서히 바뀌었다. 글쓰기를 간절히 하고 싶은 염원이 생기면서 합천 산골에서 농사짓는 서정홍 농부시인을 만났다. 장애인종합복지관에서 서정홍 농부시인을 초청해 2015~2016년 두 차례 동안 10회에 걸쳐 '삶을 가꾸는 글쓰기'를 했기 때문이다.

그는 과거 노동자로 살면서 글쓰기를 해 1992년 제4회 '전태일 문학상'을 받고 난 뒤 여러 동시집과 시집을 펴냈다. 지금은 '우리농촌살리기운동본부'에서 우리 농촌과 환경을 살리는 '생명공동체운동'을 하면서 해마다 '생태귀농학교'를 열어 아이들한테 시를 가르치고 쓰는 농부로 살아간다.

함께 한 사람은 대부분 중증장애인이었다. 우리는 살면서 보고 듣고 경험한 것들을 시로 표현해 토론하고 고치는 과정을 거쳤다. 그 결과물로 장애인복지관 지원을 받아서 《걸을 수만 있다면》 시·에세이를 출간하기도 했다. 장애를 입고 사회적 차별 속에서 겪어야 했던 이야기를 솔직한 심정으로 썼기 때문에 많은 사람들로부터 위로와 공감을 얻었다. 아마도 누구나 겪을 수 있는 일이라서 사람들 마음을 열 수 있었던 것 같다.

시는 단 한 줄로도 울림으로 다가와 감동을 주고 스스로를 돌아보게 했다. 혼란스런 정신을 안정시키고 사물을 새로운 관점으로 보는 통찰력을 키웠다. 그때부터 시에 취해 그가 쓴 《58년 개띠》를 시작으로 김소월, 고은, 백석, 함민복 시집을 빌려보고 시상을 찾느라 사물을 관찰하면서 많은 시간을 보냈다. 그렇지만 시를 창작하는 건 너무 힘들고 고통스러워 잠시 접어두고 책을 읽고 글쓰기에 집중했다.

책 쓰기를 하고 싶은 간절함이 통해서 2017년 페이스북을 통해 동화작가 고정욱 박사를 알게 되었다. 그리고 책 쓰기 교실에서 2시간 동안 특강을 들으면서 인생 역경도 엿볼 수 있었다. 그도 소아마비장애로 휠체어를 타는 1급 장애인이다. 그럼에도 불구하고 26년간 꾸준한 자기 경영으로 누적판매 400만 부를 돌파한 대작가로 왕성한 활동을 하고 있다. 그뿐 아니다. 1년에 300회가 넘는 강연을 소화하면서 장애인식개선에도 온 힘을 쏟는다.

   휠체어 북코치의 삶을 바꾼 독서 이야기

그의 열정은 거기서 끝이 아니다. 후배양성을 위해 글쓰기 교실도 운영하고 있다. 그때는 형편이 어려워 함께 하지 못하지만, 언젠가 기회가 온다면 꼭 그에게 글쓰기를 배우고 익히고 싶다. 말과 글이 행동이 되는 인물이기에 스승이자 롤모델로 충분하니까. 그가 말했다. '삶에서 묻어나는 이야기를 잘 기억해서 진정성 있는 글을 쓰라'고, 자신의 이야기를 써야 사람 마음을 열 수 있다고 했다.

《잃어버린 시간을 찾아서》를 쓴 작가 마르셀 프루스트는 '경험이 삶이고, 삶이 곧 문학'이라고 말한 바 있다. 작가들이 하는 말은 늘 한결같다. 지난해 8월 페이스북에서 친구 맺기로 알게 된 《무릎》 시집을 낸 정온유 시조시인도 그랬다. 하루는 직접 전화를 해 시를 짓기에 너무 훌륭한 자산을 가지고 있으니 내가 가진 장애를 부끄럽게 생각하지 말고 시로 표현해 세상과 소통했으면 좋겠다고 조언했다.

그것이 인연이 되어 지난해 11월 동료장애인들과 함께 시조 향기에 흠뻑 빠져드는 경험을 했다. 경기도 남양주와 경남 진주를 왕복하느라 반나절 넘는 시간을 길가에 허비하면서도 힘들어하지 않고 도리어 하나님이 주신 재능을 여러 사람과 나눌 수 있어 행복하다고 했다. 그러면서 경험이 삶이기 때문에 장애를 문학으로 승화시킬 수 있는 통찰력을 키우라고 했다. 그의 뜨거운 열정이 한없이 고마웠다.

이외에도 페이스북을 통해 알게 된 시인과 작가들이 많다. 나는 그들이 쓴 글을 읽고 글쓰기와 독서하는 기술을 꾸준히 배우고 있다. 왜냐하면 닫힌 마음을 열 수 있는 글을 써서 선한 영향력을 남기고 싶기 때문이다. 이제 머지않아 세상과 소통하는 그날이 오면 말과 글로 섬기는 삶을 살 것이다.

농부시인과 두 차례에 걸쳐 《걸을 수만 있다면》 시집 출간 작업을 하면서 편집과 교정 작업을 배웠다. 그래도 아직은 턱없이 부족하지만 좋은 경험이었다. 동화작가 고정욱 박사와 책 쓰기 특강을 하면서 무엇을 어떻게 쓰고 문장은 어떻게 고쳐야 하는지도 배웠다. 정온유 시조시인과 첨삭하는 시간을 통해 시 한 편이 탄생하기까지 수십 차례 고치고 다듬는 과정을 거쳐야 한다는 걸 다시 확인했다.

더구나 시조를 배운 뒤 글이란 말하듯이 써야 읽히기 쉽다는 걸 알았다. 글도 말과 같아서 운율에 맞춰 한 호흡으로 읽혀야 부담이 없고 간결한 문장이 된다고 했다. 시조가 시나 산문의 근간이라고 하더니 운율을 알고부터 문장을 고치고 다듬는데도 많은 보탬이 됐다. 그래도 갈 길은 아직 멀기만 하다. 하루아침에 이루어지는 건 세상에 없다는 말이 새삼 가슴에 와 닿는다.

전작주의 독서법을 하면서 작가의 인생관과 세계관을 엿볼 수 있었던 이외수 선생은 100만 명이 넘는 팔로워를 보유하고 있다. 140자 내외 글쓰기로 간결하면서도 위트있는 비판적 글쓰기를 해 젊은이들을 열광케 만드는 문장가다. 그는 글을 쓰기 위해 작업실로 들어가면 다 쓸 때까지 방에서 나오지 않는다고 한다.

얼마나 집중력이 강하냐 하면 주로 엎드려 글을 쓰는 탓에 허리가 구부정하고, 눈을 원고지 가까이 대고 쓰는 습관 때문에 왼쪽 눈 수정체가 파괴됐다고 한다. 그리고 완벽을 기하느라 마음에 들 때까지 문장을 고치고 또 고치기 때문에 글을 다 쓰고 나면 집필한 책 전부를 외울 정도라고 한다. 70세가 넘는 이외수 선생이 40년 넘도록 그렇게 글을 써왔다니 그저 경이롭기만 하다.

　강철은 뜨겁게 달궈진 쇠를 찬물에 여러 번 식혀서 다시 망치질하는 과정을 거쳐야 더욱 단단하게 태어난다. 글쓰기도 마찬가진 것 같다. 글쓰기의 재료인 자신의 경험을 가지고 오랜 담금질을 거쳐야 독자들 마음을 사로잡는 글이 탄생하는 것 같다. 거기다 절망과 실패와 같은 경험은 자신을 담금질하는 데 좋은 도구가 된다고 하니 생생하게 살아 있는 경험을 끌어내기 위해 내면의 목소리에 귀를 기울여 글을 쓰고 담금질하자.

　도스토옙스키는 20년 넘게 글을 썼을 때도 평론가로부터 "어쩌면 그렇게 형편없는 글, 믿기 어려울 정도로 형편없는 글을 써서 읽는 사람들에게 깊은 감동을 줄 수 있을까?"하는 비평을 들었다고 한다. 헤밍웨이도 다르지 않았다. 무명작가 시절에 '이런 글 실력으로는 절대로 작가가 될 수 없다'는 평가를 받았다. 그런 까닭 때문인지 《노인과 바다》를 200번이나 고쳐 썼다는 말까지 있다.

　나는 몇 번을 고쳐 썼는가. 지난번 시 쓰기를 할 때도 한 번에 도깨비 방망이 두들기듯 써내려가고는 시 쓰기가 힘들다고 농부시인한테 투덜거렸던 기억이 난다. 그랬더니 그가 '자신은 20년을 써왔는데 이제 막 시를 접했으면서 너무 조급하다'는 말을 했다. 그것 말고도 지난날 망신당한 생각이 떠올라 얼굴이 화끈거렸다.

　마크 트웨인이 "글쓰기는 쉽다. 잘못된 단어를 지우기만 하면 된다."고 말했다. 그래서 틈날 때마다 썼던 글을 소리 내어 읽으면서 고치고 다듬는 과정을 수차례 했는데 글쓰기 초보라는 한계를 벗어나긴 힘들었다. 다만, 거짓된 글이 없는지 다시 한 번 살피고 진정성 있는 글을 쓰기 위해 최선을 다했다.

첫술에 배부를 수는 없는 법이다. 생애 첫 책을 쓰면서 전업 작가에 버금가는 문장을 쓰려는 건 있을 수도 없는 일이다. 너무 잘 쓰려고 했더니 문장은 생각나지 않고 써지지도 않았다. 그래서 욕심내지 않고 그냥 머릿속에 떠오르는 대로 적고 사례와 인용 글을 적절하게 섞으면서 문장의 흐름을 살펴 고치고 다듬었다.

글쓰기 고수들은 일단 무조건 아무거나 쓰라고 말한다. 헤밍웨이도 "모든 초고는 걸레다."고 말하지 않았던가. 그러니 당신도 망설이지 말고 지금 당장 글쓰기를 시작해 책 쓰기로 새로운 인생 2막에 도전해보시라.

07

반드시 책을 써야 할 사람들

••• 책 쓰기는 최고의 자기계발이다

요즘 세상이 두려움의 대상이 돼버린 사람이 참 많다. 원인은 장애나 질병인 경우가 있고, 취업이나 사업에 실패한 경험 때문이다. 프랑스 작가 마르셀 프루스트는 9세부터 천식을 앓아 죽을 때까지 고통으로 살았다. 그래서 사방을 코르크로 막은 방 안에 살면서 자신의 모든 걸 글에 쏟아 부었다. 14년간 외부와 연락을 끊고 생사를 오가는 발작을 견디며 쓴 소설 《잃어버린 시간을 찾아서》도 그렇게 해서 탄생했다.

나도 한동안 바깥세상과 단절하고 책읽기만 했다. 그런데도 내 경험과 지식을 여러 사람과 나누기엔 많이 부족했다. 타인을 온전히 이해하는 건 어려운 일이라서 나 자신을 관찰하고 이해할 필요를 느꼈다. 더구나 장애인활동가로 세상에 선한 영향력을 전파하려면 먼저 전문성을 인정받아야 했다.

그래서 책 쓰기 열풍이 요즘 불고 있는지도 모른다. 나도 이번에 책 쓰기 교실을 통해서 왜 평범한 사람들도 책을 써야 하는지 확실히 깨달았다. 책 한 권 쓰려고 관련도서를 200권 이상 읽고 공부했다. 이 과정을 통해 배운 진실 하나는 사람은 하지 않아서 못할 뿐 불가능은 없다는 걸 다시 확인할 수 있었다.

더불어 새로운 지식을 얻고, 많은 사색을 했다. 무엇보다 중요한 건 그동안 해왔던 일들을 관찰자 입장에서 바라볼 수 있게 되어 남은 인생을 어떻게 준비하고 어떤 태도로 살아야 할지 생각하게 되었다. 그 결과 '준비하고 도전하면 뭐든 할 수 있다'는 희망을 도출할 수 있었다.

나는 이 책을 삶에서 경험하고 책에서 얻은 지식으로 고통받는 사람한테 위로가 되었으면 하는 마음으로 썼다. 실패를 경험한 사람한테 용기가 되고, 새로운 인생에 도전하는 은퇴자를 위해 불쏘시개 역할이 되길 바랐다. 비록 내 삶이 보잘것없어도 다른 누군가에겐 희망이 되기를 바라면서 썼다.

읽어보면 지난 17년 동안 겪었던 좌절과 실패로 인한 고통, 새로운 도전을 위한 인생의 역경을 한눈에 알 수 있다. 그냥 남의 책을 무조건 인용해서 쓴 글이 아니라, 아무리 힘들고 괴로운 상황이 오더라도 포기하지 않고 도전하면 언젠가 꿈을 이룰 수 있다는 실제 이야기를 담고 있다. 나만이 가진 인생경험으로 진솔하게 표현해 차별화를 시도했다.

세상은 인공지능시대다. 책을 읽고 소비하는 사람으로만 살 게 아니라, 지식과 경험을 책 한 권으로 펴낼 수 있는 '생산자'로 살아야 한다. 경영전문가 공병호 박사는 해마다 책을 서너 권씩 쓴다고 한다. 까닭은 자신만의 브랜드 가치를 계속 알리기 위해서다. 이제 경쟁에서 살아남으려면 자기 분야에서 새로운 콘텐츠를 생산해야만 하는 시대다.

기원전 6세기경 그리스 노예이며 작가였던 이솝을 아는가. 그는 노예 신분이라서 사람 대우를 받지 못해 하루하루가 지옥 그 자체였다. 그럼에도 이야기를 잘 지어낼 수 있었던 건 가장 낮은 곳에 있어서 세상의 소리를 잘 들을 수 있었다. 그래서 천부적인 재능과 화술로 노예에서 해방되었는지 모른다.

몇 년 전 101세로 세상을 떠난 일본 시인 시바타 도요 할머니를 아는가. 그는 평생토록 글 쓰는 일과 무관한 삶을 살다가 92세에 아들이 권유해 시를 쓰기 시작했다. 그리고 98세에 첫 시집 《약해지지 마》를 출간해 100만 권 넘게 팔리는 일이 있었다. 평범한 할머니였다가 시를 써서 특별한 인생을 살았다.

당신도 자신의 인생을 바꾸고 싶은가. 그러면 심장을 뛰게 하는 나만의 콘텐츠를 찾아서 책 쓰기를 하자. 그런 책은 벼랑 끝에 내몰린 사람을 다시 살게 하는 힘이 있다. 《사기》가 그랬고, 《사흘만 볼 수 있다면》, 《죽음의 수용소에서》, 《사람은 무엇으로 사는가》, 《내 눈엔 희망만 보였다》, 《체 게바라 평전》이 내 심장을 뛰게 만든 책 가운데 일부분이다. 더구나 《사기》는 4년간 주식 실패로 좌절했을 때 다시 살아갈 힘을 얻기 위해 읽고 또 읽었던 책이다.

그렇다고 이런 책을 쓰라는 건 아니다. 이런 책들은 엄청난 노력과 인내를 거쳐야 세상에 나오지만, 내가 살아온 삶을 이야기할 수 있는 책은 누구나 쓸 수 있다. 조금 서툴고 부족할지라도 진정성을 담아서 나만의 역사를 남기는 일에 도전해보길 바란다. 그러면 당신의 삶이 바뀔 것이다.

내 인생의 터닝포인트로 삼고자 했다. 내 이름으로 된 책으로 한 분야에 전문가로 활동하고 싶었다. 노동으로 비장애인과 경쟁한다는 건 맨땅에 헤딩하는 것과 같았으니까. 그래서 나만이 할 수 있는 브랜드를 만들어 생산가치 있는 존재로 다시 태어나기 위해 5년을 준비했던 것이다.

이 글을 읽는 당신도 강사가 되려고 한다면 먼저 책부터 쓰라고 권하고 싶다. 전문 강사로 성공한 사람들은 대부분 자기 이름으로 된 책을 가지고 있었다. 현장에서는 책을 낸 강사인지, 몇 권의 책을 쓴 강사인지에 따라서 강사를 대우하는 태도가 완전히 달라진다고 한다.

왜냐하면 강사라는 직업이 지식을 파는 직업이 아니라 메시지를 파는 직업이라서 그렇다고 한다. 똑같은 주제로 강연을 해도 메시지가 있는 강사인지, 그저 지식만 전하는 강사인지에 따라 강연 수준도 하늘과 땅 차이라서 그렇다. 또 한 가지는 말만 잘하는 강사보다 생각을 전달하는 강사가 필요해서다.

책을 쓴다는 것은 머릿속 생각을 적는 일이라서 생각나는 대로 말하는 사람과는 차원이 다르다. 유능한 강사가 하는 강연을 들어보면 청중을 압도하는 힘을 느낄 수 있다. 그건 자신이 쓴 글로 강연을 하기 때문에 머릿속에 이미 강연할 모든 내용이 담겨져 있어서 그렇다. 두세 시간 동안 강연할 이야기가 강사의 머릿속에 들어 있는 것이다.

성공한 강사들은 책을 쓰면 강연준비가 완벽하다는 걸 누구보다 잘 알아서 자신이 가진 능력을 개발하기 위해 책을 썼다. 강의가 있는 바쁜 일정에도 끊임없이 자기계발을 했다. 그리고 해마다 한 권 이상 책을 쓰는데 많은 시간을 투자했다. 그들은 책을 쓰면 강연준비가 완벽해진다는 것을 알고 있었다.

직장인도 마찬가지다. 자신이 맡은 분야에서 나만의 차별화된 능력, 나만의 경쟁력을 보여주기 위해 책 쓰기만 한 게 없다고 생각한다. 이와 관련해서 세계적인 경영 석학인 톰 피터스가 전형적인 지식인의 한 사람으로 꼽은 인물이 있어 소개한다.

미국 리츠칼튼 호텔 청소부인 버지니아 아주엘라다. 그는 24살에 아메리칸 드림을 꿈꾸며 필리핀에서 미국으로 이민 온 여성이다. 하지만 최종학력이 고등학교 졸업인 그가 할 수 있는 일은 호텔 청소부였다. 그래도 실망하지 않고, 호텔 객실 서비스분야에서 1등이 되겠다는 꿈을 갖고 최선을 다해서 일했다.

예를 들어 청소도구와 비품을 담은 카트에 작은 수첩을 걸어두고 고객의 이름과 특성, 요구사항을 기록해 맞춤형 서비스를 했다. 뿐만 아니라 생산성을 높이려고 침대정리와 욕실청소 방법도 개선했으며, 자신의 노하우를 직원들과 공유했다. 더 중요한 건 청소하다가 발견한 문제점을 노트에 기록하고, 해결 방법까지 찾아내 경영진에 보고했다. 이런 노력으로 그는 객실 품질관리 책임자 자리까지 오를 수 있었다. 훗날 그는 청소 노하우를 바탕으로 컨설팅 사업에 진출하기도 했다.

그러니 당신도 이 시간이후 자신의 업무를 연구하고 기록해 매뉴얼로 만들어라. 책 쓰기는 매뉴얼에서 시작된다. 자신이 직접 경험하고 실천해서 얻은 것들을 기록하고 정리하라. 그러면 당신은 남들과 다르게 생각하는 방법을 터득할 것이다. 그리고 책 쓰기에 도전하면 당신은 승진을 향해 나아간다는 걸 알게 될 것이다.

CEO도 책을 써야 한다. 기업의 존재가치를 소리 내어 외쳐야 고객도 감동시킬 수 있다. CEO가 앞장서야 고객들이 공감하고 마음을 더 활짝 연다. 어떤 광고 수단보다 효과적인 게 책이란 걸 기억해야 한다. 《육일약국 갑시다》를 쓴 김성오 대표와 《총각네 야채가게》를 쓴 이영식 대표도 자신의 경영이야기를 책으로 출간해서 대박을 터트렸다. 책을 통해 브랜드와 상품을 소개해서 소비자한테 신뢰를 얻었고, 그 효과는 매출상승으로 이어졌다.

당신은 어떤 강사가 되고 싶은가? 필리핀 속담에 '하고 싶은 일에는 방법이 보이고, 하기 싫은 일에는 변명이 보인다.'는 말이 있다. 무엇이든 할 수 있다고 생각하는 사람은 방법을 찾기 위해 노력하지만, 해보기도 전에 할 수 없다고 생각하는 사람은 변명과 이유부터 찾으려 애쓴다고 한다. 언제까지 망설이고만 있을 것인가? 최고의 강사로 성공하고 싶으면, 지금 바로 책 쓰기를 시작하라.

08

책 읽기 완성은
책 쓰기다

••• 기회는 저절로 오는 법이 없다

사람들 대부분이 꿈꾸는 삶은 무엇일까. 아마도 자신이 가진 지식과 경험을 다른 사람들과 나누고 선한 영향력을 끼치는 삶을 원하지 않을까. 이건 특별한 사람만이 누릴 수 있는 특권이 아니다. 누구나 그런 자격을 갖추고 있으면서 모르고 살뿐이다. 그렇다면 어떻게 경험을 나누고 선한 영향력을 끼칠 수 있을까. 그건 먼저 내 마음을 열어야 하는 일이다. 다시 말해 나를 드러내는 행위다.

나를 드러내는 것에는 블로그나 페이스북도 있지만 책을 통해 세상과 소통하는 방법이 으뜸이다. 나도 책 쓰기를 하면서 내가 해야 할 일을 찾았고, 존재가치를 발견했다. 책 쓰기는 내가 무엇을 하고 어떻게 살아야 할지 나침반 역할을 했다. 다시 말해 '나답게' 사는 게 어떤 건지 찾을 수 있었다. 이런 까닭으로 글쓰기 수요가 늘면서 '책 쓰기'에 관심이 높다. 하긴 나부터 페이스북을 통해 책 쓰기를 접했으니 수요를 짐작하고도 남는다.

동화작가 고정욱 박사를 알게 된 것도 페이스북을 통해서다. 그는 한 살 때 소아마비로 장애가 생기는 바람에 지금도 휠체어를 탄다. 어린 시절 자신이 살 길은 오직 배움밖에 없다고 생각해 26년간 공부만 했다. 대학입학 때는 의과대학을 지원했다 장애가 있다는 이유로 거절 당하는 아픔을 겪고, 국어국문과에 입학해 문학박사 학위를 받았다. 지금까지 그가 쓴 책만 270권이 넘고, 누적 판매부수도 400만 부를 넘겼다.

하루는 후배양성을 위해 글쓰기 교실을 한다는 얘길 들었다. 참여하고 싶은 마음이 간절했지만, 유명한 작가한테 배우려면 큰 비용이 들 것 같아 지레 겁먹고 포기했다. 그럴 돈 있으면 빚 갚는 게 먼저라고 생각했다. 며칠 뒤 페이스북 연결고리를 통해 《1인 1책》을 쓴 김준호 대표와 친구를 맺었다. 그도 책 쓰기 회원을 모집하던 중이었다. 더는 기회를 놓치기 싫어 아버지께 도움을 청했더니 허락해서 접수했다.

산상수훈에서 예수는 "구하라, 그리하면 너희에게 주실 것이요 찾으라, 그리하면 찾아낼 것이요 문을 두드리라, 그리하면 너희에게 열릴 것이니" 하고 말했다. 내가 김 대표를 만난 건 결코 우연이 아니다. 목표를 향해 한 발 한 발 내딛으며 '구하고, 찾고, 두드렸기' 때문에 필연으로 다가왔던 것이다. 글로써 내 존재를 드러내고 세상과 소통하고 싶다는 간절함이 있어 찾아온 기회라고 생각했다.

내가 좋아하는 말이 있다. "어떠한 경험도 쓸모없는 것은 없다." 이 말을 들으면 내 존재가치가 더 크게 느껴져 왠지 기분이 좋아진다. 누구나 나만의 스토리가 있어 그 자체로 의미 있다는 말이 아닐까 싶다. 내 이야기로 다른 사람들과 소통하면, 그들은 자신과 비슷한 삶 또는 자신이 겪어보지 못한 삶을 대하면서 따뜻한 위로를 받고 때로는 동기부여를 통해 깨달음을 얻기도 하니까.

 휠체어 북코치의 삶을 바꾼 독서 이야기

책 쓰기, 글쓰기 책을 낸 작가들은 하나같이 말했다. 책을 쓰면서, 혹은 글을 쓰면서 진짜인 '나'를 발견했다고. 나도 마찬가지다. 앞에서 잠깐 언급했듯이, 살면서 겪었던 지난 일들이 기억 저편에서 뭉게뭉게 떠올라 눈물 흘렸다. 읽고 쓰는 과정에서 치유를 경험하고 진짜 삶의 의미를 찾았다.

언젠가 김 대표가 책을 출간하려는 까닭을 물었다. 순간 당황스러워 머뭇거렸는데, 이내 답할 수 있었다. 그러니까 17년 전 내 삶은 크게 실패한 것도, 그렇다고 자랑할 것도 없는 그저 그런 인생이었다. 그러다 교통사고로 운명이 바뀌면서 삶은 힘들고 고단했다. 그러다 벼랑 끝에 대롱대롱 달려서 '죽을까 말까' 갈등도 했다. 그러다 책을 만나고부터 생각지도 못했던 시간을 산다. 그랬다, 세 번이나 변신을 거듭하면서 죽을 만큼 힘들고 고통스러워도 다시 살아갈 힘을 얻었다. 그걸 세상 사람들과 공유하고 싶었다.

그래서 책 쓰기를 선택했다. 이런 일들을 알리는 수단으로 책만 한 것이 없다고 생각했기 때문이다. 거기다 지금은 '정보메신저'가 되어 장애인활동가로 활동하고 있는데, 더 폭넓은 장애인식개선을 위해선 인정받는 강사가 되어야 했다. 전문가로서 차별화된 이미지를 만드는 데 이보다 나은 방법은 없다고 생각됐다. 그래서 책을 읽고, 노트북을 펼쳐서 하루 한 줄이라도 문장을 완성하려고 애썼다.

이대로 살 수 없다는 절박함이 있어 어떤 유혹도 뿌리칠 수 있었다. 내가 선택한 자발적 고립으로 책상 앞에 앉을 수 있었고, 머리에 쥐가 나는 고통을 견디고 한 글자 한 글자 써나갈 수 있었다. 이제 당신 차례다. 사업에 실패했다고, 밑바닥 인생이라고 좌절하지 말고 그 자양분으로 책을 써 인생역전하자.

2017년 2월 16일, 새벽밥을 먹고 운전해서 아내와 함께 서울로 출발했다. 마포구 합정동에 자리한 아담한 사무실에서 김준호 대표를 만났다. 그는 첫 수업에서 "책을 쓰려면 먼저 자신의 전문 분야, 즉 강연을 하고자 하는 주제와 관련 있는 책을 기획해야 퍼스널브랜딩이 될 수 있다."고 말했다. 그러면서 전문지식을 체화하려면 그 분야 책을 적어도 100권은 읽어야 한다고 말했다.

하긴 논픽션 작가 다치바나 다카시도 "책 한 권을 쓰려면 100권을 읽어야 한다"고 했으니 당연했다. 그건 그렇고 무엇으로 퍼스널 브랜딩을 구축할까 생각했다. 지난 3년 동안 책읽기로 1,000권 읽은 독서이야기, 은퇴를 대비한 사람들한테 1인 1책으로 노후를 대비하는 테마로 동기부여 하는 이야기, 어쨌든 보잘것없는 인생이라도 포기하지 않으면 언젠가 다이아몬드가 될 수 있다는 걸 증명하고 싶었다.

그런데 책 쓰기가 만만치 않았다. '이거다!' 싶은 콘셉트를 찾지 못했다. 책이 나아갈 방향을 정하지 못해서 목차 만들기를 하지 못했다. 콘셉트가 차별화되지 못하면 책 내용도 임팩트가 없어 뻔한 책이 되기에 완전히 판을 뒤집을 색다른 의미와 가치를 찾아야 했다. 콘셉트만 잘 잡아도 생명력이 있는 글이 되기에. 김준호 대표와 몇 주를 고민하다 사지마비에도 불구하고 삼 년간 책 천 권을 읽은 독서경험과 글쓰기, 책 쓰기로 삶을 바꾸어 가는 이야기에 초점을 맞추기로 했다.

콘셉트만 잡았을 뿐인데 서울을 오갔던 힘든 여정이 봄날 눈 녹는 듯했다. 4회까지 얼마나 힘들었던가. 여섯 시 반에 일어나 관절운동을 하고 씻고 밥 먹고 8시에 출발하면 오후 1시 지나서 서울에 도착했다.

근처 식당에서 끼니를 때우고 3시부터 수업해 5시가 지나 서울을 출발했다. 내려오다 중간휴게소에 들러 어묵으로 저녁밥을 대신했다. 승용차에서 내리고 타려면 아내가 너무 힘들어하기 때문에 염치없는 작은 배려였다. 집에 도착하면 저녁 열 시가 넘었다. 들어오자마자 침대에 드러누워 바지를 내리고 불난 엉덩이 다독이며 열을 식혔다.

나는 팔에 힘이 없어 엉덩이를 들지 못하기 때문에 종일 앉아있으면 벌겋게 달아오른다. 그런데도 그냥 두면 욕창이 될 염려가 있어 다독이며 혈액순환을 시켜야 한다. 아무튼 간절히 원하던 일이라 나는 감수할 수 있었지만, 아내는 완전 개고생했다. 집에 도착하면 기운이 빠져 파김치가 되고 만다. 남편 잘못 만나 언제나 피해자다. 17년 동안 수발하느라 몸은 골병이 들었다. 인생을 송두리째 도둑맞고 지금까지 남편의 그림자로만 산다. 그래서 죽을 때까지 나는 아내한테 죄인이다.

그래도 5회부터는 한결 수월했다. 책 쓰기 교실이 대전에 생기면서 김 대표가 배려했다. 그런데 또 난관에 부딪쳤다. 이번엔 목차 만들기다. 집 짓는데 비유하면 설계도인 셈이고, 여행자에겐 지도를 만드는 중요한 일이다. 나만의 특별한 개성으로 차별화하는 목차 구상하기가 엄청 힘들었다. 남들은 '물처럼 흐르는 목차'를 생각하라는데 그게 내 마음대로 되던가. 할 수 없어 추억을 소환했다. 한 컷 한 컷 스쳐 지나는 기억을 스마트폰에 기록하고 김준호 대표와 수차례 논의했다.

나는 이번 경험을 통해 책 쓰기에 가장 중요한 건 콘셉트와 목차임을 확실히 배웠다. 다시 말해 목차란 어디로 방향을 잡고 어떻게 갈 것인지 알려주는 나침반이다. 목표도 방향도 없는 글은 독자한테 공감을 줄 수 없기 때문에 오랜 시간을 목차에 쏟아 부었다. 더구나 책을 처음 내는 사람한테 제목과 목차는 자신이 경험한 삶과 지식을 드러내는 데 초점을 맞춰야 한다고 배웠기 때문이다.

그랬다. 나는 책을 쓰면서 상처 입은 내면을 치유하고, 자존감을 회복했으며, 삶의 의미를 찾았다. 무엇을 생각하고 꿈꾸는지, 앞으로 어떻게 살아갈 것인지 인생을 재설정했다. 다시 말해 '나답게 사는' 길을 발견하는 시간이었다. 이제는 여러분 차례다. 내가 가진 경험과 지식을 잘 활용해서 세상과 소통하고 삶을 바꿀 수 있는 최고 방법인 책 쓰기를 더 이상 미루지 말라.

4차 산업혁명시대는 무엇보다 중요한 것이 자신의 가치를 만들어가는 것이다. 육체노동이 지능화된 기계에 점차 밀리면서 일자리를 잃어가는 요즘엔 나만의 차별화된 가치로 브랜드를 성장시켜야 한다. 나는 이 책을 쓰면서 배우고, 배우면서 쓰는 동안 끊임없이 나 자신을 채찍질했다. 인생은 끝난 게 아니라 이제부터 시작이기 때문이라서.